中華文化系列講座

丁石題

中华文化系列讲座·中华文化十三讲

中华文化与当代中国

中华文化学院
——编

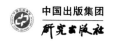
中国出版集团
研究出版社

图书在版编目 (CIP) 数据

中华文化与当代中国 / 中华文化学院编 . -- 北京：
研究出版社 , 2022.1

ISBN 978-7-5199-0966-6

Ⅰ . ①中… Ⅱ . ①中… Ⅲ . ①中华文化 – 文集 Ⅳ .
① K203-53

中国版本图书馆 CIP 数据核字 (2021) 第 224129 号

出 品 人：赵卜慧
责任编辑：寇颖丹 张立明

中华文化与当代中国

ZHONGHUA WENHUA YU DANGDAI ZHONGGUO

中华文化学院 编

研究出版社 出版发行

（100011 北京市朝阳区安华里 504 号 A 座）

北京云浩印刷有限责任公司 新华书店经销

2022 年 1 月第 1 版 2022 年 1 月北京第 1 次印刷
开本：710 毫米 × 1000 毫米 1/16 印张：15.25
字数：210 千字

ISBN 978 - 7 - 5199 - 0966 - 6 定价：58.00 元

邮购地址 100011 北京市朝阳区安华里 504 号 A 座
电话（010）64217619 64217612（发行中心）

中华文化学院简介

中华文化学院成立于 1997 年，是我国大陆唯一以"中华文化"命名的国家级教育机构，主要从事中华文化教育、研究和对外交流。

学院一直得到党和政府的关怀重视，习近平总书记 2016 年致信学院，提出希望和要求。

学院与我国各民主党派联合办学，面向社会和世界开放办学。20 多年来，学院坚持面向香港、澳门、台湾同胞和海外华侨、国际友人开展文化交流与研修，助力筑牢中华民族共同体意识，推动构建人类命运共同体，为促进中华文化繁荣兴盛、中外文明交流互鉴发挥了重要作用。

学院办学实力雄厚，现有 40 多名专职教师和研究人员，同时从北京大学、清华大学、中国人民大学、北京师范大学、中国社会科学院等著名大学和学术机构聘请了 260 多位知名学者长期任教和开展研究。

学院积极适应新时代、新要求，深化教学改革，办学质量、层次、规模不断提升，2019 年培训学员超过 1.2 万人。实施以"五史合一"为引领的模块化教学，深刻阐明中国共产党领导人民坚持和发展中国特色社会主义，是实现中华民族伟大复兴的必由之路。首创"十个讲清楚"研修项目，研发"中华文化要义""中华文明的演进"等近 100 门新课，面向十大社会群体全面介绍中华文化。启动核心课程建设，突破单纯的学科视域，引导学员增强政治共识和文化认同。拓展实践教学，汇聚优质办学资源，推出"中华文化传承与创新系列活动"和"共识大讲堂"。

学院积极推进高端智库建设，发挥中华文明研究中心的平台作用，聚焦习近平新时代中国特色社会主义思想、中华文明继承与创新等领域，累计设立700余项课题，深入开展中西文明等系列比较研究，成功举办"中华文化与世界文明""中华文明与中国道路"等国际学术论坛。

学院积极开展对外交流，提升办学国际化水平。坚持"请进来"，主动邀请"友华派"西方学者、政要讲学授课，接待来自欧洲、美洲、亚洲、非洲等世界各地的政治家、外交官、青年精英来院学习考察，增进中西文明交流互鉴。坚持"走出去"，2016年以来先后组团赴美国、俄罗斯、英国、法国、德国、意大利、西班牙、希腊等国家或地区考察调研，与当地知名高校、科研院所等机构开展合作。

面向未来，中华文化学院将继续大力弘扬社会主义核心价值观，坚定文化自信、增进文化认同、扩大文化交流，为实现中华民族伟大复兴的中国梦、构建人类命运共同体做出贡献。

学院网址：http://www.zhwhxy.org.cn

代序

古老文明对话与人类命运共同体

中华文化学院（中央社会主义学院）原党组书记、第一副院长

中央统战部副部长　潘　岳

习近平总书记指出，文明因多样而交流，因交流而互鉴，因互鉴而发展。多元文明的交流互鉴是构建人类命运共同体的人文基础。当世界经历百年未有之大变局，西方现代文明不再一家独大，拥有数百年乃至数千年历史的中华文明、古希腊文明、古罗马文明、俄罗斯文明、印度文明、波斯文明、奥斯曼文明等古老文明，正在重焕生机。对人类命运共同体而言，古老文明，尤其是完成了现代性转化的古老文明，蕴藏着化解现实困境的宝贵经验，凝结着追求美好未来的恒久价值。当某些国家强调本国优先而"逆全球化"时，大多数古老文明却主张以包容性传统助推新型全球化；当某些国家将"现代化"简化为"唯美国化"时，大多数古老文明却主张以文化多样性追求多元现代化；当某些国家以"文明冲突论"而导致非彼即此时，大多数古老文明却主张以"文明的对话"去塑造和而不同的未来。古老文明并不是完美的，但因其内生的开放包容传统，有益于形成各文明间平等对话的共同体。

一、古老文明共同体的共同命运

第一，各大古老文明共同缔结了人类的轴心时代。德国哲学家雅斯贝尔斯曾说，在公元前 600 年至前 300 年间，各个文明都出现了伟大的精神导师，古希腊有苏格拉底、柏拉图、亚里士多德，以色列有犹太教的先知们，古印度有释迦牟尼，中国有孔子、老子……他们提出的思想原则塑造了不同的文化传统。这便是人类文明的轴心时代。此后漫长的

历史时期，古老文明兴衰起伏，文明基因终究未泯。马克思将古老文明看成"人类的童年"，历史虽然永不复返，但仍然是"一种规范和高不可及的范本"，始终具有经久不衰的现代价值。

第二，古老文明在近代都遭遇了西方现代工业文明的冲击。在西方，现代工业文明的"进步力量"背离了古希腊文明、古罗马文明的不少核心价值，让人产生了"越现代越好"的错觉，把自由主义玩过了头而变成了历史虚无主义。他们忘记了，在个人之上还有城邦，在欲望之上还有美德，在利益之上还有正义，在权利之上还有责任，在民主之上还有善治。在非西方世界，西方现代工业文明一方面给非西方古老文明国家带来了变革，另一方面也无情中断了非西方古老文明的持续发展。印度1905年爆发反英抗争，伊朗1905年爆发反帝革命，土耳其1908年爆发青年土耳其党人革命，埃及1919年爆发反英大起义，中国1911年爆发辛亥革命。这都是古老文明对西方冲击的被动反应。

第三，各大古老文明被重新激活复兴。西方现代工业文明的弊端越是充分显露，强调多样性的古典文明越是彰显积极意义。在西方，列奥·施特劳斯、阿伦特、麦金泰尔等思想家的理论建树无一不是主张重返古典文明。为了矫正个人利益凌驾于共同体利益之上，他们在亚里士多德《政治学》中重温"人是城邦的动物"这一教诲；为了应对被剥离的政治与道德，人们在古希腊哲学中重新寻找"美德伦理学"；为了应对民粹横行的乱象，人们在"苏格拉底之死"的悲剧中认识到了"多数人的暴政"，在柏拉图《理想国》中汲取贤能政治的智慧。在中国近代，传播了一辈子西学的中国思想家严复在第一次世界大战中彻底看清西方现代工业文明容易陷入"利己杀人，寡廉鲜耻"的战争旋涡，因而告诫后人不要丢了中国的孔孟；梁启超深研了欧美政治学后更是提出，要"拿西洋的文明来扩充我的文明，又拿我的文明去补助西洋的文明，叫他化合起来成一种新文明"。这类想法在印度诗人泰戈尔那里也得到明显呼应。如今的印度正在用印度教民族主义引领国族再造。苏联解体后，俄罗斯正将东正教精神作为社会主流意识形态。伊朗在 20 世纪 70 年代末发起了广泛的"伊斯兰复兴运动"。土耳其也一改全面西方化的政策而重返奥斯曼文明传统。既要现代化，也要民族化，已经成为各大古老文明的集体共识。

二、古老文明共同体的共同特质

第一，大多数古老文明善于处理传统与现代关系。西方现代工业文明的崛起，仅有几百年的历史，只是人类文明史的一小片段。与之相比，各大古老文明历经千年风雨存在至今，蕴含着处理传统与现代的丰富经验。如中华文明是世界上唯一一个以国家形态发展至今从未中断的伟大文明，造就了独特的中华民族共同体，体现了强而不霸、弱而不分的文明根性。如印度文明有着阿拉伯文明与西方文明会通交融的成功经验。如波斯文明，即使人民改信伊斯兰教，仍然遗存了国家文化传统。古老文明因具有深沉的文明自信，即使跌入历史最低谷，仍焕发着顽强的生命力。

第二，大多数古老文明善于处理不同族群关系。如中华文明具有无与伦比的包容力。习近平总书记在亚洲文明对话大会上强调，"中华文明是在同其他文明不断交流互鉴中形成的开放体系。从历史上的佛教东传、'伊儒会通'，到近代以来的'西学东渐'、新文化运动、马克思主义和社会主义思想传入中国，再到改革开放以来全方位对外开放，中华文明始终在兼收并蓄中历久弥新"。同样，其他古老文明如希腊文明，亚里士多德的学生亚历山大建立起横跨欧亚非三大洲的帝国后而开启希腊化时代，使几大古老文明东西传播，封闭的古希腊城邦地方主义文明由此变为开放的世界性文明。如罗马文明在兴起之初便包容了美索不达米亚文明和埃及文明，所以，两河流域的太阳神马尔杜克和埃及女神伊西斯能同时进入罗马万神殿接受人们的膜拜。罗马还让高卢人、不列颠人以及日耳曼人的文明保持了传统特色，并促进它们同拉丁文明的融合。伊斯兰文明也有过开放包容的文明传统。《古兰经》中穆罕默德便说过，"智慧即便来自多神教徒也应采纳"。当时古希腊经典在欧洲已经失传，若没有早期伊斯兰的开放包容，没有早期穆斯林翻译保存希腊文明经典，就没有日后欧洲的文艺复兴。再如俄罗斯自古以来就是"西方的东大门、东方的西大门"，博采东西方文明优长而熔炼出自己的独特文明。相反，那些单纯崇尚军事征服而无包容性文明传统的国家，比如亚述人、匈奴人、赫梯人建立的王国尽管一度强盛至极，却不过一两百年就烟消云散。

第三，大多数古老文明善于处理西方与非西方关系。西方现代工业文明以资本为动力，以普世为旗帜，以自我为中心，不断征服贬损其他文明共同体。反观非西方的古老文明共同体，反倒更加开放、更加虚心地学习西方工业文明的长处，不断调适自身与西方文明的关系。中华文明的学习精神体现于中华民族伟大复兴整个历史进程中。1840年以来，我们通过洋务运动学西方技术，通过维新变法学君主立宪，通过新文化运动学科学民主。不到100年时间，各种主义、各种方案、各种思想流派粉墨登场，几乎重演了西方不同现代化版本。中国人最后选择的社会主义，也是学习来自西方的马克思主义。同样，日本、土耳其、印度、伊朗、埃及等古老文明都是通过学习西方的科学知识、体制机制、现代教育和工业体系，而完成了现代转型。欧洲也曾向各大古老文明学习。比如魁奈、伏尔泰等法国启蒙家在中国儒家思想中获得了大量理性元素并付诸实践。英国借鉴中国的科举制而建立了文官制度。遗憾的是，后来的某些大国抛弃了西方早期的开放精神和学习传统，认为自己是文明演进的最高阶段、最高形态，是历史的终结，这完全违反了文明自身的发展规律。古老文明的发展历程一再表明，并非所有杂交产物都是优良品种，但所有的优良品种都是杂交而成的。

三、古老文明共同体的共同使命

第一，超越文明中心论，重塑文明多元性。古老文明自身多具有多样性。例如，中华文明内部保持着丰富的多样性，形成了既有统一性又有差异性的治理体系。在宗教关系上，中华文明强调"多元通和、政主教从"，比西方更早提出政教分离，从未发生过宗教战争；在民族关系上，中华文明强调"和而不同、多元一体"，既有一个共同的中华民族，又有各具特色的少数民族。在国家结构上，中华文明既有"一竿子插到底"的郡县制，也有因俗而治的"一国多制"传统。即使在欧洲，越是具有深厚传统的文明，越是提倡文明多样性。比如法国始终具有文化自豪感，始终高扬文化主体性，始终坚信葡萄酒比可乐更高贵，率先提出文明多样性理念。无独有偶，同样具有深厚文化传统的德国在战后始终强调文化多元主义。当代德国哲学家哈贝马斯提出了多元文化之间的"交往理性"，他的弟子霍耐特则提出了不同文明之间的"承认伦理"。在德国、法国、希腊、意大利、西班牙、葡萄牙等欧盟国家共同推动下，联合国教科文组织通过了《保护和促进文化表现形式多样性公约》。

第二，超越单一现代化，探索多样现代化。文明多元化决定了现代化道路的多元化。世界并非只有美国一种模式。同一个现代化，有拉美模式，有东亚模式，有阿拉伯模式和中国模式。同样是市场经济，美国有新自由主义市场经济，德国有国家与市场相结合的市场经济，中国有社会主义市场经济。即便在民主政治内部，美国的三权分立与英国的君主立宪不同，欧美的选举政治与亚洲的选举政治也不同。每一个国家根据自己的国情寻找符合自身发展的道路，恰恰是多元文明的特征。然而令人遗憾的是，正是得益于多元文化交融而强大的某大国，却企图用自己单一的模式来取代全球的多元模式。

第三，超越文明冲突，促进文明对话。文明冲突的根源不是古老文明的现代复兴，而是单一文明的唯我独尊。相比文明冲突论，各大古老文明都有对话协商的文化传统。比如，中华文明追求天下为公的大同境界，而非弱肉强食的丛林法则；坚持"远人不服，则修文德"的沟通方式，而非"力量即正义"的实力原则；秉持"民胞物与"的共同利益，而非"非敌即友"的二元观念。所以，中国即使是在综合实力最强的时候，也没有对外扩张，没有殖民掠夺，没有炮舰政策，没有强加于人的不平等条约。再比如，20 世纪 50 年代，中印率先倡导"和平共处五项原则"，印度提出的不结盟运动，显然有助于跳出西方二元对立的思维模式，弥合东西方文明断裂的鸿沟，以合作共赢的新思维代替零和博弈的旧思维。因此，以文明对话超越文明对抗，是早已为古老文明所印证的共生共存智慧。

第四，超越文明优越论，促进文明交流互鉴。现代西方文明具有根深蒂固的"文明优越感"，而古老文明历经风雨荣辱，既不妄自尊大，更不妄自菲薄。单一的西方现代工业文明如果不与各大古老文明交流借鉴，更加无法成为普世文明。与此同时，我们当然相信，不与西方文明交流互鉴，非西方文明也难以发展壮大。各大古老文明绝非完美，当年之所以被西方超越和冲击，正是因为自身深重的积弊。古老文明必须保持开放的心态，坚持不懈地交流互鉴，与西方现代文明携起手来，形成更可持续发展的人类文明力量。我曾提出，生态文明可成为一个融汇不同文化、不同宗教、不同意识形态的中西文明交流平台。这样的平台还能找到很多。

习近平总书记指出，"人类只有肤色语言之别，文明只有姹紫嫣红之别，但绝无高低优劣之分。认为自己的人种和文明高人一等，执意改造甚至取代其他文明，在认识上是愚蠢的，在做法上是灾难性的"。当世界走到新的十字路口，全人类面临着诸多共同挑战。我们是要文明一元化，还是要文明多元化；是要单一现代化，还是要多样现代化；是要文明的冲突，还是要文明的对话；是要文明的自我封闭，还是要文明的交流互鉴？正确答案不言而喻。我坚信，古老文明共同体的复兴之路，就是构建人类命运共同体之路。各大古老文明秉承开放包容传统而彼此借鉴学习，形成多元文明共同体，正当其时；各大古老文明在构建人类命运共同体的历史进程中淬炼出人类共同价值，形成东西文明交流新格局，正当其时！

目 录

五大宗教与社会主义社会相适应

许嘉璐

中央社会主义学院（中华文化学院）是民主党派和无党派人士的联合党校，学院一直在提倡大家多关注文化，让我来讲，我就很痛快地答应了。这个题目有两个难讲：第一个难讲，就是宗教与社会主义社会相适应，这是个大题目，也是复杂的问题。那么我大胆地谈这个问题，当然有一些调研的基础，但是思考得不够。第二个难讲，既然谈宗教，就涉及有关宗教的一些情况，那么按说，我就应该对佛教、道教、伊斯兰教、基督教、天主教，捎带着东正教、犹太教，做简要的介绍，那样这个讲座就不是两个小时了，要讲一个学期还差不多。在短短的两个小时里面，怎么又能让没有接触过宗教的大家对宗教有一个大概的了解？具备我所谈的问题的基础理论，又要讲清楚我的观点，也很难。为什么这么难还要选这个问题，还讲这么大的一个题目？一是我觉得现在社会需要，二是我这个人喜欢干难活，不愿意干容易的。我不愿讲那些熟悉的，我想找新的、难的，让我的思路走向一个新的领域，哪怕搭起架子来，今后我再去丰富。

一、宗教与社会、政权的关系

在这个问题下，要讲以下几个小问题：

（一）宗教与社会同时产生、发展、演变

说起宗教，我们脑海中想的是佛教、道教、伊斯兰教、基督教、天主教。实际上宗教最初发生的时候，并不是现在的形态，这个在宗教学里面被称为原始宗教。比如现在在南太平洋诸岛国以及非洲大陆，还有现存的印第安人，在他们那里，认为万物有灵，树有树神，鸟有鸟神，大海有大海之神，在有些部落，甚至每棵树都是一个神，这种宗教，虽然经过不停地演变，具有了规范，形成了一定的礼仪，但还是原始宗教。比如还残存在我国东北地区的萨满教，沿着西伯利亚一直到中亚。我在彝族地区进行民族工作视察和执法检查的时候，也发现了萨满教。如果大家对萨满教不了解的话，那么我就说一个大家共知的事实，东北地区的"跳大神"就是萨满教的一部分，萨满教不存在了，但是"跳大神"还存在，也就是赵树理笔下的"三仙姑"，她可以通神灵，驱使鬼神附身。真正的萨满教是世袭的，父传子，子传孙，其实就是远古时候的祭祀，这种形式的出现源于对客观事物的崇拜。那种认为自己可以直接或者通过某个特定的人与上天相通的，就是宗教，但它是原始宗教。

我们每年腊月二十三过小年，在我小的时候，全国都有一个送灶王爷上天的仪式，烧灶王神像，让他上天，要用麦芽糖上供。为什么吃麦芽糖？就是把灶王爷的嘴粘住，上天言好事。灶王爷要到玉皇大帝那里汇报这一家这一年做了哪些好事、哪些坏事。谁家都有一点隐私，不便于告诉人，怕他都说出去，于是用糖把他嘴给粘上。现在咱们的厨房都干净了，原来平房的厨房都有一种像蟋蟀的虫子，北京称它为灶王马，之所以叫灶王马，就是因为灶王爷要骑

着它上天的，直到年三十晚上要敲钟的时候，再迎灶王爷回来，挂上新买的灶王爷像。这种对灶神的崇拜，就是万物有灵的遗迹遗存，在我们民间信仰里也有。

（二）宗教早于阶级而生，迟于阶级而灭

这些东西，是和社会同时发生的。当人组成了社会，人才成为人，意识到自己和动物不是同类，意识到和自己生的、生自己的，以及相同的动物是同类，这才聚集到一起，从此，就有了这种崇拜。随着社会的发展，生产方式从采集到狩猎、游牧、农耕过渡到工业，经济基础变了，上层建筑也要变，但是人对于自己不可知的、不可解的一些自然现象、客观事物总有一种敬畏的心理，这些还遗存着，一直保留到今天。宗教为了适应社会、适应经济基础，也在发展，也要变革，最后在轴心时期（轴心时代是西方人提出来的，即公元前1000年到公元前500年），在地球的东方（这个东、西也是西方的观念，看以哪里划界），具体说就是亚洲，先后出现了几大宗教：印度的释迦牟尼（佛教），中亚地区的犹太教，过了一段时间出现了基督教。这几大宗教共同解决的问题，具有普世性，就是说对于全世界的人类来说是个共同的问题，这个后面我还要讲。人类发展到现在，轴心时代所提出的种种问题，还没有得到最完整的科学的解答，这时候，除了佛教之外，中亚的犹太教和后来产生的基督教，就开始走向了西方的一神教。公元7世纪到8世纪出现的伊斯兰教，也是一神教，西方的神学把一神教定为高级宗教。多神崇拜的教被称为原始宗教，这是西方的标准。我认为这个标准不对，这是欧洲中心论的反映。总之，宗教比阶级出现得还要早，在原始公社时期就产生了宗教——原始公社之前靠着一个部落、一个家族或者一个家庭生活的时候——从智人的后期就开始有宗教了。

（三）政权利用宗教维护社会，政权与教权关系复杂

宗教的问题最终是解决心灵深处的问题，无论人类的科学如何发展，大自然仍有很多东西是难以得到明确解释的，这种对未知的东西的冥想、揣测以及敬畏会长期存在。即使到了共产主义社会，阶级消灭了，但由于人的认识不同，对科学的把握情况不同，宗教还会存在。纵观有阶级以来，特别是周朝，鬼神之风盛行，统治者一方面利用宗教维系社会统治，另一方面又怕宗教颠覆政权，所以还要制约宗教对于社会的负面影响，古今中外，概莫能外。宗教要想在社会上站得住，就必须依附政权，否则无法生存。宗教的发展不能影响到政权的威信和地位。历史上有过多次俗世的政权与神界的教权之间斗争的事例，除了在亚洲、在中国这块土地之外，在五大洲凡是这类的问题都是刺刀见血啊！都要发生战争、屠杀，等等。在中国，宗教与社会、政权的关系不同于西方，有它自己的特色。

二、中国宗教与社会、政权关系的特色

（一）中国历来"无宗教"

前文讲到，在中国，宗教与政权有自己的特色。这个特色概括起来说，就是中国从来没有过政教合一的历史。中世纪的欧洲是政教合一的，英伦三岛曾经也在罗马教皇的统治下，每年英国有大量赋税要通过英吉利海峡送到罗马教廷。后来英国的贵族率领民众把天主教的权夺了，这就是早期的英王室。这样，政权走向了世俗化，当然，这里面有过激烈的斗争。为了从政教合一走向政教分离，欧洲人付出了无数的生命和鲜血，所以基督教有句话，"上帝的归上帝，恺撒的归恺撒"，这个话的意思就是，政权与教权分离。中国就没有这个情况。中国的宗教，完全符合我刚才所说的，而且都是自觉的。政权利用宗教，又限制宗教；宗教依附于政权，同时它存在

影响政权和社会稳定的基因。但都是通过和平的方法解决，历史上有过三武灭教，都是逼着和尚还俗，把庙拆掉，不杀人，佛教也不起义。为什么灭呢？主要的原因是佛教的势力太大了，因为前代给了佛教种种优惠，比如当了和尚就免税、免去劳役，为了避税，老百姓生活苦就纷纷当了和尚，这样纳税人就少了，征兵兵源少了，而寺庙富可敌国，这个政权就不稳定了，于是就灭佛，灭了之后慢慢又恢复起来，还要利用它。这又是什么原因呢？中国的这个特色，我认为是我们的一宝。中国的儒、释、道之间的关系，也就是宗教和政权的关系，不是对抗而是对话，堪称世界的典范。我认为中国应该融入世界上已经风行而我们了解很少的不同信仰间的对话，这种对话是从 20 世纪 80 年代开始的，在世界开过很多高峰会议，成果是显著的，这里包括耶、儒对话，就是基督教和儒家的对话，耶、佛对话，耶、伊对话，佛、儒对话，甚至出现了专门研究对话的哲学著作，通过对话发现了很多的哲学问题。我认为既然在一国之内儒、释、道对话是世界上不同信仰对话的典范，那么我们就应该把这个典范做好，做到自觉。通过不断地对话，不断地研讨，培养一批专家，主动地参与世界上不同信仰的对话，也就是不同文明的对话，这个对话是狭义的，因为都是面对面谈话。其实不见面也有对话，大家在学术论坛上争鸣，包括建立孔子学院，汉语的国际推广，都是对话，是广义的对话。

中国宗教还有一个特点，就是中国没有"宗教"。因为我们只有原始的崇拜，佛教是从印度来的，属于外来宗教。道教是土生土长的，真正的形成是魏晋南北朝时期，它在历史上，特别是在元代风行过。至于伊斯兰教、天主教、基督教都是外来的。那么什么力量和精神在凝聚中华民族，中华民族的信仰在哪里？一个民族没有信仰是不行的，我们信仰的是儒教。儒家吸收了佛、道的一些营养，不断地发展，这一点是至关重要的，也就是一个民族你自己没有主心骨，没有一个共同信奉的原则，那么来一个宗教就可能变成你的国教，人人信奉，可是中华民族的特点就是没有真正意义上的宗教，但是我有儒家思想，这个儒家思想又是开放的，不断吸收少数民族的、其他宗教的文化，越来越向前发展，所以你再来什么，我都不大信。同时由于没有宗教，还产生了另外一个现象，就是中国人出现了在西方，不管是天主教、基督教还是什么宗派的，都难以理解的现象，就是他在家、在社会上为人处世本着儒家的理念：仁义礼智信，忠孝、仁爱、信义、和平。可是同时又进庙拜佛，到了佛诞日他也去烧香，也往布施箱里面塞钱。过了几天，那里的道教三清观举行法事，他又去，也是顶礼膜拜，然后磕头、烧香。在西方人眼里，觉得太奇怪了，他们进清真寺的绝对不进天主教堂，换句话说，在我们的社会个体身上，也是多种宗教兼容并蓄，但是他信仰什么，可能他不自觉，但你观察他的为人，还是儒家的。说一个很简单的，我们都希望和邻里和睦相处，但是大家都搬到大楼里面去了，一个单位的楼还好办，如果买的商品楼，邻居老太太去世三天了，对门也不知道。住三年了自己楼下这家姓什么，叫什么，在哪儿工作都不知道。但是我们本性里面又希望邻里和睦。我们讲孝，这些都是中华民族的特点，所以他可以到教堂结婚，教堂做弥撒的时候，他也参加，回来还是他自己的形式，这就是无宗教国家的特点。在西方流行一个学派，认为儒家是一种宗教，但是中国大多数学者不承认，因为没有宗教，就没有政教合一以及刚才我所说的问题，这是我们特有的。

那么，我们细致地分析五大宗教在中国的土地上发展的情况，就可以看出这些特点来。首先是佛教的略史。

（二）中土佛教略史

中土，是佛教的术语。中土就是中国。佛教本来是天竺的，就是印度，说点训诂学，"天竺就是印度，又叫身毒"，都是古代梵文India 的音译，不同时期用不同的字翻译，从训诂学、音韵学来看，印度、天竺、身毒，音是相通的，但现在听就完全不一样了。从训诂学来说，这完全是一个音的变化。

佛教在什么时候传入中国，说法很多。现在佛教界比较公认的是在西汉哀帝元寿元年也就是公元前2年。此后几百年，它始终没有大的发展，从东晋开始到南北朝才真正地发展起来，这主要是因为从印度过来的僧人多了，他们到中国来翻译佛经。

来了以后，佛教努力想融入中国社会，但是失败了。对于一个不崇信神的，或者是泛神论的也就是万物有灵论的社会，你让它崇拜释迦牟尼，一个虚无缥缈的佛，是很困难的。另外，原始佛教的一些教义和教规让中国人受不了，原始佛教讲苦行，一天只吃一顿饭，一个和尚只能有袈裟、钵、坐垫等六样生活用品。其他都不能要，有的住在深山里，唐玄奘到了印度曾经批判过他们。这种苦行，中国人受不了，中国讲究生活安宁舒适。再有，出家了，不管父母了，不管老婆孩子了，在中国人看来不行，这是人伦啊！比如说大家看《济公传》小说，他离家之后，父母来，他不认了，这在中国人看来就不行。到清明节怎么也要祭祖，过年要把牌位请出来三拜九叩。不认祖宗是大逆不道，朝廷有王法的。

那么佛教怎么办？到了唐朝的时候，发生了巨变，就是出现了一位大师，现在被佛教禅宗尊为六祖的惠能，是他把佛教普及了。修佛不一定出家，这个被后人、被佛教界说是他的创造。在家也可以修行，不一定非要苦苦地坐禅；行走坐卧都有佛法，也不要到彼岸、到西天才能见到佛。佛法在人间，人心即佛心，关键是要发现自己心里面最善良的东西，真正悟了，你就是佛。

在原始的佛教经典里面，这些话都有。据说惠能是一个文盲，读的经书也不多，是听《金刚经》觉悟的，说实话，我不相信他是文盲。香港的国学大师饶宗颐先生有过考证，认为惠能不是文盲，他受过相当好的教育。我从禅宗的经典《坛经》所讲的教义来看原始的经典，他所说的分散在好多部经里，他不能自己开悟之后，和一千多年前的释迦牟尼那么契合啊。

这下好办了，我回家照样吃肉，娶妻生子，但是我行善事、养善心，我也可以成佛。这样佛教就容易普及了。

所以在隋唐，佛教达到了鼎盛。隋唐之际，特别是唐初，包括玄奘在内，佛教共有八宗，为天台宗、华严宗等。禅宗是八宗之一。但是禅宗这一变革，佛教就流行开了，不仅影响了中国，还传到了朝鲜，再由朝鲜传入日本，还向南传到了越南，所以这几个国家佛教的主要宗派是禅宗。

除此之外，中国的宗教和社会、政权的关系还有一个特色：以佛教为首的几大宗教，全是以和平的方式推广、普及以及扩散到域外，从未使用暴力的手段。

西方的宗教普及借助了两个工具，第一个工具是中国印刷术。原来的《圣经》是用拉丁文写的，希伯来文的已经不行了，人们读不懂，只在修道院、教堂里面有，比如说圣彼得堡的一个博物馆，原始抄写的《圣经》都有，有的是用羊皮写的。那么，有90%多的文盲怎么办呢？就完全依靠传教士、牧师和神父念。

现在年轻同志不知道，我小的时候，教室的黑板上方挂着一张像，是孔子像，开会的时候，我们要对孔子像行礼。同时，教室里面的墙上贴着字条叫作"敬惜字纸"，写了字的纸要敬惜，不像现在，写情书，写了两个字，不合适就扔了，那个时候绝对不允许，认为是要遭到天打雷轰的。为什么呢？文盲充斥在旧中国，我小时候都遇到过这种情况，再上推几百年，在西方，只有神父捧着《圣经》来给你念，那是上天的声音，他说什么就是什么。有了印刷术，《圣经》能够印刷了，就可以普及了。在欧洲，《圣经》哪一年印多少册是有记录的，他们的档案很全，我都看过。

第二个工具是刀。异教徒要被杀、烧。就是不信奉他的，逼着你信奉；或者是信奉我天主教的，你收入的十分之一交税；不信奉的，你收入的30%～50%交税。用这种方法。

中国的宗教推广是和平的、逐步的、以理服人的。你信就信，不信就不信。天主教、基督教进来，由于没有掌握政权也是如此，所以天主教、基督教就办学校、办医院，给你关怀。

任何事物走到顶点就要走下坡路了，这是事物的规律。禅宗到了鼎盛的极点，也开始走向衰落。表现之一，就是禅宗又分了很多的"山头"。它在教义上没有发展，"山头"之间的差别就在于用什么方法去启发人。这里，它所针对的对象已经不是大众。本来惠能是想对大众的，是对苦学、坐禅、入了佛门多年还没有开悟的人的，他有一种方法让你突然开悟。而这种突然开悟的人又少之又少，方法之一到极端了，有这么一宗，就是用棒喝，今天我们说"当头棒喝"是佛教语言。比如说，我入你门三年了，穿着袈裟，请问老师父，达摩被称为禅宗的创始人，到咱们这里来，他要宣传什么东西呢？这个老师父会拿着禅杖当头给一棒子，醒悟了，明白了？喝就是，比如说，您到现在没有给我们讲过，佛法的要义，老师父"啊——"一喝，明白了？而真正能够领悟的有几个呢？这在禅宗的语录、《高僧传》，都有记载。形式很新奇，宗派也很多，但由于教义没有发展，佛教就开始走向衰落，这是内因。外因是什么？由于佛教太兴盛，一直受到儒家的抵制，比如韩愈的《谏迎佛骨表》，就是一个反映。我要说明，韩愈就是反对迎佛骨，还是没能阻挡住唐宪宗。到了后来，唐武宗灭佛，佛教遭到了重创。

到了宋代，儒、释、道三家并存，儒家为了发展，吸收了佛教的一些东西。做这项工作的，就是朱熹和程颐、程颢兄弟，他们共同创立了程朱理学。理学一盛行，佛教就开始衰落了。到了明清就更不用提了，佛教跟达官贵人结合起来，躲进了一个安乐窝，又到山林里去，与世隔绝。这样，佛教就开始走向衰落。从 20 世纪 80年代起，赵朴老（赵朴初）提倡人间佛教思想，赵朴老的人间佛教继承了他的老师太虚大师的口号，人间佛教最先提出的不是赵朴老，是太虚大师。赵朴老深谙佛教的教义，洞察了佛教发展的历史跟社会的关系，在改革开放的时候，提出人间佛教是要挽救佛教，让它朝着有利于社会的方向发展，他所针对的就是明清两朝佛教的腐败、凋零与衰落。

正是在这个过程当中，佛教实现了中国化，也就实现了普及化。佛教对社会能起到的作用，就是帮助教化人民。禅宗讲究孝道，就是向儒家靠拢的标志。在惠能的出生地广东，看看开元寺等地方，你就会知道，他母亲去世的时候，他自己选穴位，如今他母亲的坟墓还在。这就是尽孝道，这也符合佛教后来经典上说的"四报恩"（包括报国土恩、报父母恩、报众生恩、报佛恩，众生就是人民）。从这个意义上讲，佛教就起到了帮助维护社会安定的作用。

中国的文化，除了建筑艺术，美术和雕塑也要到敦煌看。中国最初是没有美术，也没有雕塑的。真正的画像，据说是在唐代，皇帝挂在宫里的功臣画像，据说在宋代也有。这些只存在于笔记和史书的记载。今天看到的吴道子的画，全都受到佛教的影响。敦煌艺术展现了中西方文化的交融，它的宝贵也就在这里。中国的雕塑始于甘肃的麦积山，而后逐步向西迁移，到了后来的敦煌，再由敦煌到了大同，由大同到洛阳，这是雕塑艺术发展的次序。此外，西方的音乐，也就是印度的音乐，还有文学创作，都对中国有很大影响，这种影响及至后世的经学。中国的经学就是五经，即《诗》《书》《礼》《易》《春秋》（除五经外，还有《乐经》，也就是六经，但《乐经》后来失传了）。对这些经书的解说，到南北朝和唐朝为之一变。古代的注释很简单，后人读不懂，需要对古书和古书的注再做解说，这就是正义，即"正其义"，或者叫"义疏"，这义疏之学就受到了佛教讲经的启发，从这里足以看出佛教的影响有多深。但是，我认为佛教贡献最大的是促成了宋明理学的出现。

什么事情都是如此——当一个新生事物出现，大家都去学习，很快它就会普及，普及到了极点，除非继续提高，否则它就会衰落，新的东西又会继续出现。我高兴地看到，进入21世纪，似乎麦当劳、肯德基、可口可乐在中国已普及为家庭奖品。"好好学习，下礼拜考试得100分，我带你吃肯德基"，吃得孩子肥胖，这意味着它们将要走向衰落了。毛主席曾精辟地说过普及和提高的关系，在普及的基础上提高，在提高的基础上普及。普及而没有提高，必定衰落。当佛教世俗化到了所有人都说"阿弥陀佛""老佛爷保佑"的时候，当儿子考大学，跑到佛前花三块钱买一炷香插上，祈祷"我儿子考上北大"的时候，从这个层面讲，佛教就没有实现真正的振兴。若人人都如此拜佛，老佛爷可忙得过来？吃个麦当劳也要十几块，三块钱的香就想让孩子上北大，岂不荒唐？

在这个过程当中，佛教跟政权和社会的关系，就是我所说的，具有两面性。现在我们看看道教的历史。

（三）道教略史

道教起源于东汉时期的太平道，现有一部《太平经》存世。太平道后来演变成五斗米道，它的目的是实现天下太平。五斗米道是因凡人道，没有年龄、性别的限制，只需缴纳五斗米即可入道。五斗米道的初衷，是在一个地方实现共济，哪家人有困难或遭受灾害，五斗米道就会送粮食去。更有甚者，在山路边搭个小屋子，放一些粮食和柴草，方圆几百里就属于五斗米道了。倘若饥寒交迫，难以生存，就可以到小屋子里住，自己烧柴做饭，吃完就可以走。这说明在被压迫时代，穷困无助的百姓需要宗教，以实现互帮互助。

这还说明信仰不可少，没有信仰的人就是一具行尸走肉。如果只知道一日三餐、睡觉上班，这和宠物有何不同？早在两千年前，人们自己找信仰，这是道教的前身。之所以叫"道"，是因为老子讲"道可道，非常道……"；今天，民主党派拥护共产党，我们的信仰就是党教育的人生观。佛教徒、基督教徒有各自的信仰。如果什么信仰都没有，只信仰钱就会很危险。没有了物质，人不能生存，民族也不能发展。现在全国弥漫着讲文化的风气，就是大家温饱问题解决之后，开始追求文化的享受，以及在文化当中体现自己的信仰，实现自己的价值。

从历史上看，道教兴盛的局面始于隋唐，到北宋正式形成。唐宋两代的皇帝信奉道教，把道教的人请到宫廷里面做国师，给自己起一个道教的名字，甚至撰写经书，给经书写序。这就是政权跟宗教的关系。

道教停滞是在南宋，也是由于政权。南宋偏安一隅，皇帝不再像北宋一般崇信道教，宋明理学进一步发展起来。到了辽金元，特别是元代，道教得到了大发展。北京的白云观建于元代，著名的道士是丘处机，就在白云观，也被朝廷封为国师。但是我们看一个事物的发展不能只看表面，更要看内核。

元代是中国开放程度最大的一个朝代，是蒙古族这一少数民族统治多数民族。外国人可以在朝廷任官，所有宗教都可以存在。到了明清，道教进一步衰落。许多道教独有的东西被儒家、佛教所吸收，其独有的内核反而不多了。道教在解决人所思考的"道"的根本问题上没有进展，只是在术上有所发展，而一个事物要实现发展，关键在道上，虽然术也很重要。于是，当儒、释、道三家都发表东西讲道的时候，就出现了三教合一的局面。三教合一体现中国宗教关系的特色，各宗教间相惜相容，其结果是学术发展了，思想就发达了。

（四）中亚宗教传播略史

伊斯兰教在唐朝由中亚传入，首先传播到内地，几百年后才传到新疆，那时新疆地区还是佛教的天下。

伊斯兰教兴盛于元明清三代。宋代也曾有过短暂辉煌，随着宋王朝的衰落，伊斯兰教也随之衰落。在唐朝后期的时候，伊斯兰教进到新疆，再加之中原对西域控制力减弱，伊斯兰教开始普及。如此一来，中国 56 个民族中有 10 个民族是单一宗教民族，都信奉伊斯兰教。伊斯兰教徒的分布和我国民族的分布是一样的，即大杂居、小聚居，因为生活习惯和信仰的问题，回族群众往往居住得比较邻近，比如说北京的牛街。其他民族也是如此。

在几百年的进程中，伊斯兰教和中华文化相互影响。举个例子，今天我们的民族音乐，除了古筝、古琴和箫是中原地区固有的，其余全是外族的，比如胡琴是胡人的，琵琶则来自中亚地区。

犹太教、天主教、基督教、东正教都发源于中亚，只不过它们先是传到西方，而后由西方传入中国。它们传入中国一共分四次，第一次是贞观年间，公元 7 世纪传进来的，当时皇帝定名为景教。这件事情记载于《大秦景教流行中国碑》，景教当时又叫波斯教，是基督教的一支，叫聂斯托里派，由于教义跟基督教不合，于是在基督教占统治地位的西方受排挤，它先是进入伊朗，当伊朗政权被基督教统治以后，又来到了中国。到了唐武宗灭佛的时候，勒令其信众还俗，把它也灭了。

第二次是元代。当时叫也里可温教，意为信神人的教。原来的景教也在此时复苏，继而天主教来中国布道，也兴盛一时。元朝灭亡后，也里可温教也就是基督教随之灭亡。基督教两次都没有在中国扎下根。究其原因，就是跟社会没有契合。

第三次是明末清初。1583 年，有个西班牙的传教士到了广州，皇帝不让进京，在当地又传播不开，他最后死在了中国。1601 年，有传教士到了北京，徐光启等朝廷大臣加入了基督教，而基督教传教士也帮助中国制定历法。到 1723 年，基督教被康熙皇帝禁止。中国人讲孝道，讲求慎终追远，基督教认为除了上帝，众人都是兄弟姐妹，都是上帝的孩子，不能拜祖宗，只能拜上帝。中国皇帝认为这是破坏华夏的人伦，于是下令禁教。

第四次是 1840 年。腐朽的清王朝被迫与列强签订不平等条约，其中有一条就是允许他们的传教士自由地在中国建教堂、传教，于是天主教、基督教的各种教会纷纷来华，到 19 世纪末，中国的教徒已经将近 80 万人。19 世纪末的中国人口只有 3 亿多人。信徒何以增长如此迅猛？因为清王朝腐败，民不聊生，西方宗教用独有的宗教关怀去救济穷苦民众。

三、宗教与社会主义社会相适应是必然的

要求宗教与社会主义社会相适应，是基于以下三点：第一，社会主义社会目标和宗教教义有相通之处，也有相异之处；第二，两者有共同的历史经验和传统；第三，党的宗教政策是科学的，这是最重要的保证。

（一）社会主义社会发展的目标和宗教教义有相通之处

首先说佛教。佛教讲因缘，就是任何事物都有它的因。有外因，有内因，有它的缘就是外因，不存在没有原因的东西，因缘是符合唯物辩证法的。毛主席也说没有无缘无故的爱，也没有无缘无故的恨。什么事情都是这样。同时，佛教讲觉悟，"佛"的本义就是觉悟、觉悟了的人。觉悟就是"空"。"空"是指事物没有它自己的本性。另外，佛教还讲庄严国土，自己所居住的地方，应该让它成为净土，净土宗就是这么来的。佛经中讲，人人从善，国土就会变得庄严干净，这与中华固有文化是相通的。

其次，道教讲全性保真，保全自己的本性，保住自己的真气。既有养身也有养性，是性、命双修。性，是属于精神的；命，是属于生理的。现在有年轻的高道认为，道家所谓的仙，其实是住在清静地方的、道德全面的、修养很高的人。实际上这里在讲性，而孟子讲浩然之气，讲性善，这些都是相通的。

再看伊斯兰教。伊斯兰教最典型的是把它的"五功"（念经之功、礼拜之功、斋戒之功、上税之功、朝觐之功）与儒家的"五常"（"五常"有两个含义，一个就是仁义礼智信；另一个是"五伦"，就是君臣、父子、夫妇、兄弟、朋友）相配，认为做"五功"的目的

就是达到修养的仁义礼智信，而处理关系要靠"五伦"，这里也有相通的地方。

另外，中国的老子，以及后来的道教，讲求万物归于一，归于气，归于道。而儒家，讲浩然正气。也和宋明理学讲的气沟通起来了。而这些又与伊斯兰教相通。《古兰经》上说，真主是没有形象的，世上没有人见过真主的面，永远不会看到真主，但是他是宇宙主宰的力量，所以清真寺的一大特征就是没有画像和塑像。所以《古兰经》上说，凡是崇拜偶像的都是你的敌人。真主是虚无缥缈的，那穆罕默德呢，他只是先知，他是最后一个能够听到真主声音的，他复述真主的声音，记录下来的就是《古兰经》，他预言以后再没有人能够听到真主的声音了，只需要记住他说的话就可以。所以，这就和我们的真、一、气、道相合。

老子的道何以直到南北朝才成为道教，就是因为在这个时期，道被人格化了。就是大家都有很多相通的地方。

说到基督教、天主教，他们的主要教义认为人生来就是有罪的，因为亚当、夏娃吃了禁果，就有罪了。兄妹通婚，破坏了人伦，所以大家一生要好好做，就是赎罪，一个专有名词叫救赎。当你赎罪了，你就可以回到上帝身边了。怎么才能赎罪呢？最重要的就是要学习耶稣基督在耶路撒冷、加沙、迦南地区传道的精神，学习他对所有人的爱。这里面是有神论，但是讲爱，和我们讲仁，仁者爱人，也是相通的。救赎，是自己的品性，符合社会的需要，符合自己的良心，这也是相通的。

他们的教义很多跟构建社会主义和谐社会、让所有人得到福祉是相通的。从哲学的高度看，无论是社会主义还是宗教，人类关心的共同点，都是要弄清楚人是从哪里来的。作为个体而言，就是我从哪里来，中华民族从哪里来；人将归于何处，中华民族将走向哪里，人类将走向哪里。和这个问题直接相关的一个问题是，人的价值在什么地方？这是一个哲学问题，也是一个伦理问题，简言之，就是什么是真善美？我们建设中国特色社会主义，中央提出要弘扬中华优秀传统文化，要把以爱国主义为核心的民族精神和以改革创新为核心的时代精神相结合，其实在这个过程中，也是要解决我们从哪里来、将走向何处的问题，也是要回答每个人的人生价值到底是什么。现在有的年轻人不太想这些根本问题，是因为我们的儒学没有普及，宗教影响小，他所想的就是眼前的，大学要毕业了，是考研呢，还是到公司上班呢？因此他也容易被眼前的东西所满足，累了半天，晚上到什刹海酒吧坐一坐，要一杯咖啡，花200多块来根雪茄，晚上再开车回去，挺好。

在人类的历史中，历代的哲学家，从中国的老子、孟子，西方的柏拉图、亚里士多德开始，苦苦探索了几千年，人是从哪里来的，人要归于何处，人生价值到底是什么？是追求真善美。在真善美当中，既有全世界各个民族的共性，也有民族的个性。我就认为故宫美，人民大会堂美，你可以有不同看法。我也不认为头发染成黄色就好看，黄的、绿的、白的，都是张扬个性，每个人都有自己的权利，你要尊重他，他愿意染，就让他染吧。

但是人生的价值应该共性大于个性，个性体现在如何实现上，我说的不是奋斗的目标，我要当教授、当老总、当老板，而是我们对家人、对社会、对民族、对人类做出有益的贡献。这些都是共同点。

我刚才说了，最大的差异在什么地方？宗教归于人格神，中华文化以及我们的社会主义，追求的是共同价值、民族价值，在民族的价值中包含着自己的价值，就个人修养来说，是一种道德，道德的底线是什么，八荣八耻。我不认为八荣八耻是高级要求，而是作为中国公民都应该具备的。在八荣八耻之上，还有更高的道德要修养，那就是像我们的一些英雄人物那样，如孔繁森、雷锋等。

所以，孔子就说过，他把人分成了几等，这不像批林批孔说的那样，先是人，小人，小人不是说被统治者，而是从道德角度说的，是一般的、没有觉悟的多数人。小人之上是君子,《论语》上明明写着君子应该怎么做,做到这一点就是君子了。君子之上,最上是圣人,孔子是什么呢?他自认为是君子,所以他说过:"若圣与仁,则吾岂敢?"如果谈到圣,谈到真正的仁,我怎么敢当呢?我还没有做到。所以圣是永远追求、永远达不到的一个无限的崇高境界。

(二)历史的经验与惯性(传统)

宗教适应中国社会主义社会是必然的,其中还有一个原因是历史的经验和惯性。这个历史我就不重复了,我介绍的五大宗教都是在不断地适应中国当时的社会,社会变了,它也要变。我概括来说,第一,宗教是因社会需求而生。是什么需求呢?为人类心灵。在有了阶级、政权以后,就是为政权的巩固。凡是危害政权的绝对站不住。第二,宗教随社会变化而变化。这个变化,我们也可以说成改革,基督教的改革、天主教的改革,所以马丁·路德、加尔文的改革是适应资本主义初期欧洲的人心需要。有一支队伍发展到了英国,在英国就是清教徒,清教徒的教义就是在基督教基础上有所变更,和天主教更不一样。清教徒在英国是要被抓起来砍头的,是另类,受到各种打击,甚至连工作都找不到。这些人主要是基层的劳动者,在英国本土没有出路,怎么办?他们坐了"五月花号"的船,冒着生命危险去殖民,就到了北美,这就有了美利坚。这一宗教改革,改革出一个美国来。最近美国人统计,美国的新教徒就是英国清教徒的后裔,也就是小布什所信奉的那个教派,在美国从原来的65%~70%,现在下降到占美国人口的55%了。佛教,我刚才所说的禅宗等就是改革,道教也有改革,天主教在1840年时打开了中国大门,在中国传教了。但是有一点,允许教徒受洗礼以后,还可以拜祖宗,罗马教皇为这个发了一个圣谕,也变了。在中国你想生根,忘了祖宗,不行。第三,宗教内部历来就有"保守主义""自由主义"之争。"保守主义""自由主义"是两个领域用的词,一个就是宗教里面，另一个就是经济上。小布什被称为保守主义，二者兼有，他就是基督教新教保守派。自由主义是主张变革的。这三条传统都促进了宗教自然要适应政权和社会。你在中国，自然要和社会主义社会相适应。这些我们宗教界的领袖都是很清楚的。现在也都在积极地工作，都是很自觉地来适应。

别的不说，宗教随社会变化而变化这一条，我举个例子来说明。佛教最初传到中国的时候是汉代，是神化的。因为来了以后，你跟中国人讲西天有个释迦牟尼，我们是不听的，后来发现中国民间信仰神鬼的故事挺多，于是来的高僧就弄一些高级魔术，当时印度的文化也很发达，当众给你表演一些戏法。另外这些人都会医学，给你看病，催眠术等都会。于是，信奉佛教的人就多了。但是，老这样不行，跟你出家了，我修炼了十年，我什么都不会，老师你再给我表演还是这几个把戏，不行。慢慢地就变成了人化，这人化是什么呢？就是佛是在人间的，释迦牟尼本身就是个人，他不过是个王子，看透了人生的苦难，他出家了，就想人的解脱之道。修炼得好，就是觉者，就成佛了，像人一样死了，还有舍利子，也就是骨头的结晶。这都是人，不是神，主、安拉谁也没有看见过，他是不一样的。然后，还不行，这以后就进入世俗化了。世俗化到每个村都有一个小庙，这个小庙又结合了道教的东西，连关公也成信奉的了。土地爷也是被信奉的，就世俗化了。其中，最重要的一个世俗化，就是佛教语言进入我们的汉语。大家现在说的词，有很多是佛教用词，比较文的像"天女散花"，偶尔用的像"不可思议"，平常所说的"全世界"，这个"世界"都是佛教语言，现在如果把我们语言中的佛教词汇去掉，我们就没有办法讲话了，这就是佛教的世俗化。重大的事件有两个：一个是禅宗的出现，我不再复述；另一个就是赵朴老所提倡的人间佛教。这些年跟佛教人士接触，或者在高级研讨班上发言或者写文章，我都提倡人间佛教是适应中国特色社会主义社会的一个重要的命题。

道教，最初是《老子》，是哲学著作，后来被神化，老子成神了，道也成神了。又把二者合一，太上老君等。后来佛教进来了，是个对手，那么道教也吸收佛教的东西。所以你到道观去，会发现它的建筑和佛庙差不多，它是学佛教的。另外它的法事，作法事时的一些礼仪也是吸收佛教的。那么儒家吸收了佛教，形成了宋明理学，道教把佛教的吸收来，就是全性保真的性，这是宋明理学的口号。最初是太平道，后来是五斗米道，再后来是天师道，这些都是变革。

伊斯兰教到了中国就不再是原教旨化。到中国来的伊斯兰教，是逊尼派的，而且融进了 56 个民族的大家庭，举个例子来说，《古兰经》上规定，一个男人可以娶四个老婆，但这是有条件的，娶一个老婆你必须能够养活她，想娶第二个老婆必须经第一个老婆同意，而且你能够同等对待她们，要娶第三个，须这两位姐妹同意，还要同等对待她们。要娶第四个了，那要三人小组会议决定。但是，我们国内的伊斯兰教自古以来就讲一夫一妻制，不是中华人民共和国成立以后才开始的，至于说有些地主有两个、三个老婆，这和中华人民共和国成立前汉族娶妾是一样的。中华人民共和国成立后更是一夫一妻制，另外也是和别的民族和睦相处的需要。我在乌鲁木齐考察的时候，你信佛你住某条街一号，我信伊斯兰教我住二号，互相尊重。

基督教因为"中国礼仪问题"，曾经被康熙皇帝禁止，但是后来也做了让步。再就是 20 世纪 20 年代，一些基督教爱国人士提出来"自立、自养、自传"，要让基督教"本色化"，因为他已经信奉了基督教，但是知道基督教的传播是靠着刺刀来的，同时中国的教徒在西方没有地位，于是就提出来我们要有"本色化"，在中华人民共和国成立后形成了"三自"爱国运动。近些年，特别是"冷战"结束之后，世界上的战争 90% 和宗教有关，和民族也有关。至于西藏的事情、"疆独"，都是境外搞的。为什么能够这样？因为我们党靠着辩证唯物主义和历史唯物主义，把握宗教的本质，把握宗教的规律来制定政策。这几句话都是很对的，首先是信仰自由，其次就是独立办校，再次就是政教分离，最后是教校分离，就是宗教不进学校，这也是世界的潮流。同时，你有宣传有神论的自由，我有宣传无神论的自由，这特别体现在对宗教"三性"的定位上。第一就是长期性，从有了人类就有，阶级没有了还有。第二就是群众性，宗教对相当一部分群众有较大影响。第三就是特殊的复杂性，这个特殊的复杂性就是其中很重要的一点，外国人插手问题。针对这"三性"，要做到依法管理。

四、促进宗教与社会主义社会相适应是统战工作的重要内容

（一）尊重，对话，促进

统一战线要处理好五大关系，其中就有宗教关系。首先是尊重，互相尊重，要对话，对话就是交流，如此我们可以促进宗教的改革。我想我们统一战线的成员，每个党派或者每个骨干，交上两个信仰基督教的朋友，交上两个和尚朋友，只有好处没有坏处，接触过才会了解。我们宗教界的人士绝大多数是爱国、爱教、爱党的，我认为不要惧怕交流。我在其他文章里也说过，研究中国文化的学者如果不懂宗教，就是瘸腿的。不说别的，就说研究中国的诗歌文学，中国从南北朝开始一直到宋明，很多大文豪的诗里面都体现了佛教和道教的教义。有一种诗叫禅诗，既有文人写的，也有和尚写的，你不懂佛教，这些人的诗你就读不懂。有一次我给一个年轻人举了一个例子，"横看成岭侧成峰，远近高低各不同。不识庐山真面目，只缘身在此山中"，我说这是什么诗？写景？不对，他没有写庐山，"横看成岭侧成峰"，我们到西山看也一样，"远近高低各不同"像打油诗一样，哪个山都是如此，全是一样高的山，那是蒸馒头。"不识庐山真面目"，这是诗眼，"只缘身在此山中"，这是在讲哲学，讲的

是禅。知道了苏东坡跟佛教的关系，回头再读读他其他的诗，再读这首诗，就会恍然大悟。有机会和宗教界人士交谈，互相尊重地对话，我们这种关心，对各大宗教是一种促进，至少表达我们希望他们适应社会主义社会，为社会多做有益之事，这也是一个激励吧！

（二）协助宗教自身建设

我认为现在五大宗教的问题不同，先说外来宗教，基督教、天主教，有一个如何把原有的宗教的教义现代化的问题。我曾经向丁光训先生请教过，他就在思考这个问题，怎么让基督教义充实上时代的内容。我跟傅铁山同志交谈得更多了，我总强调马丁·路德和加尔文的宗教改革，最初他们都是受打压的，但到最后形成了世界宗教的主流宗派。伊斯兰教呢，需要深入研究伊斯兰教的哲学和到中国以来的变迁。

道教必须处理好神仙道跟人间道的关系，总是讲神仙，宣扬能成仙不行，必须加强对寺庙的管理。又是算卦、看相、抽签，给人的印象是，道教现在仍是迷信。这里核心的问题是如何对道教经典赋予时代内涵，剔除糟粕的东西。

佛教是什么问题呢？是提高素质。这个问题各宗教都有，但是佛教可能更严重一点。改革开放后，佛教、道教的队伍，就是出家人的队伍在扩大。什么原因剃度的都有，失恋的、让爹妈打得没有地方去的、受到严重打击觉得没有出路的，等等。他们以为宗教就是有神的，是迷信的，林黛玉就是这样，最后把命也送了。不管是佛典还是道典，全是文言文，或者半文言的，还有的是唐代语言，看了能不能抓住真谛，这些都是要有修养的。我们固有的这两个宗教，学问太大了，从哲学角度、文学角度、信仰角度来讲，都要做精深的研究。我对佛教的朋友说，作为禅宗的发源地，也可以说是佛教的发源地——古印度早就没了，但我们保留了完整的佛教的经典，佛教也成为世界性的宗教，从中国传到韩国、日本、越南，传到欧洲，现在传到美洲、澳大利亚。可以说，中国是禅宗的发源地，但是佛教和禅宗的中心不在大陆。这就要出高僧，要有礼佛典的修养、外典的修养，在他们口中外典就是儒家的经典，还要有悟性，要能讲，口才还要好，佛经上讲辩才，笔头的表达再加上用外语。我们要协助宗教自身建设。还有一点，就是寺庙、教堂、清真寺、道观的内部管理问题。

（三）充分发挥宗教在构建和谐社会中的作用

在构建和谐社会中，五大宗教都做了很多，但他们还有潜力。这就要求既要规范，又要管理，还要充分发挥他们的作用。党和政府既要引导他们加强自身建设，提高他们在教义上的修养和道德修养，还要改进管理，具体到宗教的管理、财务的管理、场所的管理，等等。同时，让宗教界人士充分发挥作用。

如果这样的话，我想中国的宗教可以越来越适应我们的中国特色社会主义社会。而宗教之间的关系、宗教和社会的关系将更加和睦，宗教协助党和政府构建和谐社会将发挥更大的作用，如此一来，将出现比现在更为圆满的景象。在处理宗教问题上，中国就有自信为世界树立新的典范。

明清的版图与民族

阎崇年

我国的边疆和民族问题是关系到国家兴衰分合的关键问题，很多人对这个问题认识不够，有一些负责这方面工作的同志认识也不够，社会上更有各种偏见或者谬见，所以我们一块儿把这个问题讨论一下，说说我的看法。

一、中华版图的文化

我们中华五千年的文化，真正有文字记载的历史有三千多年，就是从商朝的甲骨文开始，一直到宣统三年，为了说清楚我们历史上的边疆民族问题，我想先对这三千多年中华版图的文化做一个大概的梳理。过去学术界一直认为，中华传统的历史文化有这么几种类型，第一种就是中原农耕文化，主要是长城以南，河南、河北、江苏、江西、湖北、湖南等中原地区，这个地区的特点就是农耕经济，男耕女织自给自足的经济。大体上我想从商周、秦两汉到唐宋元明清基本上是这样的情况，这个大概没有争议。第二大块就是草原文化，西北这块儿，西方有一个学者提出来叫"草原帝国"，这块儿讲得比较多，大家也比较熟悉。第三大块就是东北，东北这块儿算什么？有一些学者说算草原文化，包括一些满族的学者老先生说我们的祖先是游牧民族，天苍苍野茫茫，风吹草低见牛羊。我说东北不是天苍苍野茫茫，我们开车去大兴安岭、小兴安岭的时候完全是在森林里面，树木蔽天，不见日月，和到了呼伦贝尔草原、鄂尔多斯草原完全不一样，汽车在草原上开，从早上开到晚上还是在草原上，天就像是穹庐的盖子。东北这块儿算什么？辽宁说："我们有一个辽河文化"，吉林说："我们有松嫩文化"，黑龙江他们接着说："我们算是龙江文化"，我说你们三家三种文化，那我怎么讲啊？我到黑龙江讲龙江文化，我说三家整合一下好不好，有没有共同的特点？他们说什么共同的特点，我说有一个共同的特点就是森林，你们叫森林文化好吧。后来他们商量讨论，有些人还是同意的。我说东北这块儿森林文化，它的经济是什么呢？渔猎经济，不是游牧经济。这是第三大块。第四大块就是西北高原。青藏高原250万平方公里，云贵高原50万平方公里，合起来300万平方公里。我说西部这块儿我们是不是可以叫作"高原文化"，中原农耕文化、西北草原文化、东北森林文化、西部高原文化，还有没有？我说还有就是沿海及岛屿的海洋文化。这么算起来远的咱们不说，从商朝有文字记载到清朝，我们中华文化大体上有这么五个经济文化板块，或者叫作经济文化类型。每一个板块有多大？要算一下面积。我们先说一下，中纪委原秘书长王光，这位先生2016年故去了，有一次他到我家看我，他说崇年同志，你研究清史这么多年了，有一个问题你研究一下好不好？我说研究什么问题？他说清军入关满族有10万人左右，当时的汉族人口大约有1亿，这10万人怎么把1亿人给征服了？不但征服了而且政权巩固了，清入关后统治了268年，为什么？请历史学家研究一下，给一个答案。他又说，满族人口很少，怎么入了关征服了中原而且建立了巩固的统治，为什么？他说你回答一下行不行，我说不行，这个问题太大，可以写100万字的专著了，可能都不一定说清楚，我说我力量不够。他说不设时间，你慢慢研究这个问题。什么时候研究清楚了什么时候再说。我说可以试试看，但可能我这一辈子告别人世之前这个事也弄不明白，他说没关系你留心一下。

所以从那时开始我就留心了这个问题，满洲的发源地在东北，山海关以外，森林文化面积多大？西到大兴安岭，就是呼伦贝尔沿着这条线，北到漠河，南到长城边上，这是西的界线，往东到大海，南到长城，北到哪儿？北到黑龙江的入海口库页岛，我们现在看到的是清朝的全图，森林文化东到东海，包括了乌苏里江以东，现在俄罗斯的滨海地区，包括库页岛，在清朝都是中国的。包括黑龙江入海口，入海口往西这块儿地方现在叫作外兴安岭，这个外兴安岭要注意，山脊往南的水都流到黑龙江，往北流的水都流到北冰洋，凡是往南流的，流到黑龙江的这个土地都算中国的。往西到贝加尔湖，往南到长城，往东到呼伦贝尔，面积有多大？我一个一个加，加一块儿大约 300 万平方公里。有年夏天我去了贝加尔湖，就是当年苏武牧羊的那个贝加尔湖，这个湖南北长 676 公里，相当于北京到郑州这么长，这个湖水的淡水占全世界地球上淡水总数的四分之一。这么一大块森林文化面积。

清朝当时算是满洲，满洲的前身是女真，肃慎、挹娄、靺鞨、女真、满洲这么顺下来了，他们世世代代生活在这个地方。所以满洲兴起的文化的底蕴是约 300 万平方公里。这是森林文化。草原文化就在现在的内蒙古地区及蒙古、西蒙古，西蒙古是什么概念？天山以北是西蒙古，明清叫厄鲁特（音）蒙古，就是贝加尔湖以南这一块，现在俄罗斯叫布里亚特蒙古，这些区域面积多大？大约 300 万平方公里。两个 300 万平方公里是 600 万平方公里。清朝是满蒙联盟，两个拳头打明朝。当年明朝没有解决问题，所以蒙古人瓦剌军队，打到北京把明朝皇帝明英宗俘虏了，在明朝，蒙古问题始终没有解决。满蒙联盟两个联合起来，在大约 600 万平方公里的土地上对付明朝，所以我们往往有时候看到了 10 万人的力量，没有看到两种文化合在一起的力量。这是两个 300 万平方公里。中原地区汉族农耕文化。我们中原农耕文化面积大家都觉得很大，我一直觉得很大，我一个省一个省地加，江苏 10 万平方公里，浙江 10 万平方公里多一点，安徽 10 万平方公里多一点，我们中原河西地区农耕文化面积 300 多万平方公里，这是三个 300 万平方公里。那么高原文化这一块，青藏高原和云贵高原合一块儿，我说了是 300 万平方公里，那么就 4 个 300 万平方公里，还有沿海的，合起来清朝强盛的时候我们国家的面积是 1400 万平方公里。中原 300 万平方公里、草原 300 万平方公里、森林 300 万平方公里，加上高原文化一共 1200 万平方公里，还有其他的一些零碎我没有算，这是我们国家版图的情况。

我们看看清朝强盛的时候，很多人问，我们国家的版图什么时候最大？有人说是汉朝汉武帝的时候，有人说是唐朝唐太宗的时候，有人说是明朝，大概很少有人说是清朝的时候。实际上我们国家的版图长期的、有效的、巩固的、直接的管辖，面积最大的是清朝。美国哈佛大学东亚研究中心主任孔飞力写了一本书《叫魂》，现在已经翻译了，1986 年他到北京，约我一块儿谈一谈，我说好吧。他说我们美国学者认为，清朝对中国历史的贡献主要是两个，第一个是版图，第二个是民族。清朝在版图上对我们中华民族主要是什么贡献？这里面就牵扯到中国的版图。大家知道汉高祖刘邦被困在山西大同这儿，当时叫平城，围了七天七夜，差一点就被匈奴的首领捉住了，如果刘邦被捉住，汉朝的历史就要被改写了。刘邦的谋士用了两个计：第一个是金钱，第二个是美女。匈奴这两个计都中了，刘邦就逃脱了，否则就被抓住了。汉朝时北京这个地区，比如说现在的海淀、昌平地区主要被匈奴控制的。顺义、平谷、密云、延庆这些地区基本上都是匈奴控制的。那么汉武帝派卫青、霍去病打，并在新疆的天山这个地方，设立了一个西域都护府，但汉朝的兵往西打，还得撤回来，所以汉朝可以说是有西域，但汉朝没有对西域长期、巩固、有效地进行控制。官员不是朝廷派的，军队虽然驻扎在那个地方，但打完就回来了。东汉就更不行了。

唐朝是了不起，打突厥，但是唐朝打突厥也是打了以后就把他赶跑了，不能停留在那儿，走了之后突厥又回来了。朝廷可以设立很多机构，但真正机构设在那儿，驻军派官员进行管理、纳税，实际控制的面积没有清朝大。唐以后宋是半壁山河，元朝我们不讨论，我们说说明朝。现在都说明朝面积大，大家看明史《鞑靼传》《瓦剌传》都是外国传。20世纪六七十年代我写文章驳斥这种言论，当时说长城以外不是中国的，理由是根据明史《鞑靼传》《瓦剌传》，外蒙古和新疆都被列在外国传了，我们不能同意他的观点了，我们说明朝把鞑靼和瓦剌列成外国传，只能说明朝不能完全控制它。这里面大家要注意一个问题，就是版图和王朝的控制是两个概念。明朝特别是到了永乐时期有三个大的贡献，第一个大的贡献是派郑和下西洋。第二个大的贡献是派一个专家伊失哈，明朝很多重要的事都是太监做的，郑和是太监，所以派他下西洋，他派伊失哈到黑龙江的下游，到了黑龙江的入海口这个地方，元朝这儿叫奴儿干都，伊失哈设立了一个都司，叫奴儿干都司，覆盖到省一级的机构，省会就设在黑龙江入海口这个地方。这个都司就管整个东北的地方，南部归辽东都司，北边的一大片都是奴儿干都司，了不起，说明明朝在这儿实际控制了。第三个大的贡献就是迁都北京。明朝迁都北京的意义太大了，如果永乐不迁都，都城还在南京的话，那么瓦剌打北京的时候大概守不住，北京丢了，再往南就是黄河，很可能出现南北朝的局面。迁到北京，天子守国门；有的先生不赞成，说是天子没有守国门，国门没在这儿；因为朝廷的重心在北京这儿，重兵都在长城一线，所以瓦剌的南进不能轻易突破这个防线，保住了长城以南，没有出现南北朝的局面。

那么明朝疆域不是最大这很明显，外蒙古控制不了，新疆不能完全控制，清朝版图是什么情况？努尔哈赤从辽宁这儿起兵之后，他和他儿子皇太极两代，一直往北打，两次打到朝鲜，一次打到平壤，一次打到汉城，签订了两个条约，第一个叫《兄弟之盟》，第二个叫《君臣之盟》。朝鲜投降了，承认皇太极是他的皇帝，年号用皇太极的年号，派使臣进贡。而且大家去首尔时注意一下，汉江有一个"三田渡"，在这儿竖了一个碑，叫大清皇帝功德碑。我去韩国的时候还特意看看那儿，这点我觉得韩国还算有点气量，没把它拆了，没有给它刨倒了，现在还有。我写《明亡清兴六十年》时说这个照片一定要用上，在英国出版《袁崇焕传》我也用了这个照片。

特别是皇太极的时候，打到什么地方呢？打到贝加尔湖这儿，这时候俄国还没有东进，还在乌拉尔山以西。努尔哈赤和皇太极两代，把整个东北地区从明朝的手里接管过来，努尔哈赤以两代接管了"努尔盖公司"和"辽东公司"，内蒙古是皇太极的时候解决的。外蒙古我一会儿再说。所以清朝对版图的第一个大的贡献就是满洲地区 300 万平方公里土地完全归到了中国，归到清朝。包括乌苏里江以东到沿海这个地区，包括库页岛，整个地区 300 万平方公里。设立了机构，三个将军，盛京将军驻沈阳，吉林将军驻吉林市，黑龙江将军驻瑷珲，就是现在的黑河，这三个将军都有衙门，是军政府，又是军又是政。第一，设立机构；第二，设置官员，省一级的机构；第三，驻扎军队；第四，任命官员；第五，征收赋税；第六，定期巡边；所以整个满洲地区到了清朝完全纳入中央政府的管辖范围。

我顺着牡丹江，它发源于长白山，沿着江考察到三杏，满文叫依兰，当年努尔哈赤的祖先就在这儿，到清朝归到中国了。再沿着松花江往下考察，就是现在的同江友谊农场，再沿着乌苏里江往下考察，到黑龙江汇流的地方，中国的名字叫抚远，俄罗斯叫哈巴罗夫斯克，再到下面就是黑龙江入海口。我前两年去俄罗斯的哈巴罗夫斯克，参观哈巴罗夫斯克博物馆，讲解员是俄罗斯大学在读的学中文的学生，他暑假当导游赚外快。他指着《北京条约》签约的图，是一幅油画，俄国的总督穆拉维约夫和中国将军一块儿签订条约，俄国的总督画得神采奕奕、威武雄壮，中国的将军画得又小又猥琐。这是油画也就罢了，但讲解员接着说，当年我们俄国和清朝也就是中国签订了友好合同，乌苏里江以东就归我们了。我当时就说，你说错了。我说你中文不好，把条约翻译成合同也还算马马虎虎，你说是友好合同，我说你们拿枪炮逼着我们签的，何来之友好？我就很声色俱厉地跟他说。这个俄罗斯翻译说，对不起阎教授，我是学历史的，我们历史老师就是这么讲的，所以我就这么说的。我说你回去跟你们历史老师说，中国也有一个历史老师叫阎崇年，他说你说错了，因为你违背了当时的历史事实，而且歪曲了历史。我说你就把我的原话带给他，他不大好意思，这个事就过去了。所以满洲地区，明朝一直没有实际管辖，完全地纳入中央的版图是在清朝。

满、蒙、疆、藏、台，再说蒙古。明朝对内蒙古是联盟的关系，每年要用金币来收买，外蒙古这块就控制不了。所以他把外蒙古的鞑靼就划成外国传，西蒙古的瓦剌也划成外国传，他控制不了，始终不能控制。永乐六次北征，往北打，蒙古骑兵就跑了，但你必须回来，否则没有饭吃。清朝努尔哈赤和皇太极把内蒙古解决了，外蒙古是康熙解决的。清朝的蒙古叫喀尔喀蒙古，东边一点的部叫车臣部，中间的部叫土谢图汗部，西边的部叫札萨克图汗部，三部都是成吉思汗的后裔。清朝要解决外蒙古的问题，康熙的时候怎么办？一个就是出兵打。另一个就用了软的办法来解决。康熙会蒙古文，他祖母孝庄太后就是科尔沁蒙古的，所以他对蒙古情况非常了解。他说最好不要打仗，如果打仗解决的话损失太大了，用和平的办法解决。正好外蒙古这三部闹矛盾，土谢图汗部的首领，把札萨克图汗部的首领给杀了，两部之间的战争一触即发。康熙没有用谁正义我支持谁来解决，康熙到了多伦诺尔就是现在内蒙古的多伦，就是承德往北一点，我去过这个地方考察。康熙带了尚书，相当于现在的民委主任，带了八旗官兵就到了多伦。外蒙古这三个部的首领也都到这儿，还有哲布尊丹巴呼图克图也到这儿，康熙的蒙古语很好，可以跟他们直接用蒙古语对话。先找土谢图汗部的首领，说你们都是成吉思汗的后裔，你把人家札萨克图汗首领给杀了，于情于理来说你对吗？土谢图汗首领说是不合适。那你写一个认罪书，写一个书面检讨。他就回去写了一个书面检讨，写完了给康熙看。康熙能看懂蒙古文就有这个好处，看完觉得写得还可以。把认罪书给了札萨克图汗，那个汗不是被杀了吗？他弟弟还在，给他弟弟看，把他弟弟请来了。弟弟看完了以后说写得还是不错的，人杀了写一个检讨书就完了吗？不行！康熙问，你还要什么呢？说还要赔偿。康熙说，这样，你哥哥被杀了，我让你做札萨克图汗部的大汗，还给你赔偿。他弟弟挺高兴，他哥不死他还做不了呢，又得到赔偿，那个部也很穷，康熙皇帝这儿出钱赔偿。底下工作做好了就开会，土谢图汗部、札萨克图汗部、车臣部加上哲布尊丹巴呼图克图，加上康熙、李尚书，进行了小型的高层的会谈。康熙很聪明，先让土谢图汗认罪，检讨完了发言。之后先让札萨克图汗的弟弟发言，事先做好工作了，说既然他已经做检讨了，我们又都是一家子，都是成吉思汗的后裔，还是和平为重，所以大家还是友好，让别人发言，被杀的人家家人没有意见，就都没有意见了。之后就喝酒，看文艺节目，比如说摔跤、赏赐、封王，正式封这几个王，都很高兴。之后比赛，八旗的阵营真的是威武庄严，检阅也就是大阅兵啊。蒙古的三个王一看，任何一部的力量不足以对抗八旗的武装力量。康熙说，还要射箭，我先射，一把十支箭射出去了，十箭九中。蒙古王都很佩服，这个王爷也射箭，那个王爷也射箭，一个人发十支箭，那几个王一箭都没有中，很惨痛，皇帝十箭九中，我们是一箭没中，跪地请罪，康熙说，起来吧，晚上又举行宴会。在这个盟会上就正式确定，整个外藩蒙古喀尔喀蒙古三部完全归附清朝，清理他们的户口，编成札萨克图旗，任命亲王、郡王、贝勒、贝子。这标志着喀尔喀蒙古，也就是现在的蒙古完全归附清朝。为此，康熙有一段话说得很好，原话是这样："昔秦兴土石之工，修筑长城。我朝施恩于喀尔喀，使之防备朔方，较长城更为坚固。"所以就是明修长城清修庙，从此之后蒙古成为中国北方抵御沙皇俄国的长城，一直到清朝结束、宣统退位。

西蒙古就是准噶尔蒙古，就是天山以北的这片蒙古。康熙、雍正、乾隆三朝，有征有服有威有恩，恩威并施解决了。标志是什么？是设立伊犁将军，就是现在新疆伊犁的霍尔果斯城，设立伊犁将军府。这是军政府，设立衙门，在那里驻军，满洲营、察哈尔营等，编录八旗，正式驻扎军队，建立卡伦定期巡边，春秋各一次。我去伊犁一直往北走，沿着哈萨克的边境线走，那边是他们，中间有铁丝网，那边是土路，这边是柏油路，一直沿着铁丝网的边线，汽车开了一天。完全按照边境的铁丝网走。我们这边的一侧路上有卡伦，有当年的哨所，每年春秋两次伊犁将军下面所属的官员都是要巡逻的，所以新疆在清朝的时候设立机构、委派将军，其各级官员都由政府来派。

再就是西藏，明朝当然是要管理西藏的，西藏真正册封达赖喇嘛和班禅是在清朝，册封很重要，这不就是任命吗？就给证书，颁金印。从康熙开始就在西藏驻军。还设立了驻藏大臣，这个是从康熙、雍正、乾隆时期开始的。乾隆钱在西藏是流通的，也就是乾隆通宝。所以到了清朝，西藏完全归中央政府管辖。我去拉萨的布达拉宫，高108米，这跟我们平常的108米是不一样的，每上一个磴都是很艰难的。达赖喇嘛的坐像前面有一个木头牌位上写着"大清皇帝万岁万万岁"，我说这不是一个口号而是一个政治标志，就是清朝管理西藏，西藏是清朝的，是中国的。

再往南转，云贵这儿没有问题，都解决了，之后是台湾。康熙二十二年（1683年）把台湾问题解决了。1583年努尔哈赤起兵，1683年解决了台湾问题，中间有100年的时间。台湾问题解决了就牵扯到了南海的问题，这个太重要了，台湾设立了台湾府，知府是皇帝派的，三个知县是清朝皇帝直接派的，澎湖驻副总兵，2000人军队，科举考试三年一次。

之后就是南海，清朝的康熙皇帝很有意思。康熙在全国做大地测量，这在康熙之前是没有的。康熙自己数学很好，他走到什么地方，比如说他三征噶尔丹，他就测。他说现在我在西安，西安离北京多少里，之后派人送到北京，和我们今天测的数据基本一样。他到西宁，这儿已经离开北京多远了，到了外蒙古这儿，这儿离北京有多远，和我们今天测的数据基本相符。过去的地图都是方格的，不是实测的，先在直隶测，然后是河北河南，东北三省都实测了。西藏怎么测啊？内地人不行，高原反应受不了，后来康熙说这样吧，让西藏派一些喇嘛来，在北京培训他们回去测，之后把数据记录下来，派人送到北京，根据这个数据再绘地图，所以康熙的西藏地图是实测的。南海也测，也画了。最后这个名字叫《皇舆全览图》，我们后来的中国地图的基础就是这个，世界画中国的基础也是康熙的《皇舆全览图》。这时候疆域已经到曾母暗沙，到南海这儿了。曾母暗沙我老想去看看，岛礁也不能站人，正好有一个机会去了三沙市，从北京坐飞机到海口，从海口坐飞机直接飞到三沙，三沙市修了一个机场，我们就降落在那个地方。我去了以后，三沙那个水清澈见底、五彩斑斓，太漂亮了，但就是非常热。去到那儿之后，当地的海军说阎老师给我们讲讲，难得来一次，就给官兵讲了一次。之后还得赶飞机回去。

曾母暗沙怎么办？我后来有一个办法，新加坡请我去讲学，我们从北京坐波音飞到新加坡是6个半小时，之后他们说阎老师我们新建了一个赌城在圣淘沙岛上，你去不去看？我说我想去看马六甲海峡，那儿有郑和的庙。后来我又去马来西亚讲学，邀请人说阎老师你看看马来西亚的赌城，他说到这儿来的中国人都看，我说我不看。他说你要看什么，我说要看马六甲海峡，我们又开车到马六甲海峡。马六甲海峡接近赤道，我们的曾母暗沙就接近赤道，你在马六甲海峡这儿看曾母暗沙是在眼皮子底下看，你感受一下我们国家最南端是什么样的情况。我们现在首都北京在这儿，往北到黑龙江入海口，中国名字叫庙街，明朝叫奴儿干，大概是 1 万华里，即 5000 公里。从北京往南到曾母暗沙，我根据经纬度算，大约 1 万华里，即 5000 公里，我们国家强盛的时候，领土南北长是 1 万公里，东西从江苏连云港，现在有公路通到霍尔果斯，是 4998 公里，也就是约 5000 公里。所以，清朝强盛的时候总的面积是 1400 万平方公里。这是我们的疆土。

二、民族问题与王朝政权

中国是一个大国，民族比较复杂，所以民族问题从秦始皇二十六年（公元前 221 年）到宣统三年（1911 年）间，始终是中央王朝最头疼的政治问题。譬如说秦始皇，秦始皇是怎么亡的？秦朝怎么亡的？人家说都是陈胜吴广起义啊。也对，可是我们研究历史，除了研究事情发生的原因之外，还要研究原因背后的原因是什么。为什么陈胜吴广起义推翻了秦朝？一个原因就是匈奴。大家知道，秦始皇连接六国长城使它成为万里长城，动用了大量的民力修长城。陈胜吴广是安徽这儿的人，他们被征发徭役到密云、顺义，误了军期要被杀头，干脆起来造反，没有这个徭役，可能就没有这个事了。所以他们起义背后的原因还是徭役，长城是匈奴问题，这是第一。秦始皇派蒙恬率 30 万大军修长城，而且派公子扶苏监军，秦始皇冬巡的时候突然死了，如果公子扶苏在他身边的话，就轮不到胡亥当皇帝了，就没有赵高指鹿为马的故事了。蒙恬的 30 万军队是正规军，来对付揭竿而起的人，可能陈胜吴广得胜的机会不多，所以秦朝灭亡背后一个历史原因是匈奴问题、民族问题。

汉朝，汉武帝有功劳，但是有一个问题，最后闹得国库空虚，出现了天旱民变，汉朝衰落了。唐朝也是民族问题，唐太宗同突厥作战，特别是唐玄宗，唐玄宗的安史之乱是什么问题？安禄山是胡人，安禄山是在北京，往南打到洛阳，往西破潼关打到西安。唐玄宗带着杨贵妃逃难了，路上杨贵妃死了。安史之乱之后，唐朝政局开始不稳定，后来就出现了五代十国。所以，唐朝衰落的直接问题是民族问题。隋朝短不说了。宋朝北宋和南宋始终是半壁河山。现在人说宋朝怎么美好，但是半壁河山不足论。蒙古建立了一个大元帝国，最后怎么亡的？明朝朱元璋的口号是"驱逐胡虏，恢复中华"。建立清朝之后努尔哈赤有"七大恨"，"七大恨"里面有五个是民族问题。清朝最后怎么亡的？是辛亥革命推倒的，还是民族问题。孙中山的口号是什么呢？借了朱元璋的口号略加改动："驱除鞑虏，恢复中华。"纵看从秦始皇开始，几个大的王朝灭亡都是因为民族问题。

三、清朝处理民族问题的经验

横着来看，整个满洲是一个民族问题，蒙古是一个民族问题，新疆是一个民族问题，西藏是个民族问题。那么满洲300万平方公里，蒙古300万平方公里，西部300万平方公里，共900万平方公里，900万平方公里不安定的话，中原的300万平方公里也难得安定。那么清朝怎么解决问题的？我认为清朝解决民族问题的经验吸收了从周朝以来到当时为止2000多年中央政权处理民族问题的经验。又总结了从努尔哈赤开始到康熙统一中国100年民族问题的经验，还总结了台湾收复之后到乾隆最高潮的时候100年，200年处理民族问题的经验。我们呢？学习过苏联，但苏联解体了。有人说不学苏联学美国吧，我认为也不行。美国跟中国历史不同，文化不同，情况不同，也不能照搬美国处理民族问题的经验。怎么办？我说要学习研究参考借鉴我们中国自己历史上处理民族问题的经验，特别是清朝处理民族问题的经验。结合我们自己的实践，也适当地研究美国处理民族问题的经验。再反思前些年学习苏联在民族问题上的教训，然后考虑我们自己的问题。清朝处理民族问题怎么样？我个人认为，从秦始皇开始到清宣统三年，各个朝代处理民族问题，比较来说，清朝是最好的。那不能跟今天比，因为性质不同，我说是宣统之前的帝制时代，各个王朝处理民族问题，清朝处理得最好。

我觉得有几个经验我们可以参考：第一，重教尊俗。重视宗教，尊重民族的风俗习惯。民族问题和宗教问题直接联系，藏族、蒙古族信奉喇嘛教，维吾尔族、回族信奉伊斯兰教，满族、锡伯族信奉萨满教，汉族很多人信奉佛教和道教。清朝的国教是萨满教，那么清军入关之后到北京了，宗教问题怎么办？其一，所有民族都必须信奉萨满教，因为我是统治民族，我掌握政权我有军队。历史上国外有这个情况，就得信我这个教，不然我就杀你。清朝没有这样做，没有强迫各个民族都信奉萨满教。其二，我不信萨满教，我改了，信奉道教和佛教，随了你们。都不可行，所以我觉得清朝的执政者在宗教问题上头脑比较清醒，主张一主多元，以萨满教为主，但是多元。藏族、蒙古族信奉喇嘛教，维吾尔族、回族信奉伊斯兰教，汉族愿意信佛教就信佛教，愿意信道教就信道教。这样一主多元或者是二元政策，在宗教问题上大局比较稳定。满族自己的皇宫里信奉萨满教，坤宁宫里面修了万字炕，三口大锅，每天杀两头猪，一年不停，在皇宫里面皇室进行萨满教的祭祀。贵族怎么办？贵族在堂子，也就是现在北京饭店的贵宾楼。贵族在原来的萨满教教堂共同祭祀。老百姓怎么办？满族的老百姓就在家里面，每家的院里祭祀。分三个层次，宫廷的、贵族的、民间的，满族全民族信奉萨满教。不干涉内部汉族、蒙古族、维吾尔族等的宗教信仰，没有把自己的宗教强加给其他人，就避免了民族的冲突和矛盾。其他的宗教，藏族和蒙古族的喇嘛教照信，回族、维吾尔族的伊斯兰教也可以照信，就是二元的政策，尊教重俗。多尔衮从顺治二年把南京打下来了，下令一律剃发易服，留头不留发，就演绎了"扬州十日"这样的历史悲剧。

多尔衮的头脑发胀不尊重汉族风俗习惯就惹了一系列的问题，一直到辛亥革命的时候还反复提"扬州十日""嘉定三屠"。到了雍正的时候有一个官员叫鲁光华，是一个"厅局级官员"，这个人做官总想讨好皇帝，他给雍正皇帝上了一个奏章，皇帝赞成就可以正厅升副部了。他的大意是这样的，说回族都戴白帽子还做礼拜，他说这不好，既然你回族都是中国人了，大家就都一样，你汉族也不戴白帽子也不做礼拜，就应该统一了，希望雍正皇帝下令叫回族不要戴白帽子，这个奏章就递上去了。大家想想，雍正批同意、照办，这个事就麻烦了，他要戴白帽子你不让他戴怎么办？这个社会就容易动乱。雍正有批示，说回族的风俗习惯是由来已久的，不是清朝才有的，他说苗族和瑶族穿的衣服和汉人也不一样，过去历来相安无事，你是无事生非啊，并对他严加惩处。我觉得雍正这个批示还是对的，就是尊重民族的风俗习惯，他多年戴白帽子做礼拜，已经习惯了，是自己的民俗，你何必多事呢？引起不必要的社会矛盾或者社会的混乱。所以清军一入关，剃发易服吃了大亏，后来皇帝就吸取教训了。这是第一点，重教尊俗。

第二，多元管理。我们今天的 56 个民族，清朝时都在中国的土地上。怎么管理呢？清朝是既一元又多元，都由皇帝管着，不同情况不同对待。譬如说东北三省，都设将军，盛京将军、吉林将军、黑龙江将军，但又不同，盛京下面有府，有州，有厅，有汉人和满族人的管理办法。吉林跟盛京不一样，黑龙江又不一样了。黑龙江有黑龙江将军衙门，有都统，有军事的管理、八旗的管理。乌苏里江两岸是赫哲人，有一首歌不是叫《乌苏里船歌》嘛，这是一个以捕鱼为主的民族，这些人实行部落制，用部落来管理，没有强行划分县、区。库页岛怎么办？库页岛没有划一个县和区，用部落制来管理，乡长、屯长就安定了，你是我的臣民该缴税的就缴税。新疆怎么办？新疆是南疆跟北疆不同，总体设伊犁将军，南疆怎么办？

是一个伯克（音），由朝廷任命，有期限。北疆怎么办？实行军政府制，下面用八旗的办法来管理。东疆跟西疆也不一样，吐鲁番和哈密这两个地方的汉人比较多，按照县府来编制进行管理。北疆又不一样，蒙古人比较多，札萨克制，旗盟制。西疆里面各个地方又不一样，多元管理。蒙古，蒙古都是蒙古人，都是草原文化，内蒙古跟外蒙古管理方法是不一样的，内蒙古东部和西部管理方法是不一样的，东部蒙古也就是内蒙古东部科尔沁编八旗。内蒙古跟外蒙古管理不一样，西蒙古跟外蒙古管理又不一样，完全不是"一刀切"的。西藏也是如此，前藏和后藏不一样。台湾也是，汉人区和吐蕃区也不一样，吐蕃有生蕃和熟蕃，是不一样的。我算了一下至少有12种管理方法，不是二元，是八旗制、旗盟制、府县制、土司制，同样云南和贵州的管理也是不一样的。

第三，力量平衡。我没有通过政治去看历史，各个地区之间是不平衡的，这么大一个国家1400万平方公里，到乾隆的时候3亿人口，道光的时候4亿人口，怎么来管理？我举几个例子来说，比如说外蒙古三部，要维持这三个部之间的平衡，这三个部都直属，一个部联合起来就是一个力量，三个部是分治的，不能把整个外蒙古统一起来，你只是三分之一，那么这三分之一捣乱了怎么办？我用另外两个部来平衡你。南疆和北疆互相平衡，北疆有蒙古族，有维吾尔族，有汉人，可以搞平衡，不搞一个族独大，几个部之间相互制约，维持一个平衡和稳定。特别是蒙古，内蒙古跟外蒙古求一个平衡，外蒙古跟西蒙古求一个平衡，西蒙古和北部蒙古又求平衡，内蒙古和外蒙古三个部又平衡，最后它们拆成四个部，后来是五个部平衡。任何一个部分发动骚乱，其他四个部落自然就平复了。新疆出了事情用蒙古和西藏两面来平衡，西藏出了事情用蒙古和新疆加上内地来平衡，总体上维持一个权力和利益之间的平衡，不是一部独大，否则就没法儿制约了。

第四是什么呢？下棋要分四步，我问国际象棋的冠军谢军下棋分几步，她说一般看四步，比较复杂的看十几二十步。行政上的管理有时候一拍脑门就看一步。清朝皇帝是有点绝的。我讲一个故事，康熙棋看四步。作为一个政治家他把棋看四步不容易。我拿外蒙古来说，三个部——车臣部、土谢图汗部、札萨克图汗部。康熙到了多伦，见了三个部的领袖，还有一个哲布尊丹巴呼图克图，这样四个关键人物，康熙一分析这三个部，中间这个部叫土谢图汗部，这儿出问题他可以解决，居中，而且这个部土地范围是最大的，部民也最多，势力也最强，所以关键要先抓住这个，那两部闹点乱子都可以解决。土谢图汗部抓谁？首先要抓汗。这个汗岁数大了考虑接班人的问题，康熙看他儿子，觉得这个儿子活的时间不会太长。他还有一个孙子，14 岁小王爷，康熙就培养这个孙子。怎么培养？康熙有一个女儿六公主，干脆把这个六公主嫁给这个小王爷，招一个额驸。这个事康熙不能做主，女儿的事他的母亲做主。康熙就写了一封信给皇后和皇太后，她们说既然皇上看中了我们就赞成，康熙一看皇后和皇太后都同意了，心里就放心了，就把这个事提了。王爷也高兴能跟皇帝当亲戚。但小王爷 14 岁，六公主 12 岁，都不到结婚的年龄，就等了两年，男孩 16 岁，女孩 14 岁就可以结婚了。不能在北京结婚啊，就在现在呼和浩特盖了一个公主府，现在的内蒙古自治区博物馆就是公主府，盖了以后东西都准备好，嫁妆也准备好，在呼和浩特举行了结婚典礼。之后女儿怀孕了，就到了外蒙古乌兰巴托那里。小王爷叫敦多布多尔济。不久之后老王爷就死了，儿子继承了汗位，没过多久也死了，之后这个额驸就当了汗。这个额驸有一个儿子叫哲布尊丹巴·罗桑丹贝坚赞。清朝有四大活佛，一是哲布尊丹巴呼图克图，二是达赖喇嘛，三是班禅额尔德尼，四是章嘉呼图克图。主要是外蒙古这块。这个特别重要，活佛灵童转世，康熙的这个小外孙就成了转世灵童。外蒙古三个部，关键那个部的首领是他的女婿、姑爷，活佛是他外孙，这就为皇室一心一意地服务了。外蒙古之所以 150 年一直稳定，这是其中一个重要的原因。我说康熙棋看四步，看 100 年，这位政治家还是可以的。他不是就事论事，碰到一个事就这么办了，而是从大局和总体上来安排蒙古之间的布局，维护发展稳定。

四、清朝处理民族事务存在的问题

今天我们不仅仅是谈民族宗教问题，很多的经验可以总结，这些经验都是前人积累的。所以，清朝的民族边疆管理很值得我们考虑。比如说东北三省，盛京将军、吉林将军、黑龙江将军后来改成省了，盛京后来改成奉天省，吉林省、黑龙江省，制度跟内地完全一样，满洲完全和内地一样了。新疆在光绪时也改成省了，和内地的管理完全一样。维吾尔族、蒙古族、哈萨克族、汉族这几个大的民族，大家友好地相处，和平地相处，而且也互相制约。一个民族太突出了就会影响其他民族。所以清朝后来把新疆改成省是非常重要的决策，台湾后来由府升成省直接由中央管辖。所以我说清朝管理边疆民族问题有很多重要的经验，但也有很多的问题。

我觉得问题主要有三个，我举几个例子。

（一）八旗制度

清朝为什么能够兴？我说清朝兴也八旗，亡也八旗。努尔哈赤既播下了康乾盛世的种子，也种下了光宣衰世的基因。清朝衰世的基因就是八旗制度，这个制度是努尔哈赤定的。努尔哈赤是战争时期的，皇太极也是战争时期的，多尔衮取得了政权，是改还是照搬？多尔衮照搬了。战争时期的制度在和平时期扩大到全国，这个制度有问题没有？多尔衮没有管就完全照搬了，问题就来了。清朝有一个叫杨光先的人诬告汤若望。指责其《时宪历》只编了 200 年，大清朝是万万年的，你怎么就编了 200 年？就把他抓起来了。那么这个制度怎么办？比如说八旗，第一是定土地，圈了 1000 多万亩地，家家都分了，因为是白来的。问题是定死了不许买卖，第一代可以有地，第二代也有，第三代还凑合，第四代就没有地了。后来就没有饭吃了，因为不能流转。

第二是定居住。北城的德胜门、安定门住两黄旗，东城住两白旗，西城西二环以内都住两红旗，前三门以内都住两蓝旗，都按照胡同弄好了，汉人都搬走了，当时不错，都解决了住房的问题。不许搬，第一代还可以，第二代挤一挤还凑合，第三代还凑合，那时候都在院里结婚。不许搬，开始是可以的，以后怎么办啊？后来就没法儿住了，到清朝宣统已268年，要是826年怎么办？1万年怎么办啊？没有改。

第三是定钱粮。八旗出生就有钱有粮，这个问题就来了。第一代经过战争，经过艰苦。第二代他爸爸妈妈还给他讲讲忆苦思甜的故事。第三代就不懂了，生下来就有钱有粮，所以逐渐就异化了。

第四是几个"不许"。不许做工，不许务农，不许经商。只许当兵，当兵是有名额的，和平环境没有那么多兵。后来孩子又多了，这家六个孩子一个当兵的名额，有的十个孩子。我的邻居就十个孩子，两个孩子是当兵的，八个孩子干吗呢？不许做工，不许务农，不许经商，就是游手，之后就是好闲。北京一说游手好闲的孩子就说的是八旗子弟。没事儿就侃大山，一个八旗子弟游手好闲是家庭教育不好，一个胡同的孩子都游手好闲是这个地方社会风气不好，整个八旗子弟游手好闲就是制度问题，是八旗制度形成的，有吃有喝的没有工作，只好游手好闲，因为没有活干，你不让他工作，不让他务农，不让他经商，只让他当兵，哥儿十个，这一家两个名额就完了。这个制度没有改，康熙应该改，乾隆应该改，雍正应该改，可是改不动了。你把钱粮取消了他不干，你让他干活，哪有在茶馆里喝茶、逗蛐蛐儿有意思？不改的话，到嘉庆就不行了，道光年间是外国人打进来了，咸丰连自己的命都顾不上了。这样政权就灭亡了，亡也是八旗，八旗应该怎么改革？应该与时俱进。

（二）民族

清朝自己就是少数民族，在处理少数民族关系问题的时候比汉人考虑得细致，可是跟汉族的关系怎么处理？没有处理好。我就讲几个数字吧，清朝朝廷中权最高、位最重就是"五大臣"，第一是内阁大学士，第二是军机大臣，第三是总管内务府大臣，第四是内大臣，第五是领侍卫内大臣。我称之为"五大臣"，这五种官员权力最高、地位最重，是国家权力的核心，仅在皇帝之下。第一是内阁大学士。三个人的时候，满族人占两个，汉人占一个；五个人的时候满族人占三个，汉人占两个；七个人的时候满族人占四个，汉人占三个。基本上是七个人，多的时候是九个人。汉人四亿，你老占少数决策权，皇帝之下就是满族人。第二是军机大臣。首席军机大臣一定是满族人，其他几个军机大臣唯唯诺诺、点头称是，最小的是叫挑帘军机大臣，那都是没有权的。关键是首席军机大臣一定是满族人。第三是总管内务府大臣。总管内务府大臣一定是满族人，没有汉人，从来没有。第四是内大臣。绝对是满族人，汉人更没有。第五是领侍卫内大臣。总管两黄正白上三旗一共六个，下五旗都没有汉人，蒙古人更没有。我们可以看到最高权力顶层是"五大臣"，从满族人所处的地位、汉人所处的地位，就看出来满汉之间的民族问题在高层中可以体现，孙中山说的"驱除鞑虏，恢复中华"就是因为这个。最高权力是没有汉人的。

（三）文化

搞清史的人说清朝亡是因为腐败。为什么挨打呢？英国、法国、德国、俄国都打你，是因为你腐败。对不对？当然是对的，是不是还可以换一种角度思考？鸦片战争从哪儿打的？从海上打起来的。英法联军从哪儿打的？从海上打起来的。八国联军哪儿打起来的？从海上打起来的。甲午战争从哪儿打起来的？从海上打起来的。清朝败就败在海上了。反过来思考一个问题，为什么败在海上？康熙晚年有一个遗言，千百年之后中国恐怕要被西洋人侵略，子孙们我看不见了，你们千万要注意这个事。他的子孙对祖先的遗言也没有太在意。我们中华农耕文化、草原文化、森林文化、高原文化都重视了，但历朝历代不重视海洋文化。农耕文化在中央政权占据主导地位，草原是元朝，清朝森林文化也占据主导地位，高原文化在局部占据了主要地位，海洋文化从来没有重视。历朝历代的一把手都缺少海洋文化的基因，满族是马上民族，蒙古族的英雄成吉思汗，没有海洋文化的基因，元世祖忽必烈派 10 万军队打日本，都到了日本要登陆了，突然来了一场飓风，10 万军队全军覆没，历史记载活着回到大都的 3 人而已，几乎就没有人回来。忽必烈骑马打仗很懂，但坐船打仗他不懂，不能在有飓风的季节去。后来他不服气又要组织第二次，大臣就劝谏，这个事就没有做。清朝解决台湾问题，找了一个汉人施琅将军，派了一个八旗的巴图鲁勇士去的，所以顺治这个问题就没有解决，康熙平定了三藩以后想解决台湾问题，找施琅谈话，施琅说海洋变幻莫测，中午是这样，下午就变了，什么时候进军由我决定，否则我不去。康熙说好，一切由你定，他到了以后都准备好下海了，有人说他有异心，说想到那边去。果然他等到了风向合适的时候就出征了，先在澎湖打赢了，到台湾也打赢了，把这个问题解决了。施琅懂海洋文化。

大家都知道戚继光，戚继光胜利的原因之一就是他懂海洋文化。他是山东蓬莱人，蓬莱是水城，他训练过水兵，知道潮汐气象、风浪、潮流，所以他在恰当的时候同海上来的人打仗，就赢了。换一个巴图鲁不懂海洋，就拍着脑门儿是打不赢的。民国是重视海洋文化的吗？我觉得也不够。民国成立了海军但还是不够，淞沪抗战我们叫淞沪决战，本来国民党军队是占优势的，日军不行，但日本的海军从杭州湾登陆，包抄到后面两面夹击，国民党军队失利，就战败了。接着南京丢了，武汉丢了，长沙丢了。所以淞沪决战国民党军队失败的一个重要原因是海战不行。从历史经验来看，我觉得未来的 100 年或者是若干年，人类的命运一个是天上一个是海上。我们长期以来海洋文化不足。清朝也不行，黑龙江的入海口丢了，图们江的入海口也丢了，鸭绿江的入海口也不是我们的。怎么回事啊？有人说太远了。莫斯科到库页岛 1 万公里比我们远多了，他干吗要占住啊？彼得大帝有海洋意识，他建立海军，他同瑞典争夺入海口。我们满族的皇帝、蒙古族的皇帝、汉人的皇帝统统缺乏海洋文化精神。

我到南海，海军军官说，我们有一艘航空母舰在那儿，那几个小国家七嘴八舌都没有了，以前就欺负我们没有航空母舰，飞机过不去。现在有"一带一路"，也发展海上丝绸之路，"一带"的发展要和"一路"结合起来，实现中华民族的伟大复兴，这一天一定会到来。

国学与传统文化

刘梦溪

　　很荣幸有时间能够和大家交流学术上的有关问题，我讲的题目是《国学与传统文化》，这个题目涉及的问题比较多，也是现在文化界、学术界关注的重点，特别是现在国学有一点热，但是虽然国学有一点热，传统文化也有一点热，大家谈论国学、谈论传统文化，谈论的话题比较多，报刊上这样的文章也比较多，有些大学成立了国学院，小学还设立了国学班，如果你在互联网上还可以看到在遴选国学大师，等等。但是从学术上来探讨这个问题，也不是那么简单的，它涉及的一些概念需要把它分析清楚。如果有一些概念和历史的渊源你说不清楚，不把它分析清楚，我们在认识上会产生一些混乱。

　　究竟什么是国学呢？什么是传统文化呢？国学和传统文化在我们当今社会上有什么作用呢？人们为什么会关注它呢？以前人们是怎么对待它呢？怎么来看它呢？这些问题我和大家简单地谈一谈。

一、传统文化与文化传统

要了解传统文化的概念，我们首先需要了解文化，什么是文化？大家天天谈，但究竟什么是文化？你们也许会听到，说文化这个概念很多，定义很多，能够有 100 多个。这个说法不是没有来源，在 20 世纪 50 年代的时候，美国有一个社会学家叫克拉孔，一个人类学家叫克鲁博，他们两位合写了一本书，叫《文化：概念和定义的批判性回顾》，就是在这本书里面他们列出了西方对于文化的 160 种定义。所以你看到文化的定义很多，有 100 多种，来源在此。而在 1970 年代以后呢，西方的符号学盛行。由于符号学的盛行，又重新定义文化，那么什么是文化，这个问题定义就更多了。

但是我个人谈文化的时候，也会使用一个定义，什么是文化呢？文化是指一个民族的整体的生活方式和价值系统，因此它包含的内容相当广泛。或者从文化学的分类上来讲，文化是一个概念，传统是另外一个概念，所以当我们讲传统文化的时候，我们可以根据这个定义讲传统文化就是中国传统社会的文化。中国的历史很长，至少到 1911 年，中国最后一个皇帝被推翻之前，这么长历史时期的文化都可以看作传统文化，它也就是指中华民族的整体的生活方式和它的价值系统。生活方式大家都会了解，而价值系统它包括宗教、艺术、哲学、伦理等，那是一些价值上的分类，所以在传统社会中华民族的生活方式和价值系统，那就是传统文化。

跟传统文化相对应的还有一个概念，叫作文化传统。我们不是做研究的，在用起来的时候是不做这个区分的，开始还必须区分，传统社会的文化，就是传统社会里面的那些文化，当然包括它的生活方式，在乡下是这样的生活方式，在城市是那样的生活方式，那样的衣服，那样的打扮，那样的生活，那样的互相交际的礼仪，传统社会有很多艺术，有很多文化，诗词歌赋等许许多多，所有这些都是传统社会的文化。文化传统是什么呢？文化传统是传统文化背后的精神的连接和链条，传统是看不见的，它是文化背后的那个东西，是一个精神连接的力。

一个民族如果历史特别悠久的话，它慢慢就会形成自己的文化传统，但是形成传统有条件，传统的形成需要有信仰的因素，因为传统是一种庄重的力量，如果没有信仰的因素参与其中的话，传统几乎不容易形成，崇拜的因素也需要加入进去，要形成传统。说来复杂，我慢慢再分叙它。

我先把这个概念放在这里。我是说传统文化和文化传统是两个不同的概念，传统文化我们是看得见的，文化传统是看不见的，文化传统是不断地加以诠释和传承的。

中国几千年的历史当然有自己的文化传统，可是自晚清到民国以来，也就是百年以来的中国发生了一件事，就是中国自己的文化传统发生了断裂。

因为在晚清的时候，西方的文化和思想大规模地进入中国，而这个进入还不是很自然地进入，因为这个时候的西方是一个强势的文化，它是用炮舰打开中国的大门，使得你被动地不得不接受。

本来中国文化跟中国以外的文化，接触的历史当然不是自晚清开始的，在整个文化发展的过程当中，中外文化的互动、交流互鉴，都是文化演变的一个正常现象，所以这个历史很长。但是在以前发生的中外接触历史上，这种中外文化的互动状况跟晚清都不相同。

二、第一次中外文化接触

比如说在汉代的时候，佛教开始传入中国，佛教最早在印度，一般研究者觉得是在公元 25 年前后，佛教开始传入中国。但是佛教传入是静悄悄地传入的，慢慢地被中国的知识分子所接受，慢慢地扩散到民间，一直到现在，这个历史也很长。佛教的传入没有造成中国的文化震荡，反而是佛教在慢慢地本土化的过程中，跟中华文化结合在一起，特别是后来出现了禅宗，还不能简单说佛教就是中国文化，最早传入的佛教还没有中国化，形成宗派以后特别是禅宗，这真正是中国化了的佛教，可是一旦变成禅宗以后，信仰的因素在减弱，佛教是一种宗教，它需要有它的信徒，有仪式。

禅宗是中国化的东西，所以整个佛教传入中国和中国化的过程，没有引起文化的震荡。当然刚传入的时候，也会有这样的一些互动。在接受和不接受之间的学理上批评，但是这是正常的批评不是文化的震荡，而佛教进入中国之所以没有引起那样大的震荡，是跟儒学的包容性有关。

大家知道，我们讲儒学，孔孟的儒学是先秦的，那么它在汉代的时候，汉武帝独尊儒术，儒家思想成了社会占统治地位的思想，虽然占统治地位，但是它对外来的思想不是完全排斥的态度，所以当佛教传入的时候，反对佛教的不是儒家，是道教。当佛教传入的时候，也就是在东汉和魏晋南北朝时期，道教很盛行，所以最早起来批评佛教的是道教的信徒。

如果你们了解历史，就会知道范缜写过一个《神灭论》，范缜的《神灭论》就是批评佛教的，但是范缜的曾祖父、祖父、父亲和他自己都是天师道的信徒。天师道就是道教的一个重要的支派。所以说这个历史很有意思，当佛教传入的时候，回应他的是道教，而不是儒家。这是由于儒家具有包容性，所以当佛教传入中国的时候，没有引起震荡。

三、第二次中外文化接触

而第二次中外文化大的接触，在明朝万历年间，这个时候西方的传教士来到了中国，最早是利玛窦，以及后来的汤若望，在天主教来到东方和中国文化接触当中，也没有发生剧烈的冲突。当然它是不同的，由于早期最早的传教士是利玛窦，也是一个儒者，他在对待中国文化的基本精神方面，有妥协。天主教是不承认拜天祭祖的，而拜天和祭祖是中国文化的最主要的一个仪式，但是利玛窦在这个方面有所妥协。

我这个例子说起来复杂，只是说，佛教第一次传入中国的时候，是文化的正常的交流和互动，没有引起文化震荡。

到明朝的时候，天主教入华，是第二次大规模的西方人来到中国，也没有引起剧烈的震荡。为什么，因为中国的文化的主体位置没有动摇，因为它是一个强势地位，主体位置没有动摇，来者都是宾客，它也不惧怕。

可是到晚清就不一样了，晚清大家知道，国力非常虚弱，经济也一塌糊涂，是一个弱势的帝国，奄奄一息。在这个时候，西方列强用武力打开了中国的大门，所以中国是一个弱势的国家来面对西方文化的强烈冲击，就引起强烈的文化震荡，而这个震荡的结果，是到1911年最后一个皇帝退位。

就是说持续两三千年的过去叫封建帝国，因为学术界最近有个讨论，这样的一个社会叫不叫封建社会。武汉大学的冯天瑜教授写了一本书，他说用"封建"这个词概括整个传统社会好像不恰当，我近30年来写文章也很少用"封建社会"这个词，我叫"传统社会"，这是我用的词，这个别人没有办法反驳我。从传统到现代是一个过渡期，是一个转型期，今天还是一个由传统到现代的转型期，但是这个转型最剧烈的时期发生在晚清到民国初年，所以当最后一个皇帝退位了，传统社会（以前叫封建社会），解体了。

可是当最后一个皇帝退位，原来的社会解体，他一套的文化的体系、基本的伦理观念，没有法子在另外一个不同的社会发挥作用。

比如说，传统社会最基本的文化形态是纲常伦理，纲就是"三纲"，常就是"五常"，"三纲"就是君为臣纲、父为子纲、夫为妻纲。大家可以设想，这是维持传统社会秩序的基本伦理，那么在一个现代社会，能够原样地照搬吗？不用说君臣了，已经没有君了，君为臣纲一说不成立了，父为子纲这个概念在现代社会运用起来也有困难，你不能说儿子一定要听父亲的，至于夫为妻纲，女性就更不同意了，而男性也未必觉得很舒服，你统治一个你恋爱的对象，就一定是幸福的吗？所以你看"三纲"在现代社会就发生了危机，可是它是传统社会基本的伦理啊，是中国传统社会的特点，这个纲常伦理不是一个抽象的价值，它完全跟社会、家庭紧密结合在一起。要讲中国社会跟西方不同，中国的社会是以家庭为本位，家庭是这个社会的细胞，主要的细胞，由这些细胞构成网络，形成社会。中国有家庭和家族的概念，没有社会这个概念。虽然没有社会这个概念，但是中国的民间社会非常发达，因为它以家族为本位，这个社会还相当牢固。它们跟朝廷是不一样的，跟政治的权力中心是不一样的，但它是社会的基本构成，西方叫社会，而中国管它叫什么？叫家庭、家族。

那么，这个社会怎么来整合呢？

在西方，社会的整合是靠契约的关系，而中国社会的整合，靠家族和家庭的伦理。中国的这个"三纲""五常"，在过去这个"三纲"是和家庭结合在一起的，只有君臣一纲是皇帝的事情。父子、夫妇是家庭的事情，那么君臣这一纲在现代社会不大容易继续发挥作用了，父子、夫妇这一纲在现代家庭里面也不可能继续发挥作用了。

因此，我们觉得在清朝末年，在晚清的时候，由于西方强势文化的冲击，随着最后一个皇帝的退位，中国传统文化发生了危机。而这个"三纲""五常"是儒家思想的基本价值，怎么说呢？儒家思想在先秦时期，也就是战国时期，他是以孔子、孟子为代表，但是在先秦时期，在春秋战国时期，那个时候的孔子、孟子的思想，还没有跟政治结构结合起来。我们在《论语》这本书里面，可以看到孔子的音容笑貌，在《孟子》的书里面，我们可以看到孟子的性格特征，以及他们讲的那一篇大道理，可是到汉代发生变化了。"独尊儒术"的结果把儒家的思想当作社会占统治地位的思想。因此，这个时候的儒家思想就不是简单的思想家的思想了，不是简单的孔子、孟子的思想了，跟社会的政治结构结合起来了，而且不是几十年、几百年，一两千年这个基本结构，儒家的思想跟朝廷政治、家庭伦理结合在一起了。那么随着这个思想不能维系，中国传统社会的基本价值发生了危机。相当一个时期，中国的知识分子、文化人，都觉得中国的路只有向西方学习，中国那一套完全不适合了，只有走向现代才是中国的出路，只有实行现代化才是中国的出路。

在这个传统到现代转型的过程当中，讨论最激烈的时期是五四新文化运动时期，这个时期是对传统的一个总的清理，也是一个总的批评。假如你学近现代史，你会知道五四那批最先进的人物，他们对传统的批评是不留情面的。新文化运动批评传统的堡垒是《新青年》杂志，主要的机构是北京大学，一些重要人物都在这个时候出现在政治舞台上，胡适、李大钊、陈独秀、鲁迅、蔡元培等很多人都出现在这个时候，他们发表了许多文章。陈独秀讲，你要以为欧化是对的，中国传统这一套就不对，这两者没有调和的余地。在他看来欧化是对的。而胡适更是主张全盘西化。后来有人批评他，他做了一个解释，他说，中国的势力和思想太守旧了，即便我说全盘西化，一折中，还是一个中学为体、西学为用。中学为体、西学为用是谁提出来的？是张之洞。1898 年非常重要，是戊戌变法的那一年。由于 1894 年到 1895 年的甲午战争，中国打了大败仗，在中国现代史上第一次现代化的努力失败了。特别是李鸿章为代表的洋务运动，他的北洋舰队全军覆没，败给了自己的一个邻国，一个小国。原来中国看不起日本，说那是蕞尔小国，可是中国被日本打败了，所以朝野沸腾。

一个变革的浪潮在中国开始了。洋务运动以及变革从 1860 年就开始了，但是在 1894 年到 1895 年甲午战争被日本打败了之后，在全国激起了一个改革变法的浪潮。这个浪潮在 1898 年达到最高潮。那时候，康有为上书，光绪皇帝接受了他的意见，所以有一个百日维新。可是，在那一年的 8 月，慈禧太后发动了政变，把这个变法的潮流打下去了。1898 年这一年大家记住，非常重要，这个变法的潮流虽然打下去了，但中国由传统社会往现代社会转变了，这是一个转折点，也可以讲 1894 年到 1895 年中日甲午战争是一个巨大的刺激。在这个变法浪潮当中，张之洞写了一个《劝学篇》，他在《劝学篇》里面提出，旧学为体，西学为用，后来梁启超写了一本书叫《清代学术概论》，他说："自从张之洞提出中学为体，西学为用以后，大家都觉得他讲得对。"最早张之洞讲的是"旧学为体，西学为用"。梁启超转述成了"中学为体，西学为用"。后来，大家再用这个概念时，就说是张之洞提出了"中学为体，西学为用"的口号。到五四时期，胡适、陈独秀他们就主张西化了，他就放弃了"中学为体，西学为用"。

我的意思就是说，当我们谈论传统文化的时候，你不能否认在晚清到民国初年的时候，中国有一个长时期的讨论，而且中国的传统有一个断层。这个断层，到了后五四时期，一些有心人，看到了这个问题，比如说在 1921 年、1922 年，梁漱溟当时是北大的教授，他写了一本书叫《中西文化及其哲学》，这是他在北大讲的课，他在这个课里边，重新来衡量和厘定孔子的位置，重新来确定儒家的位置。因为在五四前后那段时期，提出的口号就是"打倒孔家店"，代表人物有陈独秀、胡适这些人。最早提出"打倒孔家店"的是吴虞，四川的一个学者。所以我们讲中国传统文化和文化传统的时候，不能不看到在晚清到五四时期曾经造成一个文化的断裂，而这个文化的断裂，我可以讲在 20 世纪 50 年代以后，不仅没有减轻，反而更加剧烈了。最严重的时期是"文化大革命"时期，年龄大一点的都会有这个经历。不论什么传统都不要了，要跟传统彻底决裂，这是当时流行的一个口号。所以，你就可以看出来，在百年中国的历史上，这样一个有悠久历史文化传统的国家，是有长时期的文化断裂的。在1991年的时候，我跟香港中文大学的校长金耀基教授有一个对话，后来发表在我主编的《中国文化》杂志上，我们就探讨文化问题，金先生就讲，中国文化20世纪20年代不想看，80年代看不见。20年代就是我刚才讲的清理传统时期，提倡新文化，反对旧文化。这个口号也没有错，但是那个时候自己文化的长处不愿意看到。这样的结果是到80年代的时候，你看都看不见了。实际上，在每个中国人身上都留下了深刻的痕迹。

四、文化传统与精神世界

到现在还有这个问题，在我们每个现代中国人的精神世界里面，所承载的文化的含量有多少呢？而这个含量有的时候是指传统，不单单是指你学到的文化知识。文化有时候不光是知识，那些修养和礼仪，甚至比知识更属于本体的东西。知识是外在的东西，是别人的东西，你学会了，记住了，不一定完全变成你自己精神的构成。精神构成不是知识构成，外边你学的知识可以变成你知识结构的构成，但是不是你精神世界的构成。你精神世界的立足点不光是知识，还有一个东西在支撑你，那个东西是你的安身立命之点，是跟传统连接的，一般地表现为你的修养，而这个修养有时候跟你的文化高低没有关系，有时候文化高一点当然修养好一点，可是你也能看到文化高但修养不好的人，同样你也可以看到没有文化但有很好的修养的人。

《红楼梦》里面的那些丫鬟，不用说文化，她们不识字，可是你仔细想，她们的修养、礼貌，是不是有点意思。如果你读过《红楼梦》，你看王熙凤的丫鬟平儿，没有文化大家是没有疑问的，如果她有文化，王熙凤记账就不会找彩明了，叫平儿记更方便，可是你能够看出平儿的修养。我讲几件事，你就会知道王熙凤是一个总是做一些不好事情的人了。比如说贪污，由于给人家解决一个婚姻的官司，拿到了 2000 两银子，你看这是一种不正当的来路了，法律上也不允许，另外刻扣丫鬟的月例钱，等等。说话有时候也很草莽，当然另一方面王熙凤非常漂亮，非常能干，非常泼辣，非常有才能。这样的一个主子，配上一个平儿这样的丫鬟。王熙凤旁边的人都讲过，李纨就讲过："有个凤丫头，就有个平儿。"别人也讲，说她是凤丫头的得力臂膀。你绝对看不到平儿有背叛王熙凤的地方。她是真正忠诚的一个丫鬟，得力的臂膀。可是有一点，王熙凤做的所有的坏事都跟平儿没有关系。平儿在大观园里面所做的事情都是好事，帮助了很多的人，一件坏事都没有做过。我仔细看过这本书，所以过去有一个词汇，叫作"同恶相济"，意思是两个不好的人在一起做坏事的时候互相帮助。可是在王熙凤和平儿的关系上，这个词应该改一下，她们相济而不同恶。她们俩是相济的，就是互相帮助，但是绝对不同恶，平儿绝对不做坏事情。那么我们可不可以认为平儿这是一种修养呢，一种很高的文化修养呢？大家可以想象。

所以，百年中国，我们有悠久的历史，有长久的文化传统，但是你也不能不承认这个断裂。这个断裂造成的影响是难以想象的，不是很快就能恢复的。

讲文化传统还要做一个分说，按照文化人类学的观点，传统有两个。一个是大传统，另一个是小传统。什么是大传统呢？就是占社会主流文化地位的传统。比如说儒家思想，在中国的传统社会它是大传统。还有小传统，小传统是指民间文化、民间信仰、民间艺术，属于民间社会的这个传统，就是小传统。大小传统的关系，是互动互补的关系。没有小传统，大传统的基本精神理念不可能辐射到全社会；而没有大传统，小传统不能得到社会的精神提升。它们俩是互动互补的关系。可是到晚清、民国以来，在传统社会向现代社会转型的过程当中，我刚才讲的是指大传统，大传统发生了断裂，儒家的基本伦理发生了危机，到现在还是这样。

所以文化传统的流失，给自己的民族精神造成的伤害是难以想象的。当然，我们这个民族也是一个善于自我恢复的民族。谁都想不到，改革开放几十年，我们的社会发生了很大的变化，经济不用讲，从我们做文化学研究的人看，我们很关注小传统的恢复。民间的这种信仰、礼仪，是在恢复。但是由于这个根基不够牢固，理念不够清晰，有很多混乱，这种恢复有时候你会觉得不伦不类。所以，这个文化传统，我叫作重建。晚清以来百年中国，我叫作文化传统的流失。我们有传统，可是我们曾不珍惜过。近几十年，我们可以说是一个大规模的重建过程。我们取得了很多的成绩，我们很高兴。

可是作为文化人，我高兴不起来。比如说这个社会的基本礼仪重建起来了吗？人与人之间应该怎么称呼？学生在校园里面见到老师是怎样一个表现？写信应该互相怎么写？开会应该怎么开？这些最基本的东西，我们的礼仪完整了吗？其实是很混乱的。

有一次，我在华东师范大学讲类似的题目，我讲到礼仪，比如说在校园里，我是说研究生，要我给研究生讲课，碰见你的老师，你没有事情找他，可是你碰上了，你总应该有个表示，你应该怎么表示？说什么？说不说？可是有个条件，你不能叫他站下来。你没有事情，你一个不正当的表达，你停那里了，你就不礼貌。可是你又要表达。我问华东师大的研究生，我说，你们见到老师怎么办？他们说，老师好！同样一个声音，我说这是小学生和幼儿园的大班才这么叫的。大学里面碰见你的老师，你说老师好。不是这么个叫法。后来他们问我怎么叫？我说我不告诉你们。

称呼就更不用说了。我平常坐出租车，一上去，司机就说"老师傅，去哪里？"我说去哪里哪里。过了一点时间，"老师傅，看您学问不错"。我说哪里哪里。他很有礼貌，管我叫师傅。这个能改过来吗？100年也改不过来，可是这是多么不正确的称呼啊！这是在传统社会带有帮会的地方才称呼师傅。你把师傅翻译成英文，就更难听。可是你乘车，他不称呼你师傅，你也要称呼他师傅。你没法儿叫。你怎么称呼？我是觉得我们基本的礼仪还没有建立起来。

至于中国重名之多，据说在天津叫张敏的就有1200多个，全国有多少，我今天没有带具体数据。就没有办法不造成这么多的重名吗？我主张愿意改名，就改一个名字，减少重名。你也不要小看名字。

我讲一个例子。在晚清的时候，曾国藩、张之洞、李鸿章他们有一个举动，就是派十二三岁的幼童，到美国留学，选了那么一批。像詹天佑那个铁路专家，就是那一批幼童里面的。选的孩子都是广东和福建的，广东为主。这个过程我就不讲了。曾国藩和李鸿章不约而同地给广东巡抚写信，说有的孩子可能出身比较贫寒，名字可能不够好听，他们出去之前，给他们起一个好听一点的名字。这样的大吏，就很了不起。今天有吗？没有了。

所以，在今天，我们文化传统流失的百年的过程中，这个重建过程要做的事情非常多。

我看到近30年的文化传统的重建，我个人感到高兴，也是我们所致力的内容之一了。所以在这种情况之下，在这个重建的过程当中，有很多事情要做了，如遗产的保护、遗存的保护等。

在这个传统重建的过程当中，有一点非常重要，跟我们每个人有关系的，就是文本的经典阅读。中国这个国家的特点是，典籍特别多。阅读中国文化的典籍，对于文化的传承有直接的好处。所以我不轻视于丹的《〈论语〉心得》，有人会说，哪个字讲错了，等等。可是你不要忘记，她在一个短时间内，把大家已经遗忘的《论语》送到了千家万户。社会这一波《论语》热，于丹有首功。这个重建的过程有很多的事情。

文本的经典阅读，是最重要的，是每个人都可以做到的。就是在阅读这些经典的过程中，可以改变我们的气质。文本的经典阅读可以使每个人的气质发生变化。所以，我给研究生讲课，常讲，你们有过三年的专门的时间读书，这比你写作一篇论文还重要。为什么，读书可以改变气质。每个人的气质都改变了，社会的风气就开始转变了。对社会而言，可以转变风气。对于每个人来讲，可以改变气质。

这就是读书的作用。开卷有益，可以读很多书。但是中国最基本的文本经典，不可不读。

这就涉及我要讲的问题的第二部分的内容，也就是关于国学的问题。

五、关于国学

什么是国学呢？国学就是指中国的传统文化的学术思想的部分。因为文化有形上和形下的分别，有物化的层面和精神的层面。物化的层面很多了，生活礼仪、习俗等很多了。而精神的层面，形上的层面，就是学术的层面。所以这几年，又有一个国学热。我们当然也乐见其成。

当然，这里面也有很多的混淆。"国学"这个概念、这个词，在《尚书》里面就有，在《周礼》里面也有，在唐代也有，在宋代也有。假如你去过庐山，在五老峰下边，有一个地方叫白鹿洞，白鹿洞在宋代的时候建立了一个白鹿洞书院，朱熹在那里建的。它是中国的四大书院之首，很有名，它也会招收一些学子，在那里读书。而这个白鹿洞书院在唐朝末年的时候，李白在那里隐居的时候就住在白鹿洞，五代南唐时期叫庐山国学。所以，"国学"这个词历史很久。

但是在中国历史上，不管在什么典籍里面出现"国学"这个词，都是指学校的意思，都是指国家所立的学校。所以那个叫作庐山国学，因为是在江西庐山，叫庐山国学。而这个"国学"的概念和我们现在讲的"国学"的概念万物不同，一定要分别清楚。

我们现在讲的国学是什么意思呢？这个国学，这个词最早出现在 1902 年。我刚才讲戊戌变法那一年，到 1898 年 8 月是慈禧政变，政变以后就处分了一些人，谭嗣同他们"六君子"在菜市口被杀掉了。康有为和梁启超跑掉了，于是通缉康有为和梁启超，黄遵宪是湖南的盐法道，湖南当时的变革在1898年，走在全国最前列，主持湖南变革的人叫陈宝箴，我个人近20年一直在研究陈寅恪，他是中国了不起的思想家和史学家，他的祖父叫陈宝箴，他的父亲叫陈三立，是晚清的大诗人。泰戈尔到中国来，陈三立和他会面，他的诗写得很好。在1898年，陈宝箴当湖南巡抚的时候，湖南的改革走在最前面。湖南时务学堂就请梁启超做总教席，而黄遵宪就在湖南当盐法道，一起跟陈宝箴参加湖南的维新运动。当慈禧政变的时候，杀"六君子"，通缉康有为和梁启超，陈宝箴父子被革职永不续用。他们是江西修水人。陈宝箴父子革职以后就从湖南长沙在1898年年底回到了江西。一开始在南昌，后来陈宝箴在南昌的西山建了一个房子住在那里，1900年就去世了。黄遵宪也被处分，他在被处分以后就回到了广东的老家梅县。在1898年这一年，梁启超一开始在《时务报》发表文章，这是维新派的报纸。黄遵宪看到梁启超的文章以后，说这个人写得太好了。他就写信称赞他，他们就这样有一段交往。梁启超在日本的时候，黄遵宪就和他通信。梁启超在1902年的信中提出，想办一个国学报。黄遵宪说现在办国学报还不是时候，我们从1902年的信里看到他讲到国学，这是比较早的现代国学概念的出现。而这个时候的国学既不是庐山国学，也不是《周礼》里面的国学。这个时候讲的国学，和以前张之洞讲的"中学"，甚至和以前讲的"旧学"，这个概念都差不多就是中国的学问。可是具体到国学的概念，也有一个演变的过程。你看梁启超在1902年是这样用的。后来章太炎先生写过一本书，叫《国故论横》。

学术都是国故，能说研究这个东西都叫国学吗？虽然胡适在给国学下定义的时候，是这样讲的。可是在后来，大家在使用国学这个概念的时候，改变了一下。大家比较一致的看法，国学是指中国的学术思想，就是把国学的概念缩小了，指学术思想。学术思想那当然就是先秦时期的诸子百家，宋代的理学，明代的心学。学术思想有他的一个系统。对中国的这些学术思想的研究，叫国学。在以前人们都是这样用的。但是在学术界还有不同的看法。

比如说在 20 世纪，有一个学问非常好的人，叫马一浮，他是绍兴人。可以说，在 20 世纪大师一级的人物中，学问能够达到马先生这样地步的非常少。当时在绍兴考试，绍兴的县试，鲁迅和周作人，一个考第十一名，一个考第十九名。而第一名就是马一浮。所以成了绍兴的天才。当时浙江的官员汤寿潜，后来汤寿潜当了民国时期浙江省的军政府都督，他看马一浮这么高才，就想把女儿嫁给他，三次登门找马一浮的父亲。马一浮的父亲在四川做县官，他生在四川，5 岁的时候，他父亲不做官了，回到了绍兴。汤寿潜就要把女儿嫁给马一浮，找他父亲，第一次被拒绝了，说"我们是寒门，不敢高攀"。第二次又来了，他父亲又坚决拒绝说这是万不可行的，我孩子不可以的，我们不敢当。第三次又登门拜访。我刚才讲礼仪，我们有个礼仪问题。第一次拒绝了，第二次也拒绝了，第三次万不可拒绝，就是看不上那个女的也要同意。这是规矩。你能知道这个意思吗？这个大家会知道一点，很玄妙。为什么三次就不能再拒绝了？反正同意了。可是不久马一浮的父亲就生病了，为了冲喜，就想早一点结婚，并不是马一浮想早结婚，但是为了冲喜，觉得结婚了，也许父亲的病就会好。结果结婚以后他父亲的病也没有好，不久就去世了。在一年以后，马一浮的妻子也去世了。至今这个去世还是一个谜。我就不在这里讲了。我告诉大家的就是，马一浮新婚的太太去世之后，他终身未娶。我就不讲这些故事了。但是马一浮的学问非常好。据说只有他一人读完了《四库全书》。他虽然学问好，但其不写文章，也不写书，也不到大学去讲课，就是学问好。所以当蔡元培在 1917 年当北京大学校长的时候，大家知道这段历史，蔡元培是请陈独秀来做北大的文科学长，其实当时他请的是马一浮。他写信给马一浮，请他当北大的文科学长，在马一浮的眼里，没有学长这个概念，然后他给蔡元培拍了一个电报，上面有"故有来学，未闻往教"八个字。说，你请我到北京大学去教书，这不对。按照古代的礼仪，你可以到我这里来学，你怎么可以请我到你那里去教呢？大名师的派头。所以马先生没有到北京大学任教。后来北大又请过他，也拒绝了。可是他学问好得不得了。浙江大学是在杭州，你们知道，在1936年的时候，竺可桢被任命为浙江大学的校长，他是大气物理学家，是当时的中央研究院的院士，是哈佛大学的博士。他是大科学家，我看过他写的东西。他一当大学的校长，就听别人说马一浮的学问太好了，多次登门拜访，请马一浮到浙江大学开讲座，但是最后没有谈成。这里面有故事。我也不在这里讲。再后来，就是1937年了，日本就打进来了。在1937年年底、1938年的时候，浙江大学就离开了杭州，开始转移到江西的泰和。而马一浮在杭州也住不下去了，他以前是长期住在杭州的。就和他的好朋友丰子恺一起逃难。逃难太辛苦了，还有几个跟着他的私塾的弟子。突然他觉得，这个时候，我们跟浙江大学一起逃难是一个不错的主意。最后，马先生自己给竺可桢写了一封信说，我现在逃难有点辛苦，要是一起逃难是不是会好一点？竺可桢就立刻派车把他接来，然后请马一浮在江西泰和开国学讲座。他在泰和的国学讲座，就叫《泰和会语》。后来，江西也待不住了，浙江大学就由江西逃亡到了广西，在广西的宜山，马一浮也跟着去了。又一次讲国学，在那里讲的叫《宜山会语》。就是两本薄薄的书，这就是马一浮的著作。可是他的学问真正是第一流的。他在江西泰和开始国学讲座的第一天，他说，我这个叫国学讲座，可是什么是国学呢？他说国学就是中国故有学术，你听明白了。我说胡适讲，对国故学的研究是国学，后来大家以为中国的学术就是国学。马一浮说，一般觉得国学就是故有学术。但是故有学术很多，是哪一种学术呢？因此他觉得这个概念还是太宽泛，所以他提出了自己的概念。他说真正国学，就是中国的"六艺"之学。"六艺"之学指的就是孔子的六门课程——《诗》《书》《礼》《易》《乐》《春秋》。这六门课程后来叫"六经"，孔子的时候叫"六艺"。《诗经》《尚书》《周礼》《周易》《乐经》《春秋》，《乐经》后来没有传下来。但是《礼记》里面有一篇，叫《乐记》，我个人看这个《乐记》的基本思想，跟当时的《乐》是一脉相传的，不知是不是它的原本。《春秋》就是一段段的记载，必须加上传，所以有《左传》。"春秋左传"这个概念就是这么来的。马一浮觉得这样的"六艺"，才是国学。我是赞成这个意见的。我以前也没有这样明确。我最近写了一篇很长的文章，叫《国学辨义》，我在《文汇报》先发表了大部分。然后《上海科学报》用两个整版刊发了。我把国学的概念梳理了一下。我也是觉得马先生讲完以后，就没有人探讨了。在我这样探讨之前，没有人再仔细探讨这个问题。国学就是指学术。但是现在看来，国学应该指"六艺"之学。这样才能够不混乱。因此这样的"六艺"之学，它不需要热。怎么可能研究《易经》变成热，你能研究得懂吗？而学术思想，那是学者研究的事情，跟一般民众不发生关系。你研究朱熹，你研究张载，你研究"二程"，他和我们民众有什么关系？可是"六艺"跟我们有关系。中国几千年的教育，所讲授的就是"六艺"。但是以前这个"六艺"的本子太繁，本身并不好懂，要读懂"六艺"的话，有两本简装本，是通向"六艺"的桥梁。就是《论语》和《孟子》。《论语》是孔子和他的弟子的对话，几乎接近于白话，当然是文言，开始有点半文言。有一定的文化，一看也能明白一点。而《孟子》因为篇幅长一点，读起来不像《论语》那么活泼，还有篇幅比较大的学理的论述。但总而言之，《论语》和《孟子》还是好读的。所以，我的看法就是，国学是一个教育问题，不是大家炒来炒去炒热的问题。所以我就主张在小学设立国学这一个科目。这个科目，就叫国学，基本的教材是"六艺"，而一开始要学的是《论语》和《孟子》。为什么还有"四书"的说法呢？因为到宋代的时候，《论语》和《孟子》是很早了，在春秋战国就有了。但是到宋代的时候，宋代有几个大得不得了的学问家，包括朱熹，还有"二程"，"二程"就是河南的程颢、程颐兄弟两个，还有周敦颐也是河南人，还有张载是陕西人，学问都非常好。所以这四家，也就是濂洛关闽的四大家。为什么说"濂"呢，"濂"是指周敦颐，他门口有一条溪水，叫濂溪，所以也叫周濂溪。"洛"是指程颢、程颐兄弟两个，他们在洛阳，所以他们兄弟二人的学问叫洛学。而张载是关中人，陕西人，所以叫关学。朱熹是闽学，实际上他的原籍是安徽婺源县（古属安徽），但是他出生在福建，所以朱熹的学问又称为闽学。所以，宋代的学问是濂洛关闽四大家。宋代的学问和先秦时期的孔孟有什么区别呢？有很大的区别，也有相同的地方。相同的地方就是宋代的这几个大思想家，直接承接了孔孟道学的传统，但是这个时候他们建立了自己的学问体系。不同就在于，如果我们说孔子的思想、孟子的思想是思想家的思想，到宋代的时候这个思想发生变化了。宋代的这些思想家，他们不仅承接了孔孟的思想，还吸收了佛教，特别是禅宗的思想，也吸收了道教和道家的思想。所以宋代是一个思想的大汇流，是儒释道三家思想的一个汇合和重构。宋代的思想主要的价值就在于他直接承接孔孟。因为濂洛关闽四大家有一个看法，觉得从孟子以后，儒家的道统就断了。这个概念不是他们提出来的，是韩愈提出来的。唐代的韩愈，你们一定读过他的《师说》，他另一篇文章叫《原道》。他在《原道》里面就提出来，从孟子以后，儒家的道统就断了。为什么断了？由于在汉代以后，佛教的思想很繁盛，道家道教的思想也很走红，儒教的道统就没有直接传递下来。可是我们研究思想史时会说，到宋代的时候，宋代濂洛关闽四大家，又把孔孟的思想、道统直接承接下来了。所以，宋代思想的价值非常了不起。但是这个时候，"二程"他们就把《论语》《孟子》《大学》《中庸》，合在一起叫作四子书，后来也就叫"四书"。这个"四书"的影响非常大。到明清以后，一直传了下来，到民国以后还在传它。《大学》和《中庸》哪里来的呢？是《礼记》，我刚才讲的"六艺"，

《周礼》《礼记》里面有两篇文章，一个叫《大学》，另一个叫《中庸》，据说这两篇文章，是孔子的孙子子思作的。据说也没有实证，大家都这么认为。不管它是谁作的，《大学》和《中庸》这两篇文章里面的思想非常重要。如果说《论语》代表了孔子的思想，《孟子》就是孟子思想的直接表达。而《大学》和《中庸》是中国传统儒家思想最简练的概括。因此你要念了"四书"，就基本上能够懂得"六经"。"四书"里面的《大学》和《中庸》不好读，篇幅很小。来我们所的年轻人，我会请他们背诵《大学》和《中庸》，但是实际上背下来也很困难，如果从小背，就可以。它比较难懂，因为是对中国文化的一个总体概括。可是《论语》和《孟子》比较好读。所以我说在小学设立国学科目，可以以"六艺"作为教材，首先是读《论语》和《孟子》，把这个作为一个入经，"六经"好像很难，但是你选它最简单的版本，要很少，要很简，不要当作一个负担。一个礼拜就一节课，一节课 50 分钟也可以，随便叫孩子们怎么念，也不要给他讲。其实以前私塾里面，念"四书"的时候，是不讲的。你们会听到这样的一个有趣的话题，就是说"四书"没有念完，就开讲了。过去的教育，要"四书"念完了才能讲。"四书"不念完不要讲。这个有一点道理。这样的一个教育，有什么好处呢？从小中国文本的最基本的经典就在你的精神世界里面留下了影像。长期地熏陶，100 年、200 年以后，将来每个中国人，作为中国人的文化的担负、承担，就不会像现在这样空空如也。现在的中国人，不要说年轻人，年龄大一点的，一提到文化，它的根没有，不知道是什么，立足于哪里不懂得。如果能够在小学设立国学科目，100 年、200 年以后，每个中国人的文化的识别符号就清晰了。这是我的主张。我原来有一本书，叫《论国学》，我送给香港中文大学的金耀基，当时他是校长，后来他退下来，但是他是很了不起的学问大家。我寄给他这本书，他给我写了一封很长的信。他觉得我提的特别重要。他说，从教育的角度，你的主张可以弥补现代大学知识教育的伦理的层面。因为现在的大学、现在的学校，只传授知识，道的方面没有传。这个给大学讲，非常合适，我稍微补充几句。这个知识，你们都知道叫"知识"。还有一个道，中国的文化里面就有一个"道"，老子说"道可道非常道"，不清楚这个"道"，模模糊糊的还有一个"道"。我们也讲天道，不仅天道，什么都有"道"，做父亲的有父道，做女人有妇道，做丈夫的有夫道，做老师的有师道，甚至偷东西的人也有道，叫"盗亦有道"。真正有"盗德"的盗者，你不能偷家旁边的人的，不能偷穷人的，这是他的"道"，偷富人，当然富人也不应该偷。我是说他有一个想法、理念。这个"道"，有传统的教育是传道的，所以韩愈的《师说》，"师者，所以传道、授业、解惑也"。你不明白的东西他给你解答。授业，业是知识。他第一说传道，可是变成现代学校以后，不再传道了。你发现哪个中学、大学在传道？没有这一说了。可是，由于学校教育"道之不传"，对于文化的传承，损害太大了。有人会反驳我，他说西方也不传道啊，西方的大学就是知识的教育。这样的质疑对吗？人类都有道，我们的道是和其他结合在一起的，不是分开的。西方传道的系统是单独的。宗教，它的宗教是贯彻始终的。到现在宗教的系统还在布道，还在讲人类面临毁灭之前，我们的心境应该怎么样，怎么得到超越，遇到困难的时候怎么摆脱自己的苦恼，上帝可以解决哪些问题。他们的道是在的。而我们的现代教育，采取了西方教育模式以后，传道这个途径没有了。所以金耀基先生特别赞成我的意见，他说设立国学一科，可以在现代知识教育外面增加伦理的内容，实际上就是道的内容。这就是我对国学的看法，我不赞成国学太热，国学是要我们做，可是我们中国很多事情往往是炒得很热，炒的结果是糊糊涂涂，大家都不知道怎么回事了。你国学，我也国学。有时候难免就要说胡话了，中国文化和国学不是一个概念。所以你要讲中国传统文化的时候，儒家思想、道教、佛教都是中国文化的内容，可是宗教就不是国学。这些区分非常重要。

汉字、汉语与中华文化

单周尧

汉字、汉语的历史有几千年了。从甲骨文到现在已经有 3300 多年的历史了。我们就讲一讲有关的问题，首先谈汉字的演变。1. 隶变，隶变是汉字演变的一个分水岭。2. 汉字字形的分化，汉字字形的演变包括了讹变、突变、省变、简变。3. 隶变突破了造字的条例，对象形、指事、会意、形声等，都有所影响。第二，谈字义的兼并、转化、互换等问题，往往造成张冠李戴的情况，再认识汉字来帮助我们辨误，认识部首以及错别字的辨识问题，最后谈汉字和汉语的关系，认识汉字的本义、引申义和假借义，就有助于我们提高理解汉语的层次。

一、汉字的演变

"⊙" 这个字我们大家都知道，但是完全不认识汉字的人，我们问他，这是什么字，代表什么？什么称呼？是太阳，为什么会有这个形状？其实它是经过演变的，在甲骨文里面刻一个圆形的太阳就不容易，所以就不是太圆了，慢慢地越来越不圆了，后来到了篆书，配合个性化，就变成了长形，到了隶书以后，就变成了一个长方形。我们看这个"日"字的意思，上面有一个差不多的形状，这个和"日"字有什么关系呢？跟太阳有什么关系呢？其实是没有关系的。本来就是蜥蜴的象形，蜥蜴的头后来就慢慢变成了一个"日"字。再看另外一个字——"香"字，我是从香港来的，它下面有一个"日"字，它跟太阳有没有关系呢？当然也没有。"香"，本来就是禾黍清香的香，上面是禾黍的"黍"字，下面有甘，甘甜的甘，口里面有些甘甜的东西，就是有香味。"甘"字后来就慢慢变成跟"日"字差不多了。从隶书就变了。

再看下面一个字，好像一个"日"字。把它压扁一些，就变成了"曰"，就是诗云子曰的"曰"，就是说话的"曰"。跟"日"是没有关系的。本来是一个"口"，在冬天大家说话的时候，有一些哈气，从口里面出来了。讲话的时候，就有气出来，就是"曰"。用口中出气，代表说话，那一个横，就代表口里面有气出来。到了隶书以后，就和"日"字有些像了，成为"曰"字。扁平的一个"日"字的样子。"曰"在好多字里面又出现了。比如说，在"書"里面，"曰"字在下面，"曰"跟书有什么关系呢？其实也没有关系。书的意思，本来就是书写、写字，所以上面，就有一只手，拿着笔，在写字。下面是它的声符，它的读音，用之乎者也得之，它的古音就是书，跟之差不多，所以用它来注音。但是笔画太多了，后来慢慢就少写一些，不写整个字，只是写下面的一部分，下面的部分就跟"曰"有些相近。隶书就写成了"曰"字。

再看这个"田"字，"曰"和"田"在楷书里面又有些像。但是"田"和"曰"也没有关系。我们看这个"田"，本来就是田的形状，在甲骨文里有很多很多的"田"，后来简单一些，就变成了现在的写法。好多字，也和"田"有关。比如说，思想的"思"，上面是一个"田"，这和田有什么关系吗？是在想着田地吗？不是。原来，思上面，是人的"囟"，就是脑门儿，古人认为，思想就是用心思想，也用脑思想，所以上面就是"囟"字，慢慢到隶书就写成了"田"字。

再看这个"胃"（🔲），又有一个"田"，胃跟"田"本来也是没有关系的。也是因为，胃，本来是胃的形状，在小篆里面，在胃里面还有一些食物，到了隶书，就很简单了，写成了"田"字。

那么再看"番"（🔲），它跟田也是没有关系的。番，本来就是野兽的脚掌，后来就慢慢变成了"番"。

我们再看"鬼"（🔲），又好像有一个"田"在中间。"田"的部分，本来是像鬼的头。

那么再看，"巢"（🔲），中间的"田"就像鸟的窝，鸟巢。

"鱼"（🔲），中间的部分，好像也写成"田"了。它本来，就是鱼的身体。鱼下面还有四点，鸟（🔲）也有四点。鱼的四点，是鱼尾巴。鸟的四点，是它的脚。在小篆就可以看到。还有，"燕"字的四点，就是燕子的尾巴。

再有"马"（🔲），下面也有四点，就是马的脚，还有尾巴的一部分。

"黑"（🔲），也有四点，下面本来是火，就是熏得黑了。

这些都是隶变。就是从篆书变为隶书，慢慢地，字形就没有那么讲究，就混在一块了。

二、汉字字形的分化

我们看最初的时候，甲骨文的鱼，各种不同的鱼都在里面了。它都是根据形状描写出来的。在金文，就更多了，大家在鱼市场看到的鱼，恐怕都没有这里多。"鱼"字就慢慢地在变化，到小篆的时候，它还是甲骨文、金文初步的形感。它定型化了，但是，还可以看出鱼大概的形状。但是，到了隶书，字形就再不象形了。你看到"鱼"字，就不知道它原来就和鱼有关。

"鸟"字，也是一样。最初在甲骨文里面有很多不同的形状，都是描写出来的。那么，金文也是各种的鸟。到了小篆，定型化了，到了隶书，慢慢地就看不出跟鸟的形状有什么关系。

再看，"马"字。也是到了隶书以后，就不象形了。

再看，乌龟的"龟"字。从它的背看过去和从侧面看过去。也是后来慢慢就不那么象形了。

再看，"象"。金文的"象"，有长长的鼻子，到了隶书以后，也就不象形了。

还有老虎的"虎"字。最初也是很象形的。到了隶书、楷书，也不象形了。

"鹿"，最初是象形的，有角。到了隶书也不象形了。

"牛"，最初主要是一个牛头，有个角，到了后面，就看不出角来了。

"羊"，最初有个羊角。到了后来，就变成了两点。

隶书改变字形，把象形的汉字变为不象形了。

另外，也有分化的情况。

比如说，"火"，焚烧的"焚"，下面是"火"，到了隶书，"焚"字里面的"火"，和一般的"火"字一样。

但是，"黑"字，"火"字就变成四点了。就是把"火"分开，就变成四点了。

在"赤"字里面，就变成了两横、两竖，两点在旁边。

再看"心"，心也变了。

有一些，是心字旁，变成了竖心。"心"，慢慢地简化了，而且，"心"也碎了。比如说，恭敬的恭，下面是心，很恭敬，内心，是一个恭敬。

"拱"字，是两手拱手。承担的"承"，本来是三只手，在承担一个人。兵器的"兵"，两只手，拿着兵器，就是斧头。警戒，就是两手拿着兵器，就是警戒的意思。但是，大家看到了不同的情况，就是分化了。

在篆书同样是两只手，到了隶书就变成了不同的形状，这就是分化。所以在隶书里面，从小篆变成隶书，就有很多的变化。有些变得比较慢，变得不是那么突然。

第一种，讹变。就是大家还可以看到它是怎样变来的。"射"，本来是弓，有箭，到后来，"弓"，就变成了"身"，"手"就变成了"寸"。

"折"，就是用斧头把植物砍断。本来植物是草，就是我们平常写的草字头，但是"折"的"草"，不是上下平放，而是直放，后来，就变成手了。有些象形了，后来到隶书，"草"字就变成了"手"。

第二种，突变。就是突然变得不像了，有些时候，变得很突然，变得你根本都不知道为什么要这样变。

我们看，春天的"春"，原来是有太阳，有日，有草。在小篆的时候，中间还有草，是声符，但是，你看隶书，就完全改变了。

比如说，"舜"，原来是什么呢？"舜"的别字，是什么呢？"舜"的别字，是丛花，本来就是很多的花连在一起。"舜"字，在《说文解字》中是这样解释的，就是满地莲花。上面是莲花的形状，下面闯，就是脚、腿，好像会走路。但是，你看到了隶书，就不像莲花了，好像是爪了。突然间，变得什么都不像。

第三种，就是省变。就是笔画太多了，就写少一些，省掉一些。比如说，"书"字，刚才说过，本来是书写，下面是之乎者也的"者"字，笔画多了，我少写一些，就变成后来像一个"曰"字。

香，香港的"香"，也是这样。上面是"黍"，也是笔画太多，后来，就少写，就写下面的"干"，"干"又变成了"日"的样子。

第四种，简变。就是写简单一些。比如说，神仙的"仙"，是比较负责的，后来，就换成了一个声符"山"，变得简单一些。

"近"，就是足字旁，就是把它写得简单一些。

三、隶变

隶书，就是把汉字变得不成样子，变得好厉害。

"六书"里面，象形、指事、会意、形声，都受影响，受破坏。

1. 象形

我们看，衣服的"衣"，本来是像衣服的形状，到了隶书，不象形了。就看不出和衣服有什么关系了。

"瓜"，本来有一些瓜蔓、瓜藤，还有中间一个瓜，后来，看起来，就不像瓜了。

2. 指事

我们刚才说了，"曰"，就是一个口，口里面出气，在甲骨文、金文还有一些东西出来，小篆也有气出来，隶书没有了，看不到了。

"甘"，本来是口里面含住一些甘甜的东西，就感到甘。《说文解字》说，从口，含一，一，道也。就是道理的道。但是，这是儒家的一种理想。其实就是含住一些甘甜的东西。

3. 会意

香港的"香"，本来就是芳香的"香"。上面是"黍"，下面是"甘"，但是变成了隶书之后，"甘"就变成了"日"字的样子。那么，就看不出会意了。"禾"和"日"，就不会意了。

"磷"，本来上面是"火"，就是大家在很黑的地方看到很多小小的火点，而且好像在移动，下面是"舛"，就是移动的意思。

4. 形声

我们看，"书"，本来，下面是"者"，是声符，后来就没有了。我们看不到声符了。

"贼"，本来是一个形声字，我们现在看到"贼"字，就想到了有人抢东西，或者偷东西。但是，"贼"本来不是抢东西的意思，而是伤害、杀害的意思，是要杀人。"贼"，本来是从戈，原则的"则"

是声符，那么后来，就变了形状。

四、字义的兼并、转化、互换

到了隶书里面，就有很多很多的改变。就是大家不是太讲究文字了。所以，各种状况都出来了。

有些时候，在篆文里面，本来是一个字，到了隶书，变为两个字、两个意思，或者三个字、三个意思。

我们看，"箸"，本来就是筷子的意思，用筷子拿菜。上面是竹字头，因为筷子是用竹子做的，然后声符，是者。后来，隶书里面，"竹"字和"草"字混起来了，都拉平了。因为，隶书把字变得平、直、方、正，就是拉平起来。所以，"著""着"本来都是一个字，后来变成了几个不同的字。"箸"字是很有趣味的，就是一个字变成了几个字。

另外一种情况，就是本来篆文里面有几个字，到了隶书，变为一个字。

乙字兼表甲字的字义，甲字就淘汰了。比如说，大家注意"逆"字，是什么意思呢？大家有没有念过李白的《春夜宴桃李园序》？就是"夫天地者，万物之逆旅也"，"逆旅"是什么意思呢？旅就是旅行的旅，旅客的旅。逆旅就是迎接旅客的地方，宾馆。逆就是迎接的意思。逆就是迎。在广东话里面，逆有两个念法。其中一个就是古音的逆。另外不顺，就是逆，就是逆路。在隶书以后，就变成一个字。逆就有了两个意思，一个是迎接，另一个是不顺。

"莽"，篆文里本来有两个"莽"字，有草莽英雄的莽，是很多的草。还有一个莽撞的莽，就是中间有犬，有狗在中间乱跑，根据《说文解字》，就是南昌话，说狗在草丛里面跑来跑去，就是莽。莽又是莽撞的莽。后来，草莽英雄的莽，就不用了。所以，就混起来了。

还有一种情况，就是乙字表甲字字义，丙字表乙字字义。

比如说，"踬"，动也。就是有人坐在那里摇腿，就是腿在动。所以振动的"振"本来是这个字，像在振摇腿。"振"，举救也。就是，救人，见到人家有什么危险啊，你去救助她，就是用手去救。但是后来啊，救人都不用手去救了，是用钱救了。赈灾，大家不是都出钱吗？本来，"赈"，富也，是富有的意思。现在赈灾就是用的这个赈。摇腿的振动，现在就不用了。

另外一种情况，就是丙字表甲、乙二字字义，丙字本义就没有了。

还有一种情况，是两个字互换。酢，酸也。（仓故切）本来，我们上边一个用酢坐，应酬。本来，它不是，是醋。下面本来是，醋，客酌主人也。但是现在用作醋。这两个字就交换了。

还有一种，就是叫作赘形字，赘就是多余的。莫，本来是日暮的莫，就是太阳在草丛里面，就是日暮黄昏的时候。后来，大家不知道，中间的太阳扁了，就写成了"曰"的样子，在下面再加一个"日"，就是两个日，本来天无二日，但是在"暮"字里就有。就是有两个太阳。

"奉"，本来就是两个手，拿住一些植物。在小篆里面，就以为没有手，就加了一只手，就成了三只手。后来，到隶书里面好像又没有手了。所以又再加手在旁边，就成了现在的"捧"。"奉"本来就是捧。古义是没有奉这种音的。

五、汉字的部首及错别字的辨识

1.因为字有乱，所以认识了部首，就可以了解字源

大家看看一些部首。比如说，"又"本来是什么意思呢？本来是手的意思。明白了，"又"是手的意思，有些字，你就明白了。比如说，朋友的友，就是手牵手，是朋友。还有，就是"及"，就是手能

够抓住人，就是及。

廾，本来是"拱"，是两只手，明白了这个字，后面的字就明白了。兵器的兵，就是双手拿住兵器，拿住斧头。

警戒的"戒"，就是双手拿住戈，就是警戒的意思。

还有"止"，就是脚的意思。明白了止，就明白了步的意思，就是两个脚印，步行的意思。

"行"，就是四通八达的路。所以，街道的街，就是从行。

还有"欠"，你不要以为欠，就是欠人家的钱。欠，本来就是人坐在那里，然后口有所动作，就是欠，就是打哈欠。还有唱歌、叹气等，都从欠。

"心"，也碎了。本来是不碎的，到了隶书以后，就碎了。从心的字，刚才也讲过一些。大家看恭敬的"恭"等。

"页"，本来是人的头，所以"头"字旁边从页。还有额头的"额"，还有"颈"，也是从页。

"阜"，就是高山。所以，山岭的"岭"从阜。还有下降的"降"。从高山上下来等都是从阜。

2. 错字的辨析

明白了字源，就可以明白，为什么"步"多一点，就是错字。因为，你看在篆书里面，就是这样写的。"止"字也没有一点。还有忍受的"忍"，从心，上面是声符，是刀刃的刃。染，就是染的时候要染好多次，要九次之多。跟丸是没有关系的。

闰月的"闰"，在古代当作历法，是很重要的事情，所以王，就是天子，一个重要的工作，就是颁布历法。就是闰月的时候，天子，王居门中。在门的中间颁布历法。跟玉没有关系。

还有跳蚤的"蚤"，也是形声字，上面是爪。又是手，中间两点，就算指甲。大家明白了这个，就知道为什么多一点是错的。

还有"含"，是从今，普通话，含和今不太近，但是广东话就很相近。唐音就与广东音很近。

"恭""慕""添"等，下面都是心。所以多一点、少一点都是错的。

"翰"，本来是羽毛。是从羽，干声。所以多一横是错的。

"示"，就是神、祖。衣服就是两点。

"寇"，就是在屋里面，就是有贼。

"冠"，上面是帽子。寸就是手的意思。

分析的"析"，就是斧头，就是把树木砍掉。

"折"，就是斧头把植物砍为两段。

"抓""孤"等都是从瓜。

"登"，上面是两条腿。

"祭"，就是手拿着猪肉，祭祀。

所以，这些字的写法是不相同的。

"贯"，上面是一竖，就是把东西连贯起来。所以上面不是母亲的母。

"姬""颐"都是从颐的声，膏是从高的声等。

3. 别字

比如说"戉"，就是兵器，横是兵器的一部分。戍是戍守的意思，人拿着兵器戍守。

"刺"，旁边本来就是树木的刺，加了刀，就是行刺。

"刺"，就是把木夹起来。把它解开，就是刺。所以是一横。

"炙"，就是烧肉，"灸"，上面是声符。

"鼓"，就是手拿着棍子打鼓。"豉"，就是豆豉，所以从豆。支是声符。

"笫"（zi，三声），竹席。所以和"第"是不同的。

"肆"（si，四声），放肆，酒肆。"肄"（yi，四声），肄业，就是练习的意思。

"貌"，容貌。本来没有左边，就是容貌的意思。人上面的头，容貌。"貌"（ni，二声），与"猊"同，是一种野兽。

"券"（quan，四声）：奖券，入场券。从前，"券"是刀的形状。券（juan，四声）：古同"倦"。是疲倦的倦。

"壶"，就是茶壶。"壸"（kun，三声），壸道的壸。

分析的"析"，还有击柝的"柝"。

"折"，转折，曲折。"拆"，拆卸。

愎（bi，四声），刚愎自用。腹（fu，四声），心腹。

"崇"，崇高，崇拜。祟（sui，四声），鬼祟。

"筋"，脑筋，筋骨。"筯"（zhu，四声），筷子，即"箸"字。

"瞻"（zhan，一声），观瞻，瞻仰。"赡"（shan，四声），赡养。

"冷"，清冷。"泠"（ling，二声），泠泠，水声。

"盲"（mang，二声），盲眼，盲从。"肓"（huang，一声），病入膏肓。

"笞"（chi，一声），笞刑，古五刑之一。"苔"，青苔。

"带"，携带。"戴"，戴帽。

"境"（jing，四声），环境，境遇，境况。"景"（jing，三声），风景，景仰，背景。

六、汉字和汉语的关系

1.汉字的本义

尤：尤佳，效尤，怨尤。

犹：犹佳，犹豫。

克：克己，克服。

刻：刻苦。

奋：兴奋，奋飞，振奋，奋斗，奋发精神。

愤：愤怒，愤慨，愤世，愤激，发愤忘食。

步：步行，步伐。

部：部分，部属，部位，按部就班。

弈：弈棋，博弈。

奕：忧心奕奕。

偏：偏爱，偏袒。

遍：遍地，遍及。

喧：喧哗。

暄：寒暄。

斧：斧削，斧柯，斧凿。

釜：锅子。破釜沉舟，釜中之鱼。

藉（ji，二声）：慰藉，狼藉。

籍（ji，二声）：书籍，籍贯。

企足而待，就是很着急地等待。企予望之。

2. 汉字的引申义

引申义，就是本义再延长，就是引申。"元"，我们说的元年，就是首年。元日就是首日。元首，就是头头、领袖。

比如说，为什么说败北呢？不说败南、败东、败西呢？在《韩非子》里面说，三战三北。北就是打败仗的意思。就是两个人相背。打仗不向敌人冲过去，打败了，转头就跑了，就是相背，就是背向敌人。

不肖子孙。"肖"是什么意思呢？《说文解字》说，肖，骨肉相似也。从肉，小声。不似其先，故曰不肖也。不像他的祖先，所以不肖。一般都说祖先很好。你不像他，就是不肖。不好的子孙，就是不肖子孙。

造诣，"造"，就是到的意思；"诣"，就是去问候人，所以从言。就是到对方的家，就是到的意思。造诣，就是到了某一个境界。

"班"，是什么呢？我们说分班，"班"，就是分开的意思。《说文解字》说，班，分瑞玉。中间是刀，把玉分开。从玨从刀。萧萧班马鸣。有一个翻译家，就真的把它当成"斑马"，但是班马的意思是分离的马，就是跟朋友分离了，大家骑的马也分离了。大家就发出了依依不舍的声音。

3. 汉字的假借义

假借义，就是借用。

在《说文解字》里面有两个"假"字，一个有人字旁，另一个没有人字旁。有人字旁的假，就是非真也。不是真的，是假的。没有人字旁的，就是借的意思，假借。狐假虎威就是借老虎的威风，假手于人就是借人家的手，假公济私。

董事的"董"是什么意思呢？就是和草有关的。但是董事和草没有关系。就是借"督"之义，就是监督的意思。董事，就是监督公司的运行，运作。

无所适从的"适"，是念错的，是应该嫡从。晋国的侍卫说，一国三公，吾谁适从？一个国家，有三个主持政事的人，我跟着谁好呢？在《春秋左传注》，适，主也。借为嫡。

七、几点补充

我们每天都在用汉字，但是其实我们不是完全懂得我们的汉字，也不是完全了解我们的汉字。整个中国，都是学习汉语的专家。但是，程度的高低、深浅是各有不同的。对汉字懂得多一些，你对汉语的了解就多一些。其实，这些都是小学、小孩子学的。我的女儿在幼儿园的时候，我就教她去写，一个字一个字地教她，甲骨文这样写，为什么要这样写，我告诉她。

到了北京，大家用的都是简化字。因为繁体字和简化字不一样。目前，在香港还是用繁体字，或者用楷书。用繁体字，也有人有意见。特别是台湾，他们觉得繁体字是正体字，觉得应该是这样写。印刷体还是用繁体字，还没有说要改。目前香港和台湾，有很多人写简化字。将来怎样，就看大家的意见了。在香港，各个大学都在训练学生用简化字，因为香港和内地的交流越来越多。我想台湾将来也一样。

很多词我们都懂它的意思。但是，比如说，"元首"大家都知道就是国家的领袖，但是为什么叫元首呢？就可能不是每个人都知道。如果你知道"元"本来是什么意思，就是首的意思，所以元首就是国家的头头，那么就能够知道多一些。我小时候，也没有事情做，就写字，但是为什么要这样写，我从来都不知道。后来，就学文字学，知道得多了一些。就看大家觉得是否有需要知道，我女儿小学五年级的时候，我找她帮我抄讲义。我就问我的学生，在我的讲义里面，有我的字，有我女儿的字，他们要很久才能看出来。有人说，汉字很难懂难学，要是你对它有感情，就可能觉得不难。我觉得学汉字，要尽快地和书法结合起来。书法写得好，你写了之后，就会很开心，对它就会很有感情，就不会抗拒了。如果觉得那么麻烦，你就不愿意学。目前一般在小学还没有教书法。

根据孙海波的《甲骨文编》，甲骨文能够认出来的就941个，后面的附录，就是没有把握的。不太肯定的就放在附录。后来台湾大学的金祥恒先生，他编写了《续甲骨文编》，就是他觉得有把握了，也放到正编里面。

英文的发展和汉字不完全一样。在英语里面，我想主要是从语言的发展，在构词法方面，它很快从象形文字发展为字母，然后字母拼起来，就变成了字和词。汉字的变化就比较多，在结构里面有了很多的变化。在英语里面，主要是词型的变化。不完全一样，但都是有一个发展历史。

你说英文和汉语的相互补充，我们做翻译的，都会知道。我也做翻译。我的妻子也在做翻译。很多文件由她来翻译，最后是我过目，决定怎样翻译。我们都有感受，我自己写文言比写白话还要多。因为那样写得快。翻译的时候，你翻译成文言，也不是不可以。大家知道，现代汉语很多受到外文的影响，特别是英文。在翻译里面，我们两个人是很不同的。她就是很顾及原文，每一个英文单词翻译出来，都要在汉语里看到英文的影子。我说，这不是中文，就是英文。用汉字写的英文。但是，我们的确受到了英文的影响。比如说，过去 100 年，中文发生了很大的变化，主要是欧化。我总觉得，翻译出来的总应该是中文。英文受中文影响比较少，因为英文现在是占优势的语言。有些时候，参考英文会丰富中文的表达力，我想慢慢地，大家已经适应了欧化的中文。我小学的时候，看的都是章回小说，《三国演义》我看了三遍，后来看茅盾、巴金的小说，我觉得很啰唆。因为章回小说都是比较文言的，《水浒传》也是很简练的白话。相对于欧化的中文就觉得太啰唆了。但是，慢慢地就习惯了。我有个习惯，看到人家的中文都要改，我感觉，内地的中文都是欧化得比较厉害的中文。语句很长，我想是有点受到英国、俄国的影响。我喜欢比较简练的中文。

中华传统文化与养生

张其成

今天我们在这里探讨一个话题，那就是"中华传统文化与养生"，因为我们这个学院叫中华文化学院，所以，来探讨这样的话题我觉得非常有意思。

一、什么是中华文化？

首先，我们感悟一下中华文化。什么是中华文化？中华文化博大精深，具有悠悠 5000 年的历史。那么这么博大精深的中华文化，能不能用最简练的语言来概括呢？它的精髓究竟是什么？或者说它的魂是什么？学术界进行了多方面的探讨，研究中华文化的魂究竟是什么。我谈一谈我的理解，用最简单的字来概括，就是两个字"中和"。如果用一个字来概括，那就是"和"。我倒是觉得，还可以用另外一个字来概括，那就是这个字 ，这叫"易"。"易"是什么呢？上面是太阳，下面是月亮，叫日月为易。太阳就是阳，月亮就是阴，也就是说，是阴阳的中和。对于中华传统文化来说，它的构成就是阴阳；它的价值取向就是中和，是阴阳的中和。所以，理解了这个，我们就明白了养生是怎么回事。

我对太极图做过系统的考证，并在 20 世纪 90 年代出了一本书叫《易图探秘》。太极图的来龙去脉，我就不多说了。

说到中华文化，不懂得大易，不懂得太极，不懂得太极图，那么就是没有找到它的魂，没有找到它的根。太极图所表现的究竟是什么意思呢？要想搞清楚它的含义，别说用一个下午时间，就是用一年、一百年，甚至更长时间，估计都很难把它完全展示、解释出来，因为它是在不断完善丰富的。所以说太极图体现了阴阳的中和，阴阳的消长和阴阳的互动、互变，而且它是可以量化的，也是可以用一个公式来表达的。20 世纪 80 年代到 90 年代的时候，我在南京中医药大学主编了我国第一部医学大辞典，当时东南大学的一位物理学教授，已经将太极图用一个公式来表示了，那个公式我也看不懂，但是他的意思我明白，就是说任何一个部分都是可以量化的。实际上太极图就是八卦图的一种表现，就是八卦。所以，太极、阴阳、五行、八卦，都是一回事。那么，它体现的最核心的意思，就是阴阳的中和。

二、什么是养生？

所谓养生，就是在讲阴阳。什么是阴，什么是阳？试问你们知不知道你的体质是阴性体质还是阳性体质？中医讲看病，其实是很简单的，主要看体质是阴盛阳衰还是阳盛阴衰。阴衰就是阴虚，阳衰就是阳虚，到底是阴虚还是阳虚这是最需要辨别的。中医的辨证就是八个字：阴阳、表里、虚实、寒热，而阴阳是一个总纲，这叫八纲辨证，就是讲阴阳，所以把阴阳问题搞清楚了，中国文化就清楚了。

那么，养生实际上在说什么呢？我请大家思考一下这个问题，养生的"生"，为什么不是身体的"身"？而是生命的"生"？大家都知道，身体是偏向一个物质性的形体，而这个"生"是一个生命，所以，我们无论是讲养生也好，还是讲中医也好，或者讲中华文化也好，关注的都是生命，是一个整体，是一个活生生的整体。《周易》的"易"是什么意思？就是生生之为易，表示生生不息，这就是《周易》，就是易道。什么叫中医呢？《汉书·艺文志》上解释，叫生生之具，都是讲生的问题，即生命的问题。易学，也就是我们的国学，讲的是生生之道；医学，我们的中医学，还有我们的养生，讲的是生生之具，具，就是工具的具。一个是讲道的，另一个是讲方法的。一个偏于形而上，另一个偏于形而下。所以，从某种意义上说，中华文化就是一种生命的文化，非常关注生命。那么，生命的这个"生"究竟是什么意思？有的人在电视上讲"生"这个字，上面是一头牛，下面是大地，解释为大地也没有错。下面一横，代表大地，没有错，他的解释是牛在大地上吃草，这叫生。我说，这就错了。牛在大地上吃草，这叫什么？这叫死。牛把草都吃了，你说这不叫死吗？所以，我认为，生不是这个意思。这个生，是什么呢？下面是大地，这一横没有错，上面不是一头牛，是一棵草，是草从大地上长出来，这是《说文解字》上说的。《说文解字》共9353个字，从文1163个，分为540部，其中"生"字的解释就是这个意思，就是草从大地上生长出来。"生"字最早的写法，中间是没有一横的，中间是一棵草，上面是一棵草。这是什么意思？就是说一种生生不息的过程。所以我们讲养生，是贯穿于我们生命的整个过程的。

三、养生理念

（一）健康，即和谐

养生的最高理念和我们中国传统文化的最高理念是完全一致的，就是中和。我们简单地说，就说这个"和"字。

什么叫健康？健康就是和谐。在我们中国人的健康观里，和谐就是健康。再看西方人的健康观是什么呢？包括四个方面的健康：一是要生理的健康；二是要心理的健康；三是具有良好的社会适应能力，也可以简单地说是社会的健康，一个人心神是健康的，但是走到社会上去，根本适应不了，这也不算健康，所以，良好的社会适应能力很重要；四是健康，是后来增加的，那就是道德的健康。这四个方面的健康是世界卫生组织下的定义。

再说回我们中国人，什么叫健康？和谐的就叫健康。"和"包括三方面：第一个"和"，是人与自然的和谐，这叫天人合一。第二个"和"，是人与人的和谐，这叫人我合一，这就是西方人所谓的良好的社会适应能力。第三个"和"，是人本身的身心和谐，这叫形神合一。健康不仅仅是一个躯体的问题，只有达到这三个和谐才能叫健康。所以，我们的养生，就不写身体的"身"，而写生命的"生"。

（二）疾病，即不和

什么叫疾病呢？就是不和。这个不和就是指阴阳不和。天人的合一，是一对阴阳。天是阳，人是阴。人我的和谐，是一对阴阳。形神的和谐，也是一对阴阳。我们的中国文化离不开"阴阳"二字。所谓中和就是阴阳的中和，这就是中华文化之魂。疾病也是上面说过的三个层面的不和，即人和自然不和，人和人之间不和谐，人自己心神不和。下面我们谈谈人自身的层面。

疾病是指阴阳不和，阴阳不和的具体表现就是气血不和，脏腑不和，经络不和。气血是一对阴阳，气为阳，血为阴。脏腑也是一对阴阳，五脏是阴，六腑是阳。五脏就是心肝脾肺肾，六腑就是与它相对的，心与小肠相表里，就是小肠；肝与胆相表里，就是胆；脾与胃相表里，就是胃；肺与大肠相表里，就是大肠；肾与膀胱相表里，就是膀胱。这些再加一个三焦，就是六腑。大肠、小肠、胆、胃、膀胱、三焦，这叫六腑。

六腑是阳，五脏是阴。而我们一般的人，往往以为五脏是阳，六腑是阴。因为五脏包括心肝脾肺肾，好像觉得很重要，其实不是。五脏在《黄帝内经》里面的写法是"五藏"，就是收藏的"藏"，代表五脏的功能，心肝脾肺肾的功能主要就是用来收藏的。收藏指阴，往里收的为阴。而六腑是什么呢？腑，像房子一样，实际这里的腑是指道路。道路是干什么的？是用来走的，是走出去的，所以我们说"六腑一定要以通为用"，六腑通了，人就健康了。既然是往外走的，那当然为阳了。所以，这就是"五脏是阳，六腑是阴"，这也是阴阳。

再说说经络，人不只有十二经络，人身上到处都是经络，最重要的有两个，一个叫奇经，另一个叫正经。这和《孙子兵法》是相通的，《孙子兵法》讲究"以正合，以奇胜"，说来说去也就两个字，就是"正"和"奇"，正和奇就是阴阳。《孙子兵法》说："奇正之变，不可胜穷也。"这里的阴阳变化，是指正面去迎敌，还是侧面去迎敌，这个变化是无穷无尽的。我们的经脉，也有一个奇脉和一个正脉，正脉是12条，叫十二正经；奇脉是8条，叫奇经八脉，这些都是人身上的。正脉十二，正经里面说三阴三阳，手三阴三阳，足三阴三阳，加在一起就是12条，这些都分阴阳。

（三）治疗，即调和

中医里的治疗是什么意思？就是指调和阴阳。因为不和，不和就是疾病，怎么治病呢？就是调和。所以我们中医是调和性治疗，西医是对抗性治疗，这两个方法各有利弊。具体来说，调和在人身上就是调和阴阳，表现在调和气血、调和脏腑、调和经络，人一和了，就什么病也没有了。

养生即中医，这样讲不对。中医有相当一部分是讲养生的，但是中医更多的是讲治疗的。同时，养生不仅仅是中医的，养生更包含在中国文化里面。

四、养生流派：儒、道、佛（禅）、医

中国文化到汉代以后，主要是三大家，就是儒、道、佛，他们都是讲生命问题的。中国传统文化，从某种意义上说，就是生命的文化，都是在讲生命的。从养生的角度来说，儒、道、佛是养生的三大流派，再加上中医，就是四大派。说到养生，分为儒家养生、道家养生、佛家养生和医家养生四大派。佛家即禅宗，因为禅宗是中国化佛教的代表。如果用一张太极图来表示这四大家，都能在图上找到他们的位置，所以，我们每一个人的生命都可以从图上找到自己的位置。你现在走到哪个位置了，现在你走的这个位置是不是和？所以把这张太极图搞清楚了，就懂中华传统文化了，也就懂养生了。那么，儒家在太极图的什么位置？儒家是白的？道家是黑的？其实很简单，儒家从阳，道家从阴。但是一定要注意，儒家讲阳，不是说不讲阴了。道家讲阴，不是说不讲阳了。所以，太极图搞清楚了，中华文化就彻底懂了，就是我们国学的精髓。如果按照现在的学科分类，文化分为文史哲，还有古代的科技，这些都属于古代传统文化。我们先不看科技，我们就从文史哲来说，文史哲的核心在哪里？在哲学，哲学是文化的灵魂。我们中国的哲学流派，到了汉代以后，就是指儒、道、佛，所以从这里可以找到它的影子，儒家是白的，道家是黑的。

（一）儒

儒家从阳，孔子说："士不可以不弘毅，任重而道远"，就是讲弘毅的精神，一种积极向上的精神，可以看出儒家养生的方向；孟子也说："吾善养吾浩然之气"，浩然之气说明儒家是向上

的，是从阳的，是积极的、昂扬的。如果从人的气来说，儒家养生就是要气往上扬。

（二）道

道家是偏阴的，但是绝对不是消极的。好多人说道家是消极的，这就大错特错。道家是最积极的，他是以一个消极的方法达到一个最高的境界，他是往下的。老子说："上善若水，水善利万物而不争，处众人之所恶，故几于道。""柔弱胜刚强。""天下之至柔，驰骋天下之至坚。"可以看出，往下并不代表消极。

我以无限崇敬的心情，来赞美我的老祖先。因为我其实姓李，我父亲姓李，我母亲姓张，我跟我母亲姓。所以，我给自己刻了一方闲章，叫张冠李戴。我母亲是祖传中医，叫张一天，传到我这里是第十五代。我父亲姓李，什么意思？就是我父亲嫁给了我母亲，当时他们谈判的第一个条件就是第一个儿子要姓张。新中国成立以来，需要评定 30 位国医大师，要求行医必须 55 年以上，好多 100 多岁的老医者都还没有评上，许多省也没有，而北京就占了 9 个，当时我父亲很不错，他就是其中之一。话说回来，老子姓李，所以他是我的老祖先，我们姓李的有一副对联：上联是"道德五千言门第"，就是指老子的《道德经》有 5000 个字，下联是"黄王三百载人家"，就是指李姓在唐朝当了 300 年皇帝，289 年，约等于 300年，没有横批，我给他写了一个横批，"俺姓李"。

我以无限崇敬的心情来说，老子是一个伟大的"阴"谋家，就是从阴性入手，实际上是达到人生最高的境界，老子的智慧太了不起了，我写了一本书，就是解读老子的《大道之门》。老子是从阴性入手，所以他是偏于黑的。但是，他不是不讲阳，

《老子》第四十二章，是这样说的，叫作"道生一，一生二，二生三，三生万物，万物负阴而抱阳，冲气以为和"，讲的就是中和。

（三）佛

佛教是两汉之际从古印度传到中国来的，值得注意的是，自此以后，教家在古印度就彻底没有了，现如今我们在印度看到的佛教是 19 世纪从斯里兰卡回传过去的。佛教在印度从 13 世纪到 19 世纪中断了 600 年，即使现在还有佛教，也早就不占主导地位了，现在占主导的是婆罗门教，也就是印度教。印度教主要是从婆罗门教那里传来的，跟佛教是两回事。那么，佛教到哪里去了呢？当时主要是到了中国，后来再继续东传，现在是传遍全世界了。

佛教在太极图的什么位置呢？太极图也是荷花图，荷花是什么？就是佛。释迦牟尼佛，也就是乔达摩·悉达多在公元前 565 年四月初八诞生在迦毗罗卫国，他一生下来就会说话，他说的第一句话翻译过来就是"天上天下，唯我独尊"八个字。然后就能走路，走了七步，这七步就开出了七朵莲花。

所以莲花代表一种圣洁，代表一种觉悟，觉悟就是佛。佛教在图上的两个眼睛的位置，两个眼睛是从佛学的本性来说的，佛家讲的空就是中间的一圈，两个点就是阳中有阴，阴中有阳，也就是"色不异空，空不异色，色即是空，空即是色，受想行识，亦复如是"。色不异空空不异色，就是阴不异阳，阳不异阴，色和空就是阴阳。

（四）医

中医在太极图的中间，医家就是在调阴阳，我们以这个图的圆点作为中心，看它们的半径，你就会发现，这个图真是非常了不起，这就是生命图，按照这个图来养生就够了。太极图是我们生命规律最形象、最完美的一个表象形式。在图

的最上面，半径都是白的，然后过来一点，开始出现黑的，黑的越来越多，当黑的变多的时候，白的就开始减少了。所以，黑的就为阴，白的就是阳。阴越来越多，阳就越来越少了。从养生角度来说，如果一个人阴虚，就阳亢。同样的道理，从这个圆心到最下面都是黑的，这个半径都是黑的，然后顺时针走，白的越来越多，到上面的时候，白的就最多了，白的变多的时候，阴的也就相对应地少了。所以它是可以量化的，特别准确。所以从太极图里面，就可以看出中医就是在调和这个阴阳，完全可以用太极图来展示。

总的来说，儒、道、佛这三家的养生有什么特点呢？因为我们讲的是中华传统文化与养生，传统文化到了汉代以后主要就是这三大家，之前先秦有多少家？那时候叫作诸子百家，其实没有 100 家，最早给诸子百家做划分的是鼎鼎大名的司马迁的父亲司马谈，他就说，先秦诸子没有 100 家，一共是六家。哪六家呢？儒家、道家、法家、阴阳家、墨家、名家。这里没有兵家，后来分九家的时候，也没有兵家。因为兵家是不入流的，兵家就是道家，兵家是道家的一种形式。这里面也不包括医家，医家也可以说是道家的一种运用，医家更接近于道家。当时最主要的是墨家和儒家，并列为显学，到了汉代，这两家占据了主导地位，其他各家或者衰亡了，或者不占

主导了。在汉代的时候，从古印度传来了佛家，佛家进入中国之后，就和中国的本土文化相结合，就成为我们中国的三大派之一。

五、什么是修心？

修心实际上是修三个层面的心。第一个层面，是天地之心。这是北宋理学家张载说的，主要是四句话：为天地立心，为生民立命，为往圣继绝学，为万世开太平。学儒释道就是要修心，老百姓一般叫作天地良心，另外还叫天理、天道。我们中国人是讲天理的，信仰天，所谓"天网恢恢，疏而不漏"，就是这个意思。

第二个层面，是民族之心。中华民族当代最大的危机是信仰危机，有的人说是金融危机，不可否认，金融危机也是一个危机。值得注意的是，温家宝在剑桥大学说过2009年金融危机深层次的原因是：道德缺失。而道德缺失更深层次的原因是什么？那就是信仰的危机。我们中国人要建立什么信仰，我们要信什么？胡锦涛在党的十七大报告里面说了三句话："中华文化是中华民族的根基和灵魂，是中华民族生生不息团结奋进的不竭动力，是无数海内外中华儿女共有的精神家园。"这就是说的我们的信仰，灵魂是什么？就是民族之心。如果把我们中华民族比作一个家，那么这个家必须有一个支柱，有一个支撑点，这个支柱是什么呢？胡锦涛说了是中华文化，是我们共有的精神家园，这个精神支柱就是我们信仰的对象。

我在1999年出版了一本书，这本书叫《易道——中华民族的精神支柱》，讲的是中国人民的精神信仰应该是阴阳之道。信易道，因为只有易才能贯穿儒、道、佛。你说叫中国人都去信佛？好像总觉得还不太行。都去信道教？好像也不可以。都去信儒？好像也不够。应该信的是儒道佛三家的合一，叫吾道以易贯之，就是说只有用易道才可以贯穿，就是用阴阳。儒释道三家代表的共同价值所信仰的就是民族之心，比如说中和就是中国人的精神支柱。

第三个层面，是个人之心。个人之心就偏于养生了，修心可以养生，至少有这样的效果。修个人之心，在儒家看来，个人之心叫什么呢？在《大学》里面，"大学之道，在明明德，在亲民，在止于至善"，这是三个纲领，然后有八条目，就是格物、致知、诚意、正心、修身、齐家、治国、平天下。儒家讲正心。道家讲静心。夫物芸芸，各复归其根，归根曰静，静曰复命。佛家讲明心。明心见性，即可成佛。所以都是在讲心的。

我们可以观察一个现象，儒、道、佛这三家的创始人分别是孔子、老子、释子，他们出生的时代几乎相同，都在2500年前后。中华文明五千年，从黄帝算起，据司马迁的《史记》记载，书卷一共包含130篇，第一篇就是《五帝本纪》，里面第一个帝就是黄帝，所以我们叫炎黄子孙。如果按照《周易》来看，从伏羲氏算起中华文明有七千年的历史。我们这三位圣人都出生在2500年前后，刚好在中华文明发展历程的中间，前2500年，后2500年，就到了我们现在这个时代。为什么在公元前500年前后，诞生了这三位圣人？与他们一起存在的还有诸子百家。再来看，那时的西方是古希腊时期，古希腊文明是西方文明的摇篮。也就是说公元前500年前后，是世界文化的轴心期时代，世界各民族的文化几乎都是在这个时候奠定的。这么来看，文化并不一定总是越来越进步，很多伦理文化、人文文化，几乎都是在公元前500年奠定的，只有科技文化才是一直保持进步的。

六、养生之道

一般来说，儒家主要是用来治国的，道家是用来治身的，佛教是用来治心的。这个说法有一定的道理，应该说这里所说的是它们的偏向，儒家偏于讲伦理，道家偏于讲生理，佛家偏于讲心理，这些都是从人的生命角度来说的。偏于讲一个方面，但是绝对不能说它只会这一个方面。所以，我讲课有一个最大的缺点就是讲得太清楚了，讲得太清楚就错了。我也没有办法，都是被你们逼的。如果我像释迦牟尼佛那样，拿一朵花举在这里，不说话，你们肯定会说，这个人是不是神经病啊？没有办法，所以，只有先讲清楚，然后再把它综合起来。那么，你到最后感觉怎么又稀里糊涂了呢？恭喜你，得道了。

从养生的角度，孔子所开创的儒家偏于养德，以养道德来促养生，就是偏于讲伦理，实际上，他的德最后就归结为五个字，即仁、义、礼、智、信。我刚刚完成了一个课题，卫生部国家中医药管理局要我做一个医德规范。我花了三年的时间，找来找去找了八个字，这八个字根本没有超过儒家的仁、义、礼、智、信，不过也没有办法，你也不能完全按照它这个来说，这就是不得已而为之，知其不可为而为之。

那么，道家的养生是偏于讲生理的。庄子就有一套养生的方法，讲的是怎么养气，怎么调整身体。《庄子》一共分33篇，内7篇，第三篇叫《养生主》，就是讲精气神的，注重从生理上来调节。

佛家是偏于养心的。从心理这个角度，偏于养心。"心理"这个词用得并不恰当，因为心理是西方心理学的一个名词，这个词包含的太小了。佛家讲心理的那个心，不能等同于西方心理学的心理。

我们重点来看第四家，医家。要想研究医家就要说一说《黄帝内经》，因为《黄帝内经》是中医学的第一部理论学著作。我把《黄帝内经》概括为"三个第一"：第一个"第一"，它是第一部中医学的理论经典。第二个"第一"，它是第一部系统的养生宝典，比如说《论语》，它不是主要讲养生的，但是内容里有大量的养生内容，比如说"八不食"，孔子说了有八个东西不能吃，孔子还有两句非常有名的话，就是"食不厌精，脍不厌细"。可以说《论语》是非常注重饮食和养生的，但它不系统，你不能说《论语》就是讲养生的，你也不能说它不是讲养生的。第三个"第一"，它是第一部历法。这里的历法是指古历，是五韵六气历，这个历法已经失传了。我们把一年分为四季，春夏秋冬；历法把一年分为六气，也就是六个阶段。

那么，我们看看《黄帝内经》是怎么讲养生的。《黄帝内经》一共有162篇，分为两大部分。第一部分是《素问》，第二部分是《灵枢》。《素问》和《灵枢》各有81篇，正好《老子》也是81章，可以看出"81"这个数字和我们的易术很有关系。因为，易就是易经，它的起源是西周前期，易里面有一个九和六，九是最大的阳数，九九就是八十一。

《黄帝内经》第一篇是《上古天真论》，"天真"是什么意思？我们这个词现在用得很多，形容小孩子天真烂漫，这个理解是对的，但是不太到位。天真是什么？就是天然的真气。所以，养生就是在讲什么？第一篇已经讲得很清楚了，养生就是讲怎么样像上古之人那样保留住这份天真。你保留住了，你绝对就是长寿，绝对就是健康的、快乐的和智慧的。

那么，怎么来保留这个天真呢？《黄帝内经》整本书的写法是用了一个对话体，托名黄帝，是写黄帝和他下面的大臣们的一系列对话。通过这些对话来回答生命中方方面面的问题。其中，第一个问话是这样问的，黄帝就问他下面的一个大臣，大臣的名字叫岐伯，是管医的："余闻上古之人，春秋皆度百岁，而动作不衰；今时之人，年半百而动作皆衰，时世异耶？"解释为我听说上古的人，都能活100多岁，然后才离开这个世界，现在的人不同，到了50岁，动作就衰退了。黄帝就问岐伯为什么，我把黄帝的这个问称为人生第一问。我在这里不做"他为什么问这个问题"的学术考证，可以说这是黄帝为我们这些后代人问的一个问题，我们人人都想活到100岁，健健康康活过100岁。至于上古人到底能不能活到100岁我们不在这里探讨，这可能是一个理想中的人物，也可能是现实中的人物，我们不要来追求这个东西。《黄帝内经》里面是这样描述的，他说上古的人都能活100岁，那我们暂且把这想象成一种理想。不要太较真。那么，你说没有，那说不定真是没有，你怎么知道没有？所以，孔夫子说了君子有"三畏"，第一，畏天命。一定要敬畏天命，不能与天去斗，违背天理天道必遭天谴。第二，畏大人。什么叫大人？品德高尚智慧超群的人。那么，相对来说小人就是品德低劣、智力不济的人。第三，畏圣人之言。就是说对圣人说的话要有敬畏之心，不要反对。有时正因为感觉什么都不对，所以最后自己会有精神危机。随着1973年湖南长沙马王堆和1993年湖北荆门郭店的一些竹简和帛书的出土，说明古人说的是有道理的，所以我们对古人要有一个敬畏之心。

我所关注的文化热点问题

冯骥才

一、引言

尽管我们经济上遇到了很多非常现实的困难、困境，就是全球的困境，有全球化带来的一些问题，但我作为一个人文的知识分子，关注的仍然是人的精神问题，也就是文化的问题。实际上，文化最深层的问题，还是精神的问题。

现在大家都讲信心。这个信心从何而来？信心不是说可以忽悠出来的，可以鼓动出来的。我认为第一个应该从国家那里来。首先国家领导人要有信心，这一点我想没有疑问，我们总理在欧洲的一些讲话，包括跟网民的一些交流，都显示了国家的信心。还有国家具体的应对政策措施确实生效了，也给人一个实实在在的信心和鼓舞。也有来自全社会各方面的协作、扶危济困，创造性的、有智慧的方法、方式。但是，我更注重来自精神的力量。

比如汶川大地震，我们在遇见亘古未见的灾难的时候，中华民族所爆发出来的那种强大的精神力量，也震惊了我们自己。我们的民族在一瞬间会有这么大的力量。那个时候，我正在欧洲四国出访，我们马上就看到了地震现场的一些报道，死亡人数迅速猛增。我们这个团队决定提前回来，回来后我们文艺界马上就搞了一个"爱心奉献"的活动。这是文化日积月累、润物无声的浸入，浸入我们的骨髓里面的，这是文化给予的，是无形的文化给予我们的，它被调动出来了。信心不是一瞬间，而是来自文化的信心，不是招之即来的。它是长时间对人的精神的浸染，然后积累成精神的素质、精神生命的一种素质。在那个时候它就被激发出来了。

那么，我对当前的精神问题的关注是什么呢？

作为一个作家，我关心的不是物，而是国民的精神，我认为当前再没有国民的精神更值得我们关注。我认为尽管现在有那么多的经济问题，但精神的内需仍然是最大的内需。

二、文化遗产的重要性

先讲一讲遗产的背景。遗产，这个观念是 100 多年前才开始出现的。这个概念，就是我说的文化遗产的概念。在历史上，遗产的概念都是个人的，祖父、祖母、父亲、母亲留给自己的物质性的一些财富是遗产，比如说老人给我留了一对镯子，留个存折，留所房子也是遗产。留多少地，这是遗产。那么，到了一个时候，忽然发生了变化，当人类社会发生变化的时候，就是社会转型了。由农耕社会向工业文明转型。人类历史上时代性的转型，一共有过两次。第一次是从渔猎文明向农耕文明的转型，距今有 7000 年左右，龙山文化再往前红山文化、仰韶文化到河姆渡文化。第二次是从农耕文明向工业文明转型。19 世纪中期，西方就开始了现代工业文明的曙光。最早有这样自觉的，是法国的大作家雨果，就是《悲惨世界》的作者，就是我们经常在媒体上听见的一句话："世界最广阔的，不是大海，比大海更宽广的是天空，比天空更宽广的是人的心灵。"他是真的大师。雨果在 1832 年的时候，就写过一篇文章，叫《向文物的破坏者宣战》，痛斥那些对巴黎大批的古代的文化遗产和历史建筑进行破坏的开发商。后来，我看见了雨果的这篇文章，大吃一惊。我觉得他很多用词，跟我们用词完全一样。他认为把法兰西的历史记忆从巴黎抹去的那些人将是历史的罪人。后面还有一个作家梅里美，就是写歌剧《卡门》原作的作家。梅里美也是一个很有名的作家，他早期写过《卡门》《高龙巴》《伊尔的美神》等一些很有名的作品。到了晚期，他基本投身历史文化遗产建筑的保护。法国的第一部历史建筑的保护法是梅里美制定的。这些都是世界上的文学大师。如果没有雨果、梅里美这样的作家，巴黎的今天跟纽约应该是一个样子。他们先觉地认识到人类还有另外一种遗产，是我们大家共有的、集体的、精神性的财富，不是个人私有的物质性的财富，就是文化遗产。到了 20 世纪 70 年代，法国有一个很有名的作家、历史学家娜拉，他说了一句话："近 20 年来，法国发生了很多大的变化，我们过去总是把遗产认为是父母留给我们的，现在我们终于明白了，我们的城市里面和我们生活的这个世界上，还有我们共同的精神的遗产。"这个时间不遥远，是 20 世纪 70 年代。所以 1972 年世界文化遗产的公约就开始制定公布了，那个时候才有"世界文化遗产"这个词。到现在也就是 30 年左右的时间。这个是物质文化遗产，是建筑，是房子，是椅子这些看得见的东西，是书画、是瓷器，是历史留下来的珍贵的文物，这些是在博物馆我们大家都可以看得到的，这是一部分文化遗产。还有一种我们看不见的，是我们生活在其中的，我们不认为它是多高级的东西，我们也没有把它当作多么了不起的东西，它给你的感觉有时候是似有似无，可有可无。但是，你的情感离不开，你生活在其间。比如说，所有中国人共同共有的感情，离不开我们自己创造的节日对我们的滋育。我们对家族的情感，对团圆的渴望，对亲情的依恋，对美好的大自然的关系，种种价值标准，都是这些节日告诉我们的。节日留下了种种民俗，我们按照民俗生活，在按照这些民俗生活的过程中，无形中影响了我们的观念。

每年媒体都会问我，是不是春节越来越淡了？你认为春节淡了，而我每年都要感受下春节的气氛，都要到火车站跑一跑，感受中国人节日的激情。有一次看得我觉得眼泪都要下来了。一个人实在没有车票了，就是在大年二十九那一天，往南方的一个车，在天津的车站上，从车窗上往上爬。平时如果从车窗往上爬的话，旁边服务的人，都要往下推的，可是在那一个瞬间，底下的人往上推，车窗里面的人往上拉。这是一种什么情感？为什么有这样的理解？就是我们中华民族有一个共同的感情，没有人告诉我们更多的道理，但是我们完全凭借一种情怀，凭着一种习俗，我们接受下来了，但是我们绝对不仅仅有一个春节，也绝对不仅限于我们放假的这几个节日，也绝对不仅仅是那些我们民间的文化，民间的艺术，我们的音乐，我们的歌舞，我们民间的美术、武艺，等等。我们民间的文化遗产一共分为七大类。我们从小在摇篮里面听的儿歌，我们吃的中药，我们的母亲保护我们的各种各样的土办法，我们生活中的一切都是民间文化。我们是在这样的文化里面长大的。我们在这个环境里面知道了是非、标准和道德。什么能做，什么不能做。可是，这个文化在现代文化冲击的时候，就是工业文明和现代文明冲击的时候，这个文化受困的时候，我们应该怎么办？

我们有两种文化，一种是父亲般的文化，就是二十四史、国学、唐诗宋词、吴道子和王维。这些都是经典的精英文化。这些文化给我们思想，给我们力量，像父亲一样。另一种文化，我们看不见，摸不着，她是情感的，像母亲一样，我们是在她的怀抱里面长大的，我们不知不觉就在这种呵护下成长起来了。我们自己创造安慰我们自己的一种文化，就是母亲般的文化。

在我们母亲受到危难的时候，我们能够不出手相援吗？可是中国特殊的情况，因为不像西方的现代化，它是一个渐变的过程。我们是一个突然的现代化，是从计划经济突然走向市场经济，我们是从"文化大革命"进入改革。

"文化大革命"的时候，我们几乎把自己的文化变成了一个空架子，"批林批孔""克己复礼"的时候，我们的文化就几乎成了一个空架子，我们把这个空架子搁在一个中西文化剧烈冲突的改革开放的环境里，我们的文化能不受到挤压吗？

日本人和韩国人比我们清醒得多。日本人从 1950 年开始注重非物质文化遗产的保护。韩国人紧随其后。我们说的韩国申请"端午祭"，大家都知道媒体因为此事还争论了一番，说我们的端午节被韩国人抢走了。后来我到江陵专门看了看，实际上端午节是从我们中国传去的，就跟佛教是从印度来的一样，但早已经被韩国化了。它那一套民俗的东西都是韩国的。但是，韩国有很多的东西，形式是中国的。比如说投壶、秋千，我们早就不打了。这些东西都是从中国来的，但是整个精神性内涵，都是韩国的。韩国 1967 年就把它列入了韩国非物质文化遗产国家名录。

1967 年的时候，是我们大举破坏文化遗产的时候，把我们的文化遗产付之一炬。我认为我们没有必要再跟韩国人较这个劲儿了。但是，中国的知识分子并没有落后。因为一直到 1996 年、1997 年在很多国家的呼吁下，联合国才开始重视非物质文化遗产。2003年，联合国提出要建立非物质文化遗产的公约，然后在世界上才有了非物质文化遗产的审定。我国第二年加入该公约。我们国家的古琴、评弹这些东西都进入了世界非物质文化遗产名录。2003 年 2月，中国民间文化遗产抢救工程在人民大会堂启动。

中国知识界从 20 世纪 90 年代就开始呼吁，2003 年开始启动。文化部马上就开始做，确定了国家非物质文化遗产名录。2006 年，我们就开始公布了。在文化部做这个名录，我是专家委员会主任，把国家的非物质文化遗产，包括各个民族的，分了七大类，把所有国家一流的专家全部组织起来，进行了审定，然后在 2006 年，评出了第一批，518 项。2008 年，我们又评了 510 项。

中国有多少非物质文化遗产？韩国一个学者拼命把韩国"端午

祭"推到了非物质文化遗产。他问我，冯骥才你们评了多少？那个时候我们第二批还没有呢，我说评了518项，他说我认为你们中国有10000项，我说差不多。韩国从1967年前后开始评，韩国到现在才105项。我们现在已经评出1000多项了。我们每个都是硬邦邦的，都有巨大的文化价值，都能显示我们中华文化的多样性。中华文化的多样性是我们中华文化的一个特点。

三、保护非物质文化遗产

凡是我们认定的国家非物质文化遗产，在市场经济的环境里，你只要一列入国家非物质文化遗产，它的经济附加值立刻产生，就马上被资源化了。中国人做买卖的这个劲儿，在世界上绝对是第一流的，什么东西都希望能够变成钱。马上就要开发，开发好不好，开发当然是好事情，开发不是坏事情，世界上的很多文化遗产实际上也是被开发的。柬埔寨的吴哥古迹没有被开发吗？它当然被开发了。埃及的金字塔有旅游。世界上一些重要的文化遗产，像法国的卢浮宫，游客也是天天排长队。

在申请的时候，各个地方的劲头极大，拼命地弄，然后在北京攻关，我也遇见了各式各样的人送礼，希望你投票通过。因为他们知道我们委员会是起决定作用的。只要跟他的政绩挂钩，原来官员认为文化和他的政绩没有关系，所以他对文化没有兴趣，文化遗产可跟他有关系，因为可以写到他年终的业绩总结里面去。你把你做的事情想办法跟官员的政绩挂钩，只要挂上钩了，什么事情都好做多了。要是不挂上钩，他没有兴趣。无论这个事情多么重要，他也没有兴趣。评上了，他就搞一个大的文化节，花好多的钱，折腾完了以后，他就不再管了。因为跟他没有关系了。他的事情已经结束了。那么它的价值产生以后，开发可能又来了。如果一个古村落被开发旅游了，马上就有 GDP 了，他又有兴趣了。有些人又偏偏不懂得文化，所以一定是胡乱地开发，然后就是无度地利用，而且他们对文化一定要说出这样的一句话，就是文化要做大做强。

实际上，文化是不能做大做强的，文化只能做精做深。一个矿产，你可以做大做强。文化怎么能够做大做强呢？当然产业文化，某些种类可以做大做强，比如说网络游戏，你可以做大。一个民间的剪纸你怎么能够做大呢？比如说华县，中国的皮影之乡，中国皮影大家都知道，源自汉代，皮影是多方面的，它有雕刻、美术，还有很多剪纸的艺术融入进去，另外它要配上当地的演唱。比如说河北的唐山、山西的孝义、福建的漳州，大家都知道这个皮影非常好。陕南地区就是华县的皮影。华县的皮影非常优美，因为它中间有一种雪花的花纹，很古朴、精雅，配上它的腔调，非常高亢，非常迷人。外国人就专门到华县去看这个配碗碗腔的华县皮影，当地产业开发做得也可以。他就按照各个地方的订货，包括出口，把这些东西交给当地的农民去做，提高了农民的收入。因为卖得好了，要做大做强了，就开始出现一种东西，就是当地的人在西安城里面开了很多的店，拿机器来压皮影。这些机器制作是大量的，而且价钱非常低，它们就给这个文化遗产带来了一个直接的破坏。

民间艺术有三种因素是绝对不能改变的，一是地域性，比如说北京的民间的文化，不能有上海的东西，每个地方有每个地方的特点。二是材料的原真性，原来是拿草编的，你不能改成用尼龙编。三是手工性，你不能改变。因为手工是不能重复的，有唯一性。越是在工业化的时代，手工的东西，越有价值。大家经常穿一些手工的衣服、时装，就知道这个道理。

比如说一个古村落开发旅游的时候，一旦说其已经列入国家的名村名镇了，就一定要对原来的文化解构，按照商业规律来解决这个村落的问题，对村落进行开发。把那些能够成为卖点的东西都搭到前台来，比如说民俗的表演，民族的服装，一些古老的精美的大院，那些民间的手艺，一定是这样的。比如说民间文学等这些东西，有相当一批是不能进入旅游的产业开发里面的。另外，很多民间的艺术、舞蹈、音乐，那些最深层的东西，它实际上是不能进入开发的。

这样，文化一定就被分解了。有一部分东西就没有人管了。当地政府认为这个东西，交给开发商问题就解决了。我们的遗产已经保护了。我们已经赚到钱了，赚钱就是我们的目的和标准。那么我们的文化一定就要受到破坏。中国的古村落，因为一些人不懂得文化，他们只希望赚到钱，对文化本身并没有多大的兴趣，所以也受到了破坏。

四、关于文化的两个问题

第一个问题是国家要有清晰的文化战略。我讲了一个观点，我认为国家必须得有清晰的文化战略。文化像经济一样，国家的战略必须清晰。另外，人文知识分子必须到位，而且国家要像计划经济变成市场经济，提出社会主义市场经济一样，明确提出一个文化既定目标，这样知识分子才好贡献韬略。

国家的文化战略应该是一个立体结构。实际上世界上一切文化比较发达的国家，它的文化战略都特别清楚，一般来讲，都是金字塔结构，就是说国家在任何时期，金字塔的尖儿必须看得清楚，就是国家必须注意高端文化，要彰显——这个国家的每一个时期——文化所能够达到的高度。

比如说五四运动时期，如果没有鲁迅、郭沫若、巴金、老舍、曹禺这些人的话，五四运动仅仅是一个高原，没有高峰。如果说俄罗斯没有托尔斯泰这样的作家，没有柴可夫斯基这样的音乐家，没有列宾这样的画家，或者说英国没有莎士比亚，法国没有雨果、巴尔扎克这样的大作家，没有像莫奈这样的大画家，那么它们的文化也就是一个高地而已。国家在任何时期必须有一个高峰，国家的主要注意力应该注意它的高端，这个高端对于全民的文化有引领作用。这也是国家文化形象的表现，也是国家对外文化交流的主体。

国家要有一个非常清醒的文化战略，这个文化战略也不是虚的，有很多方法，国家必须有荣典制度，比如说像苏联，有斯大林奖章。所有俄罗斯人都以它为荣。国家应该建国家性的文化设施。国家应该有文化发展基金。

第二个问题是要重视文化。我们现在遇见了，也是世界上比较罕见的一个经济危机。各级政府，一定把主要的精力放在解决现实的困境上、困难上，我们有棘手的、不是轻易可以解决的、非常多的困难。我们的思虑一定也是为国分忧的，这点是毫无疑问的。可是在这个时候，我觉得特别要警惕我们对文化的轻视。

近几年来，我们对文化各方面开始重视。我有深刻的感受。春节前调一天，还是我提的提案。因为按照中国的民俗，三十不放假，的确让中国老百姓难受，初七又变成了一个放假的垃圾时间。我做了很多民俗的论证，我把这个提案提完以后，国家发改委找我，说国家准备汲取你的这个意见。我觉得国家在文化上，自觉性明显增加了。

比如说羌文化。羌文化可是一个非常大的事，因为费孝通讲羌族是一个对外输血的民族，这个民族对于中国的历史做出了一个非常伟大的贡献，汉族人身上形成的中华民族的很多因素，都是来自羌族。像纳西族、土家族、彝族、景颇族等 20 多个民族身上都有羌族的血。羌族是一个非常古老的民族，有一整套文化，他们住在2000 米以上的山上，2008 年地震给他们开了一个恶毒的玩笑。所有地震的重灾区都是羌族的聚居地。没有一个羌族的聚居地是在地震区外边的，除去贵州有 2 个很小的村以外，基本上都在震区，30 万人死了 3 万人。他们的祖先，治水的大禹就是羌族人，大禹的故乡都在堰塞湖里面，到现在还没有出来。温家宝总理 2008 年 5 月 22日在北川的时候，说要保护羌族人民的遗产，羌族的文化人。羌族问题恰恰是知识界特别关心的问题。在那个正是千头万绪、人命关天的时候，他能想到这样一个文化问题，是了不起的。因为在伊拉克战争的时候，两伊战争博物馆，是世界上多伟大的博物馆，那是人类的起源文化博物馆之一，是苏美尔人和巴比伦人的文化，那是我特别迷恋的一个博物馆，但一直没有机会去。乱民哄抢这个博物馆的时候，英美联军站在那里看着，他们连动也没有动，他们说自己是文明国家，让你们去抢。可是我们国家领导人在这个时候首先想的问题，并没有放弃文化，相反要抓住文化。

如果我们现在对文化忽视了，放松了，失去了，眼前不会看见，10年以后一定会看见。如果在20年以前，我们都认清了我们的文化问题，着手去做，今天整个社会的文明、道德、秩序，我认为应该好一些。我们不能说是谁的责任，这是一个历史。历史明白了就好。只要今天明白了，明天就可以纠正昨天

五、若干问题的回答

1.民族化和民族现代化

现在民族化和民族现代化是被割裂开的，不能融合在一起。一个民族在现代生活里面，要走向现代，现代化我觉得还是要顺理成章。对于少数民族，我觉得尊重少数民族自己的文化选择，是特别重要的。我到羌族去考察的时候，在德阳地区，羌族老百姓知道我去，都穿上民族服装，围着我跳莎朗舞蹈，是一种圈舞，非常有节奏。那天我特别感动。我们不要硬帮助他们现代化。另外，现代化的标准，不是说把他们最后搞成了跟北京一样就是现代化了。这需要一个各式各样尝试的过程，我举一个例子：巴黎人对历史民居的一个意见。他们认为历史民居的现代化，并不是把小房子变成大房子，把老房子变成新房子。他们认为现代化有几个条件，要把老房子注入现代因素，就是现代的设施应该注入进去。现代设施包括什

么，一是抽水马桶，他们认为抽水马桶必须进老房子，20世纪美国一个杂志做了一个评选，就是说20世纪人类的伟大发明是什么？有人说是火箭，有人说是互联网，结果得了第一名的谁也没有想到，是抽水马桶。有了抽水马桶以后，人类的确就文明了一大步。二是便捷的通信系统，比如各种各样的电子邮件，电话、传真等这些必须有。三是全套的供应体系，比如说热水、冷水、暖气、通风等，这些必须有。另外就是安全，包括防盗、防火，这些东西都是要现代设施的。这几个现代设施要注入老房子里面，你过的就是现代生活。

我再举一个例子，我从广西壮族自治区的北边一直深入黔东南地区，他们说有一个鱼埠寨，有700多年的历史，特别好，我就到山上去看。我看了吓一跳，这是村寨，从来没有看过，还是五彩的，走到近处一看才知道，他们把所有的吊脚楼都油成五彩的，这个是黄的，这个是蓝的。他们说是开发旅游，说是新农村建设，强迫人家破坏自己的文化是不行的，要尊重民族的文化选择，另外要把我们的现代设施介绍给他们，还要帮助他们认识自己文化的重要性。

我到贵州考察的时候，贵州省文化厅的同志跟我讲，一个法国女人在贵阳市住了6年，她是一个学者，她花了很多小钱，让当地的文物贩子到各个村寨去买侗族、苗族等各个民族的服装，还有他们的首饰、花冠、银饰品、手镯等，特别古老的，她就要好的，都很便宜，她买了以后，都做成卡片，这是哪个村庄的，有多少年的历史，一件件做好了，包装起来，数据库也做好了，然后用集装箱往法国运，做了6年，她说15年以后，要看少数民族的服饰到法国去看。贵州省文化厅知道这件事情以后，就把这个女人请走了。我觉得很好。但是，我们自此以后把贵州省民间美术性的东西，做一个全面的普查，做一个数据库。我们生活的突变，使文化的拥有者不知道自己文化的珍贵。所以，我们必须要学习、要认识到自己的文化珍贵在什么地方，帮助他们，然后在转变的过程中，也尊重他们的选择。

2. 文化遗产以外，是否还应该有一个文化财产

这是选择的问题。比如说非物质文化遗产，世界上有好几种说法，一种是口头非物质文化遗产，另一种是无形无化遗产。我们国家选择了非物质文化遗产。遗产有两种说法，欧洲人叫遗产，日本人叫文化财，韩国人也叫文化财。原来我也认为文化财更有道理，因为尤其是非物质文化遗产，非物质的东西，往往是活着的，并不是遗产，实际上是一个财产，这个概念是对的。但是变过来，有很大的难度，现在"非物质文化遗产"已经变成社会的关键词了。

3. 地方文化的保护

天津现在已经成了一个移民城市，渐渐地原住民被边缘化，而外地来的人并没有把天津的文化当作自己的文化，比如说我到天津十几年，听不懂天津话，孩子也不会说天津话。在现在城市化进展非常快的时候，如何来保持和传承原有城市优秀的文化？

天津在历史上也是移民性的城市，因为它是码头城市，就像纽约一样，也是不断地有移民，但是这个移民和现在的移民情况不一样。现在的移民构成了冲击，以前的移民是不断地积累各种文化，比如说纽约是各种文化积累在一起。原有的天津文化是一个整体，比较清楚的，然后，外来的文化，改革开放的民工潮，和各地方来天津打工的人形成了一个强大的外地的力量，而且各地方来的人都不一样，它就形成了一个冲击。要强化这个地方的文化地域性，恐怕是各个地方都应该努力做的。要认识自己这个地方文化的特点是什么，最基本的东西要坚持下来，这是需要做的工作。实际上不仅天津有这个问题，别的城市像上海、北京都有这样的问题。现在移民的数量非常大，但是我认为城市在文化的整个战略上应该清楚，要强调自己文化的地域性。这样，中国文化就有了多样性。中国文化的多样性恰恰是中国文化的最大特点。中国文化的多样性跟世界还有一点很大的不同。比如说战国时期的齐、楚、燕、韩、秦、赵、

魏这样的文化，到现在仍然存在。吴越文化里面有越剧，你要是到山东，齐鲁的地方，你唱越剧，山东人根本就没有兴趣。内蒙古的长调你到广东唱，广东人就觉得好玩，不会有更深情感上的联系。它在它的地方却牵动着地方人的心和情感。这就构成了整个文化的多样性，而且地域的文化还形成了不同的人。比如说天津、北京、上海，三个城市都是大城市，三个城市的文化是不一样的，北京是精英文化城市，上海是商业文化城市，天津是市井文化城市。北京精英文化城市，比如说出文艺家梅兰芳、齐白石、徐悲鸿、老舍、郭沫若这样的人。这是精英城市。上海不出郭沫若，天津也不出梅兰芳。上海出谁呢？上海原有的商业文化，它出阮玲玉，出周旋这样的人物。天津不出周旋，天津出马三立、骆玉笙，因为它是市井文化。文化不同，造成这个地方的文化基因和人的集体性格不一样。所以，一方水土养一方人。这样民族的文化才是灿烂的。人类之所以定这个世界文化遗产，就是要保持人类文化的多样性。人类文化最重要的是它的多样性。我们保持中国文化各个地方的文化、各个民族的文化，实际上也是保护我们中华文化的多样性。

有人担心，我们真正的太极拳被国外的人学走了，过些年还要向他们学习。太极拳我不会打。打太极拳要一点功夫，我是急性子。我们国家的非物质文化遗产，武术就是一类。但是，我认为最精髓的东西，外国人是绝对学不走的。我跟大家举一个例子。这几天，政协委员讲了一个道理，说现在的舞台布景越来越华丽，结果就是中国艺术的很多精髓都没有了，中国有段时间舞台没有布景，恰恰时空特别自由，比如说《徐策跑城》，一会儿东城、西城、南城、北城，实际上都在台上转，他说是什么城，就是什么城，它的空间极大，他可以自由转换时空，不需要转台，比如说八乡颂，一会儿说庙，一会儿说井，他就在舞台上指，没有布景。比如说《拾玉镯》，一个在屋里面，一个屋外面，屋外、屋里两个空间实际也没有布景，都是虚拟的，都是演员的虚拟动作表达出来的，很像中国的国画。

有一次，一个房地产商到我那里去，要买画。他说，你的画多少钱一平尺？我说画不能论平尺，他说，你给我举例为什么不能用平尺？我告诉他，我年轻的时候看过齐白石的画，是一张最大的纸，国画的纸叫丈二匹，大纸张，一丈二，竖裁三，裁成一个长条，这个长条从上到下来的时候，什么都没有画，一直是白纸，在快到底下，下面还剩将近二尺的地方，画了一个蝉，就是知了，趴在一个黄的叶子上，脑袋朝下，底下一块白，上面整个都是白纸。他在旁边有两句诗，"鸣蝉抱秋叶，及地有余生"，就是叫的知了抱着秋天的叶子，风一吹从上面下来，快到地上的时候，还有声音。我说上面的白纸，就不是白纸，而是一个有声的空间，你剪掉多少纸，那声音就少多少。这就是中国画。我说你能论平尺吗，那么你论平尺，那个白纸怎么付钱？就是说明这些精髓是外国人绝对学不走的。要是讲中国文化的表层，看起来非常简单，要讲文化的深层，就是文化的精髓，中国文化真是深不见底，浩无际涯，非常深厚。如果有工夫，我专门讲一堂文化艺术的课。

隋唐富强
——大国梦与人文精神

蒙曼

　　我是做隋唐史研究的，隋唐离现在很远了，咱们在座的诸位都是工作很繁忙的领导干部，为什么还非要听一千多年前的事情？我想这里头也有点道理，什么道理呢？我们过去讲历史，一般都说两句话，一句叫读史明志，另一句叫鉴往知来。我不知道大家相信不相信这两句话，读史是不是真的可以明志，我个人还是在很大程度上相信的。为什么？因为人的智慧从哪儿来？人的智慧非常多的是从经验中来，个人经验肯定有限，在座的比方说40岁有40年的人生经验，50岁有50年的人生经验，够不够呢？相对于18岁、8岁这肯定是够的，但如果相对于历史就显得要小一些了，如果学中国五千年文明史，再加上就不一样了，40岁加五千年，5040，有这么多的人生经验，50岁加五千年，5050，你马上感觉自己能够追忆起来的东西、能够作为自己经验教训的东西就多了，这是一点，历史能拓展时间。

　　历史还能拓展空间。咱们现在人是地行仙嘛，过去也这样讲，现在人都跑得快了，因为交通工具更好了，能到哪儿呢？很多人说到很多地方去，您一定到过西安，那您是否到过古长安？一定没有，对吧，谁也没有穿越过。您可能到过希腊，现在希腊衰落得挺厉害，挺让人惋惜的，那您是否到过古希腊？一定没有。历史拓展的不光是时间，还是跟这个时间绑在一起的巨大空间，这个时间和空间加起来的经验肯定比个人的眼界和人生加起来的经验要多，这就是我们说的读史明志。

鉴往知来，我不知道大家相不相信，鉴往能不能知来？鉴往应该可以知来，让历史告诉未来。怎么告诉呢？刚才院长在这里讲话介绍我，说我是做隋唐史研究的，这一点错都没有，我在《百家讲坛》讲的也都是隋唐史，所以即使今天大家不知道我讲的是什么，期待是在这儿摆着的，我一定是跟大家聊历史方面的东西。如果刚才咱们院长说我是刚刚参加过《中国好声音》，然后还获奖了，大家的心态肯定会变，肯定期待我在这儿载歌载舞唱点什么，为什么期待会不一样？其实就是因为背景不一样。背景是什么？每个人的背景就是我们的历史，所以历史可不可以确切地告诉未来？历史不可以确切地告知未来，但是历史能够为未来指明方向，所以今天在这儿花点时间聊隋唐史，也是希望那个时间段的历史能够带给大家一些思索，看看未来是怎么样，向怎么样一个方向迈进。

所以我这儿有一个副标题，叫作"大国梦与人文精神"。因为今天都在讲中国梦，我们呼应一下中国梦。中国梦是现在天天讲的一个话题，但是中国人做梦可不始于现在，我们一直在做梦。隋朝人、唐朝人其实也在做梦，但是梦成不成，那可是不一定的事。梦就是尚未实现的东西，其实隋朝也在做一个大国梦，但那时候它不叫中国梦，它叫隋朝梦，它没做成。唐朝也做过一个大国梦，最后就做成了。其实我今天落脚点在这儿，为什么隋朝做了一个大国梦没做成，唐朝做了一个大国梦就做成了？它们核心差异在哪儿？我说大国梦与人文精神，其实最后我想说的是它们的差异不在别处，不在基础，不在建设，甚至不在制度，而在有没有精神。

为了落实我今天要讲的这个话题，我把今天这两个小时的讲座分成三个部分，第一个部分叫作印象与事实，咱们谈谈大家对隋朝和唐朝的印象，再谈谈事实是不是这样，我们建立一个比较靠谱的隋唐历史印象。第二个部分我们讲成败关键，隋朝事实上不像大家讲的乱七八糟的，隋朝其实也很强大，制度建设也很好，为什么它最后就衰得很惨？唐朝看起来没有比隋朝更高明一些，为什么它就成了？第三个部分谈谈鉴往知来，隋朝和唐朝的历史经验，可以让我们得到点什么样的启示。

一、印象与事实

我们就从第一个部分开始，谈印象和事实，咱们先说说对这两个朝代的印象，我说第一个印象不知道大家认同不认同，第一个印象一定是唐治隋乱，这个大家承认不承认？我们心目中第一印象唐朝好，隋朝不好，唐朝好在哪儿？我不知道我设定这三幅图能不能代表大家心目中的大唐，第一幅图是《步辇图》，中国十大传世名画之一，这个值得一看，这是唐太宗见来自吐蕃的禄东赞的一个事情，图中讲到了唐太宗贞观之治，说到唐太宗，大家第一印象肯定是贞观之治。我们要说唐朝治理得好，肯定是从贞观之治说起，贞观之治是中国所有的治世之首。治世和盛世的区别是什么？我们讲治世也讲盛世，比方说贞观之治、文景之治，我们讲盛世，比如说康乾盛世、开元盛世。治世和盛世的区别是什么？治世是给人希望最大的那个时候，盛世是登顶的那个时候，这个往往不是一回事，给人希望最大的时候可能是各方面向好的时候，所谓登顶的时候就已经达到很好的状态，但是可能并不给人那么高的希望了。因为人已经找不到真正的方向了，我一切都这么好了，下一步向什么方向走呢？历史都证明了，下一步可能是向衰落的方向走。贞观之治给人最大的期望，国家不再那么强烈地干涉老百姓的生活了，因为吏治比较清明，官都做得比较好，还有皇帝比较明智，皇帝肯听人的意见，所以做一些很对的事情。

第二个，这幅《步辇图》还代表唐朝的统战政策，我们这边的学员都跟统战有关系。唐朝也做统战，唐朝怎么做统战？大家一想到唐朝的民族政策、对外关系，肯定先想到天可汗对吧？说皇帝是天可汗，不仅是中原王朝的皇帝，还是北方所有管自己首领叫可汗的那些部落的部主，是可汗之上的可汗，是天可汗。是不是？是。这只是问题的一面，还有另一面呢。有一些部落，或者有一些民族，甚至有一些政权，不管自己的首领叫可汗，那唐太宗怎么管？他是天子，天子也管不着那么多的事情，人家不认你这个天子，人家自认为他也是天子，单于也是天子。所以这里头是讲解决问题的另外一种方式，什么方式呢？唐太宗和禄东赞和亲。不要一说和亲就觉得屈辱，那是最屈辱的时代才产生的一种想象吗？只要和亲就是屈辱吗？其实什么时候人家才跟你和亲？你要什么都不行，什么都打不过，人家就不跟你和亲了，和亲一定是建立在双方关系对等的基础之上的。南宋跟元朝和亲，人家干吗？明朝末年想跟崛起的满洲和亲，人家干吗？绝对是不可能的。和亲是双方都尊重对方的力量，在相对势均力敌所以不想打仗的情况下才会出现的一种合理的政治妥协，是非常合理的一种方式。所以唐太宗那个时候虽然已经做到天可汗这个级别了，但是他也知道，天下并不是他一个人的天下，比方说崛起于青藏高原的吐蕃，当时以汉人的能力，或者以汉人为主体的士兵的能力，是绝对没有办法打上青藏高原的，你也没有办法阻碍青藏高原的人南下，因为从上往下打要容易得多。和亲是一种很好的政治考量，所以这个代表当时比较宽容、比较多样的一种民族政策。唐太宗那个时候脑筋是灵活的，气势是恢宏的。

我举例的第二幅图是卢舍那大佛，我们用它也来代表唐朝治理。这幅图为什么能够代表唐朝？因为这是龙门石窟的卢舍那大佛，这个大佛我个人认为是中国大佛塑造的巅峰。塑造得庄严慈悲，你站在任何角度，这个佛都在看你。这不是我们的主题，我们知道这个佛还有另外一个说法，它是武则天花了两万脂粉钱塑造的。今天我们都知道谁是金主，恐怕隐隐约约就要帮谁说话一样，所以我们今天出了很多大背头的弥勒佛之类的。古代人其实也一样，谁出钱，这个佛倾向于塑造成谁的样子，所以当地很多人都管它叫武则天佛。有人说代表女性权力，我第一个还不用它代表女性权力，我用它代表唐朝宽容的文化政策，儒、释、道三家并尊，三家共荣。很重要，因为从宋朝之后，中国人的思想慢慢定成一尊了，那一尊是什么？是儒学，或者叫儒教。但是唐朝不一样，武则天贵为皇后的时候她来塑造金身，塑造佛像，所以当时是儒释道三家并存，思想是有一个比较大的空间的，当时不仅仅是儒释道三家的问题，长安城还出现了祆教、景教、摩尼教，其他各个宗派都能够在唐朝找到落脚点，找到信众，这是一个很重要的成就。我们今天世界战争有很大的一部分是由于宗教冲突引起的，宗教之间互不包容，但是唐朝长安城当时确确实实是有这样的包容力的。那么多宗教可以和睦相处，它对应的是什么？对应的是1%的人口是外国人，很不得了，气势也是很恢宏的。我们用这幅石像代表宗教宽容。

第二个才代表刚才说到的女权的问题。女权是什么问题？女权其实反映的是社会弹性的问题，武则天为什么能够在唐朝崛起？不能在清朝崛起？其实就是唐朝的社会张力、社会弹性比清朝大。也就是说她有好多空子可钻，如果说一个制度或者说一个文化允许人钻空子的话，那么这个制度和文化就是好的。如果说这个制度或者说这个文化紧绷到一定的状态，就这么点空间了，你跳也跳不出这个境界，那么这个制度或者文化至少不是向好。也许现在还可以，但它一定不是一个向好的方向，因为它把人限制死了。唐朝的女权其实折射出来的是唐朝社会的张力、弹性。在一个有弹性的社会里，一个特立独行的人才能够存在。所以我们第二幅图不仅表明唐朝女性所能达到的高度，其实表现的是社会整体的宽容度，无论是宗教的，还是社会层面的。

我讲的第三幅图是玛瑙杯。不知道大家对这个器物有没有概念？这东西叫什么？叫玛瑙杯，其实叫兽首玛瑙杯，或者更确切地叫镶金兽首玛瑙杯。这是中国现在的 64 件永不许出国展览的文物之一。为什么它这么重要？我们用它来代表大唐盛世，就是开元天宝盛世的时代，为什么它就可以代表开元天宝盛世？第一个，我们刚才管这个叫镶金兽首玛瑙杯，没问题，这是中国人的叫法，有没有人看到器型，看到它的形状想到它另外一个叫法，这个东西在中亚或西亚就不叫杯了，它叫"来通"，"来通"是一个音译，这个器型说白了它不是一个本土的产物，它是一个外来的器型，是西亚那边的人创造出来的一种东西，这种东西在他们那儿做什么用？在西亚或者中亚，这个口是开口的，也就是说这儿可以倒酒，这儿就可以喝酒，到中国来之后咱们把它改变了，中国人不喜欢对那小嘴喝酒，咱们习惯像现在拿杯子喝，所以我们把它改造成了一个杯子的造型，这个地方虽然保留了原来的器型，但是咱们把这儿给封上了，真正喝水在这儿喝。这是中国人对来自外国事物的一个改造。我想用它证明什么？想用它证明当时中外文化交流的能力和中国人的创新能力。第一，它肯定是中外文化交流的产物。这个交流怎么交流的？现在有一个名词非常非常热，叫"一带一路"，丝绸之路，它正是丝绸之路的产物，这个不是海上丝绸之路，这是陆上丝绸之路，从现在的洛阳到西安，经过河西走廊，经过新疆，然后又进入中亚、西亚，乃至进入东欧，是那条丝绸之路的产物。所以西亚的器型可以沿着这条大通道到中国来，说明当时交流很发达。

第二个，我用它来证明什么？我们要讲盛世，盛是什么？盛是要达到一定高度，物质文明和精神文明都要达到一定高度才能叫盛世，这个是什么高度？这就是玛瑙工艺的高度，物质文化发展的一个很高的水准，叫俏色。什么叫俏色？大家看玛瑙整体是什么颜色的？红褐色，但是这儿出现了一道白，是残的东西，在玛瑙本身上出现了一些白的属于杂质的东西，怎么办？两种解决方式：第一种解决方式最简单的，这块不要了，咱们就要很漂亮的那部分；第二种解决方式是要，但是承认它是不完美的。俏色是什么？俏色是在这两种之上的解决方式，我把不完美打造成完美，我用白的这部分设计成一个犄角，这样设计之后，整个器物灵动起来了，你看它是不同的颜色，但是一点都没有影响整体的美观，相反因为犄角的颜色不一样，反倒感觉这个器物更漂亮了，这个是当时工艺水准达到的境界，中国第一件俏色玉器传世的也是这个。国博做丝绸之路文物展就展出了这一件东西，看一看挺漂亮的，其实不是特别大，非常的精致。

我们用三幅图把唐朝兴盛和它之所以盛的原因都说出来了，所以我们心悦诚服地承认唐朝确实很厉害，手工业水平很高，物质和精神都达到了一定的高度。

现在我们讲唐治隋乱，隋朝是不是乱？隋朝给大家留下的第一印象，如果做一个头脑风暴的话，大家谈到隋朝第一个想到的是什么？第一个是隋炀帝，第二个是大运河，一定是在这两者之间选一个。毫无疑问，历史传达给我们的信息就是这样的，隋朝一个非常强势的皇帝就是隋炀帝，隋炀帝有一个大的作为，这个作为有人说好有人说坏，就是大运河。如果大家不受今天的史学教育的话，就听《隋唐演义》长大，那一定会说大运河是坏的。《隋唐演义》怎么能说大运河好呢？隋炀帝就干了这么一件事，修大运河，你看他修大运河干什么呢？坐着船下扬州，史书记载大龙船有四层，这么大的吨位自然是不能自己航行的，所以是弄了好多老百姓在这儿做纤夫。演义讲得比较不堪，说不是纤夫，是一些年轻姑娘和一些小羊羔在那儿一起拉这个大船，《隋唐演义》就这样讲的。他到扬州去干什么？费了那么大的人力物力，坐着那么大的龙船到江南到底干什么？按照野史和演义的说法，他要去看琼花，我就在网上下载了一张琼花的照片，大家上网看看琼花漂亮吗？肯定没觉得那么漂亮，所以认为所谓看琼花是一种隐喻性的说法，他真正喜欢的不是江南的花朵，而是花一样的姑娘。隋朝和唐朝皇帝都喜欢江南的姑娘，这是毫无疑问的，对他来讲也叫异域风情。原来他是西北大汉，看到的都是西北健壮的红润的美女，下江南看到扬州佳丽不一样，那是有更深的文化底蕴，也更有清丽气质的像琼花一样的姑娘。隋炀帝劳民伤财就为了去看花姑娘，所以这不能得到人们的拥护。

其实我也做过调查，大家想一想中国古代的英雄吧，你心目中第一个蹦出来的英雄是谁？大多数人跟我说的都是《水浒传》上的英雄，比方说都是鲁智深、李逵、武松等。你再想，很多人想到三国的人物了，关羽、张飞、赵云很棒，再想很快在前五名之内就会想到隋唐英雄，为什么？因为中国人过去贴门神，秦琼、敬德那就是这个时期的产物，隋唐是出草莽英雄的时代。如果有年长的朋友，看过 20 世纪 50 年代"五朵金花"之一的中国农民战争史问题，会发现每一个朝代灭亡时候的农民战争，出现在哪一个方位、哪一个地点就在那儿插一面小红旗。在隋末唐初的时候全国遍布红旗，就是说农民起义不是一个地方的事情，不光有一个瓦岗寨，还有高吉坡，还有其他各种各样的地方都插遍小红旗了，都起义了，这是不是我们第一个很重要的印象，叫作唐治隋乱，一说唐朝好，一说隋朝不好。

今天建立一个新印象，因为在座大多数朋友可能不是学历史的，所以一定要建立一个新印象，隋朝没有想象的那么坏。我们讲一个事实，第一个事实是什么？就是我们作为主标题的隋富唐强，千万不要认为隋朝就是那么荒唐，隋朝它曾经有过很厉害的一面，国库有钱，在中国古代史上没有哪一个王朝的国库比隋朝更满。有人说空口无凭，咱们讲两个事实，第一个元朝马端临的《文献通考》里面有一句话，"古今称国计之富者莫如隋"。古往今来，要说国家有钱，没有哪个时代比隋朝有钱。马端临是宋元时期人，所以他说的古往今来基本上是指从秦朝到元朝，我们说明清怎么样？明清没有突破马端临的这个结论，要说国家有钱，没有哪一个时代的国库比隋朝更有钱。我在历史学院讲课的时候打了一个五铢钱的画面，有的年轻人立刻举手，说老师这个图片错了，我说为什么错了，他说你应该打开元通宝钱，咱们现在看到的铜钱大多数是开元通宝，我说那以后我遇到这个钱就得讲一下，中国什么时候用开元通宝，从唐朝以后，唐朝以前一直到隋朝用的都是五铢钱，这也算是一个普及，看到五铢钱是隋朝以前的时代，开元通宝是唐朝以后的。国库有钱，有的就是这玩意儿吗？我们也知道在更早的时候，在银子作为主要的流通货币之前，如果国库单储藏这个东西是不行的。铜钱要是作为流通货币太复杂、太难用了，因为它面值太小，所以更早的时候作为国家储备，除了储备钱之外，更重要的储备什么？粮食。

我们刚才讲"国计之富者莫如隋"，光这么一句话能给人留下什么概念？我们要看到底富到什么程度，我们看粮食储备量，这在中国古代是最重要的东西，隋朝粮食储备到什么程度？隋朝有七大粮仓，我们现在讲一个考古发掘已经比较完备的，叫回洛仓，在洛阳旁边，回洛仓什么样子？它口径内 10 米、外 17 米，窖深 10 米，每窖可储粮 25 万公斤，总共 710 个粮仓，共储存量 3.55 亿斤，什么概念？大家核算一下这是多少吨，这只是七大粮仓之一，我们再乘以 7，有人说跟今天的粮食储备量比一下怎么样？我们还真不能比。首先，今天国家的粮食储备属于国家机密，是不能对我这个级别的人公开的，所以我不知道。其次，我说这样比不公平，不公平在哪儿？隋朝那时候的人是 5000 万，今天咱们 13.5 亿还要多，所以你这样比较一下就应该大体能明白这个粮食储备量大概意味着什么。古往今来没有比隋更厉害的，唐朝唐太宗为这个厉害做了一个注脚，如果我们刚才那些数字还不明白，听这个注脚，这个注脚讲得很吓人，说隋朝的那些储备如果唐朝在不追加税收的情况下使用，还能够支撑政府二三十年，什么概念？从此中国不收税了，各种税，个人所得税、工厂的营业税、商业的营业税都不收了，就靠现存国库做底子，供给中央政府，说这个中央政府还可以运行二三十年不垮台，不得了的一个概念。隋朝有钱这是要给大家奠定的第一印象，什么有钱？我可特指了，国库有钱。

第二个事实也非常重要，这个事实叫作唐承隋制，什么意思？隋朝不仅有钱，还有大量的好制度，什么好制度？政治、制度、工程、外交方面都有特别的建树。先说第一个政治上面有什么建树？这个建树好得不得了，唐朝一直继承下来，政治上最好的一个建树是什么？就是统一，说统一没有比这个更大的建树了。统一难不难？很多做统战工作的朋友知道，统一太难了。隋朝统一是建立在什么基础之上？东汉以后进入三国，短期统一，然后，匈奴、鲜卑、羯、氐、羌五个少数民族入主了中原，西晋南迁到东边，建立东晋小朝廷，北边就成了少数民族的天下。少数民族在这边建立了五胡十六国，建立了 16 个各种各样、形形色色、大大小小的政权，后来那边从东晋进入南朝，后来是南朝和北朝对立，北朝这边是北魏，北魏分裂成西魏和东魏，西魏和东魏又转化成北周和北齐，南朝进入宋齐梁陈。历史脉络是这个样子的，最后我们得出的结论是什么？这么纷纷扰扰的世道造成的是 300 多年将近 400 年的分裂，400 年划江而治，有的时候是划淮河而治，那是什么印象？非常多的人已经认为没有办法再统一了，中国就是这个样子了，北边是非汉人天下，南边是汉人天下。所以那个时候不光是国家的名字不一样，语言、文化、生产生活方式也都不一样，北边军队喊口令喊的什么语？到隋朝之前，是鲜卑语。南边军队喊口令喊的是什么语，喊的是汉语。南边人平常喝什么？就喝我们现在喝的这个，喝茶，那个时候的茶跟现在不一样，但主体是茶叶这没错。北方人喝什么？喝酪浆，就是奶，所以北方人瞧不起南方人，茶叶刚传过来的时候叫酪奴，你是奶酪的奴才。当然南方人叫北方人索头虏，什么样的头叫索头？就是头上编辫子，那个辫子像绳索一样，所以叫索头，大家千万不要以为清朝满洲人才编辫子，因为汉族人是束发戴冠，那个冠就是帽子，你一上马风吹过来帽子会吹掉的，吹掉之后你的头发就披散下来了，披头散发骑在马上是很不方便的，挡视线，所以少数民族不束发，是编发，编成小辫子对汉人来讲是非常奇怪的，所以叫他索头虏，简称索虏。所以生产生活方式不一样，语言也不一样，400年的分离，统一是不是相当难？隋朝做到了，这也是它留给唐朝最重要的政治遗产，就是中国重新统一了。留给中国的重要政治遗产也在这儿，不光留给唐朝，留给中国也是一样，我们现在觉得统一简直是必定的，我们心里都这样想，中国怎么可能不统一？为什么？因为历史上中国一次又一次统一，秦朝统一，然后隋朝统一，然后元朝统一。因为我们有这么一次又一次的大统一，所以我们才形成统一的思维定式。我们今天都讲反分裂，分裂是不好的，从我们内心深处就这样想，分裂不好，统一才好，为什么？因为历史一次又一次地奠定，我们才会一次又一次地这么想，隋朝政治上最重要的创建就是统一。

制度呢？制度隋朝也好，现在都讲顶层设计，隋朝的顶层设计是什么？三省六部制，三省指尚书、中书、门下，中书起草、门下审核、尚书执行，好在哪儿？程序分工、程序民主，因为有三个部门来审核，这是第一个好处。三省六部制第二个好处在哪儿？在尊重皇权，三家意见不统一的时候，最后定夺的是谁？是皇帝。这个很好，好在哪里？这个比汉朝好太多了。汉朝什么样子？汉朝首先是皇帝，皇帝之下是宰相，皇帝垂拱而治，宰相说了算，所以皇帝跟宰相老打架，打到什么程度？汉武帝很强势，想从宰相手里抓权力，就跟宰相说一句话："君除吏尽未？吾亦欲除吏。"什么意思？你任命自己派系的官员任命够了吗？我也想任命几个我派系的成员，皇帝和宰相形成两个权力源头，然后老打架，现在三省六部制好了，第一个，避免拍脑袋，第二个，宰相三家谁说了都不算，最后谁说了算？皇帝说了算。所以集权基础上的分权，这个也被唐朝继承了，有好政治，有好制度。

隋朝还有好工程，隋朝两代皇帝，第一代叫隋文帝，第二代叫隋炀帝，隋文帝建了一个大兴城，隋炀帝建了一个大运河。先说大兴城，大兴城好在哪儿？大兴城就是唐朝的长安城，现在的西安城在一定程度上也是建立在那个基础之上的，只保留了一个城门和城墙了。它为什么好？大家可以看一看隋朝长安城的示意图，它好在哪儿？第一个好处诸位看不出来，好在个头，就是有规模。规模有多大？ 84 平方公里，大家一听就泄气了，84 平方公里今天算什么呀？我们北京城多大面积？但是在当时 84 平方公里不得了，跟谁比？跟明清北京城比，二环以里的北京城，大兴城是明清北京城的 1.4 倍，也就是说大兴城是明清北京城的 1.4 倍，有人说这个概念我不清楚，我还没有沿着二环走一次呢，但是我们都听说过一句话，叫作条条大路通罗马。罗马城在西方世界具有不可比拟的位置，隋朝的大兴城是罗马城的多少倍？ 6 倍。好多人说我没去过罗马城，今天的罗马都没去过，古罗马更是不可能的。

我再讲一个数字也很震撼，长安城里，也就是隋朝的大兴城里生活着 100 万以上的人口，100 万以上的人口占了多大的部分呢？我最早就是做长安城盛世的，我的博士学位论文很大程度上讲到了长安城的划分，80 万以上绝对住在北半边，南半边干什么？南半边当时甚至还有豺狼虎豹出没，什么意思？这座城容纳百万人口是绰绰有余的，而且它的规划在那儿，规划者会想我现在只用一半就够容纳这个人口了，但是我做这个城市规划，做这个城墙防墙建设的时候，我是以 200 万的心胸来对待的。所以即使当年还有豺狼虎豹出没，但是先已经规划在那儿了，这是不得了的数字，因为容纳百万人口以上的城市在人类进入工业文明之前就这么一座。

大兴城还有第二个好处，有规模之外，有规划。大家看到这座城市没有？这城市多齐整啊？最北边正中间叫宫城，宫城是皇帝起居生活的地方。宫城再往南是皇城，皇城是政府办公区，三省六部都在这儿，然后再外一圈叫作居民生活区，你看一个一个的房，就像一个一个的居民小区一样，老百姓都生活在这儿，有皇帝起居区，有政府办公区，有百姓生活区，已经是很不错的规划了。再看在老百姓生活的地方，有西市和东市，这是什么地方？这是商业贸易区，我们现在讲买东西嘛，商业贸易区相当于现在的西单、王府井等这些地方。除了有商业贸易区之外，还有一处是芙蓉园，今天有没有朋友知道它叫什么？叫曲江，风景名胜区。你看杜甫写"三月三日天气新，长安水边多丽人"，长安水边就是大唐芙蓉园，就是曲江。一座古老的城市规划出了皇帝起居区、政府办公区、居民生活区，百姓生活区里规划出了商业区，规划了休闲区，是不是有规划？

有规划还不是它全部的优点，我们今天去旅游知道找什么样的城市？找有文化底蕴的城市，我是河北人，所以我老想到我们省会去，很少有人去石家庄旅游，如果去石家庄周边的话也是去保定。大家不去石家庄，道理在哪儿呢？太年轻，文化感不强。长安城有文化，大兴城有文化，有文化表现在什么地方？有没有人感觉宫城放在这儿不太合适？宫城是皇帝待的地方，怎么放在正北边？只要突破这个北门不就抓住皇帝了吗？事实上唐朝就是这样，唐朝玄武门之变大家都知道，其实唐朝玄武门之变不止一次，道理在哪儿？大家为什么都打玄武门？因为玄武门就是正北门，打进北门就要抓皇帝，搞政变不就是要抓住皇帝吗？怎么皇帝这么重要的人物放在正北边，不把他包在中间呢？我们的理想皇帝应该是包在中间的，这就是长安城的文化，它体现什么呢？中国古代讲君子譬如北辰，居其所而众星拱之。皇帝是什么？皇帝是北极星，北极星在这儿定位了，其他的星星才能够把自己安放下来。所以基于这样一个文化信念才把皇帝放在正北边。有的人不认同这个文化理念，我认为人和人之间是平等的，那是另外一个文化理念。在这样一个理念指导下，人设计城市的时候，把这个理念和城市统一起来了，这就叫文化。有规模，有规划，有文化，这个城市非常好，所以能够一直延续下来到唐朝还接着用，这就是大兴城。

你再看隋炀帝，隋炀帝时期这个大运河，北起涿郡就是我们的脚下北京，南到余杭（扬州），这个比元明清三代的运河好多了，元明清三代运河和隋唐运河有一个本质上的不同，不同在哪儿？元明清运河起点和终点没变，但是它走直线，就是从北京一直往南挖，挖到杭州为止就得了。有人说走直线最好，两点之间直线距离最近。它不好，不好在哪儿？如果走直线顾到的就是东部地区，从东北到东南，等于整个中部和西部你就忽略了。我们现在也讲西部大开发，为什么讲西部大开发？因为西部过去没怎么开发，西部没怎么开发的局面什么时候奠定的？其实就是宋朝以后逐渐奠定下来的，跟大运河有关系。隋唐运河不一样，你看隋唐运河它走了一个大拐弯，拐到洛阳去了，洛阳是什么地方？我们今天管河南叫中州大地，洛阳居天下之中。很多人一定会反驳我，说我们地震测绘过了，天下之中不在洛阳，在西安还以西一点的地方。那是我们现在把所有的高山、大川、沙漠等不可利用的土地都算上的情况下，如果只算可耕地的话，还得说洛阳居天下之中。所以这条大运河兼顾的是东、中、南。大家一定要知道当时的首都在长安，长安与洛阳之间还有一条运河呢，其实就是一个运河网把东、西、南、北、中给沟通到一块了，全国平衡发展。我们要讲盛世，其实一定要考虑到平衡的问题，一个人特别有钱，一个人特别没钱，我们一折中这两个人都挺有钱的，这对不对？这不对。地区之间也是一样，有平衡我们才能讲集体富裕，共同繁荣，这叫作盛世。隋唐运河有这样一个好处，它兼顾了平衡，当然你说它当时不是从平衡的角度考虑，那可以，当初的出发点是什么我们不管，但事实上它做到了一定程度的全国的联网和平衡。所以到唐朝，运河真正的风采显示出来了，后来安史之乱整个东北都丢掉了，长安偏处西边，整个粮草供应不上来，靠东南八道的粮草供应，才让唐朝又存活了100多年，所以那个时候对运河特别有感情，讲"尽道隋亡为此河，至今千里赖通波。若无水殿龙舟事，共禹论功不较多"。说隋朝的运河太伟大了，可以和大禹治水相提并论，好工程。

好外交。我们刚才就提到天可汗了，天可汗这不是一个原创性的名词，其实所有把自己首领叫可汗的人都管中原的皇帝叫可汗之上的可汗，是在隋朝开创的，只不过隋朝的时候不叫天可汗，叫圣人可汗，圣人可汗发展到唐朝改成了天可汗，实质内容是一样的。在外交上都讲什么样的路线呢？先打，肯定是先打，打完了就开始修文德，让大家都踏实下来，这是隋朝开创的外交路线，唐朝也继承了。

我们讲了这两个事实，第一个是隋朝富，第二个是隋朝有好制度，大家心里是不是已经有极大的困惑了？隋朝那么好，怎么它的生存年代是 581 年到 618 年，30 多年就灭了？你看唐朝看起来没有隋朝好，唐朝国库没有隋朝那么有钱，唐朝那些我们觉得特别骄傲的制度原来都是隋朝开创的，包括科举制，我们应该讲三省六部制，还可以讲科举制，那都是隋朝开创的，唐朝自己也没有原创性，居然生存了从 618 年到 907 年，将近 300 年。为什么隋朝那么棒，30 多年就完蛋了？唐朝看起来没有那么棒，却延续了将近 300 年，而且在中国古代社会冲顶，道理在哪儿？

二、成败关键

我们第二个部分，成败关键。为什么隋朝败了？唐朝成了？隋朝为什么会败？很多人讲是宇文化及起兵了，因为隋炀帝想在江南定居，不想回西北了，宇文化及他们都是西北人，不干。为什么隋炀帝不想回西北了呢？因为北方大乱了，回不去。为什么北方大乱了呢？是因为隋朝征高句丽，大家都不愿意去打仗，所以就大乱了。如果这样追下去的话，没有头，为什么征高句丽呀？又可以讲其他的原因了，隋朝的政策问题，这样讲不是头，所以我们讲关键问题。为什么隋朝不行？我讲它三个核心性的错误。

第一个错误叫不仁，什么叫仁？《论语》里讲仁讲了好几十处，我想大家对它印象最深的就是仁者爱人。所谓仁就是爱人，皇帝爱妃子叫不叫爱人？那叫宠，皇帝爱老百姓才叫爱人，所以隋朝第一个问题，真的没把老百姓当回事。隋朝一共两代皇帝，讲两个事实。第一个事实，隋文帝就没有那么爱老百姓，怎么讲呢？隋朝开皇十四年，隋文帝统治进入后期的时候，关中大旱，就是长安周围大旱，人多饥乏。中国一向是这样的，如果关中吃粮食有问题的话往关东跑，就是往洛阳那一带跑，往河南跑，相反，如果关东大旱往关中跑。可能很多朋友看过电影《一九四二》，那时候河南大旱往陕西跑，现在陕西有很多河南人，道理就在那儿。隋朝这次恰恰相反，陕西大旱往河南跑，隋文帝带着老百姓跑，皇帝带着老百姓跑叫就食，我到那儿就奔粮食去，或者叫逐粮，追着粮食走。

大家一定要听一听隋文帝是怎么带着老百姓追着粮食走的，从关中到关东，中间山重水复，要一步一步地走过去，每当隋文帝看到老百姓一个筐里挑着儿女，另一个筐里挑着一点破铺盖行李的时候，看着老百姓挑不动了，他就把老百姓的担子接过来让自己的卫士帮着挑，每次遇到特别狭窄的山路，老百姓和隋文帝两个不能同时过去了，隋文帝立刻拉着自己的马避到一边，紧紧贴着峭壁站着，让老百姓先行通过。大家有没有觉得我讲错了？我想讲隋文帝不爱老百姓，这听起来多么爱老百姓啊，为什么我还说他不爱老百姓，道理在哪儿？看下面这一句话，"是时库房盈溢，竟不容赈给，乃令百姓逐粮"。当时那些粮仓都满着呀，你完全可以开仓放粮嘛，让老百姓在炕头上就能度过饥荒了，可是隋文帝太爱库房里的粮食了，就是不肯开仓，隋文帝宁愿自己跟着老百姓走，老百姓吃苦他也吃苦。这叫什么呀？中国古代有一句话，中国古代歧视女性，中国古代管这种仁慈叫妇人之仁，女性的小见识的仁慈。历史上讲妇人之仁最著名的是楚霸王，说项羽一遇到士兵打仗受伤了可痛心了，自己亲自给士兵包纱布，给士兵裹疮。但是哪个大将军给他打下来相当于一个省那么大的土地，他把官印放在手里摸呀摸呀，玩呀玩呀，最后那个大印摸得都光了，再扣下去都不知道是什么印了，他还舍不得给那个将军，所以后来将军都不替他打仗了，韩信他们都跑了。隋文帝把粮食看得比百姓重要，把他的国库看得比百姓重要，这就叫不仁。

隋文帝是这个样子，隋炀帝在历史上，就往往把隋文帝的缺点扩大化，你看隋炀帝是怎么做的？隋炀帝时期，全国人口4600万，被征发兵役、劳役的累计达到3000万人次。什么概念？4600万，里头有男有女，我们中国有一个名词叫男丁女口，大家一定都听说过，什么意思？男性才能成为丁，因为是给国家服务的，女性是不给国家服务的，所以女性不叫丁，女性叫口，男丁女口。首先你得把女口拿掉，因为女性不给国家服务，女性服务于家庭。4600万砍掉一半，2300万，有老有小，你总不能让人生下来就给国家服役去，战乱时期服役年龄也得十五六岁，好一点的时候得达到25岁。战乱时期老人过了65岁绝对不能服役了，宽松的时候老人到55岁就可以不服役了。所以你把老和小去掉，把罪犯去掉，把官员去掉，把残疾人去掉，又得去掉1300万吧，至少1300万。所以最后全国服役的人是不超过1000万的，这么多人口给国家服役达到3000万人次，什么概念？每个人曾经给国家服三次役，全国总动员。大家知道这个事情是最可怕的，因为小农经济是最经不起折腾的，今年春种的时候把人家里宝贵的男丁叫去了，说咱们挖运河，原来十亩地能种十亩，现在不行了，十亩地只种到七亩，没有人力，老百姓原来能吃三顿饭现在吃两顿饭了。实际上隋唐的时候，人就吃两顿饭，我们吃三顿饭是很晚近的事情，隋朝的时候老百姓就吃两顿饭，原来吃饭，现在吃粥了。到秋收的时候了，本来百分之百都能收回来，可是现在你又把人家里宝贵的男丁给叫去了，说这次打仗去了，去修运河还可能回来，打仗就可能回不来了。原来能收百分之百，现在能收70%，连粥也吃不上了，三番五次之后老百姓就破产了。我们刚才讲的是全国总动员，最后的破产也是全国性的。为什么我们说隋朝到后来是遍地竖红旗，道理在哪儿？老百姓被波及的面特别广，所以造反的面就特别广，这在中国古代有一个专有名词叫土崩。我们一般把"土崩"和瓦解连到一块儿用，它不是一个意思，老百姓造反就叫土崩，率土纷崩，这是不仁造成的。

隋朝第二个错误在哪儿？在拒谏，拒绝接受别人的意见和建议。谁有资格进谏？大臣，老百姓没有资格进谏，拒谏针对的是大臣。拒谏有什么坏处？拒谏的坏处肯定是小错误得不到纠正变成大错误，大错误得不到纠正变成巨型错误，巨型错误得不到纠正变成不可挽回的错误，这是第一点坏处。除了这一点，拒谏还有什么坏处？拒谏还有一个更严重的坏处，大臣永远没有办法形成主人翁责任，大家想想是不是这样？我们今天都是有这感觉，我们说家里一对夫妻，男主人、女主人，为什么都叫主人？比如说有点闲钱，有200万元，先生就跟太太说了，现在股市不错，你说咱们这200万元是投资股市好呢，还是怎么样呢？太太说了，股市这个东西千万不要冒进，好多人都是宝马进去自行车出来了，所以咱们还是投资房地产比较稳当。是不是这样？共同参与意见、共同决策，这叫主人。很多人家里都养动物，我家里就养猫，我家猫越来越挑食了，过去吃猫粮，后来有一阵子改成吃肝了，后来肝也不吃了，改吃罐头，现在罐头又有点不合口味了，我还不知道给它换什么罐头合适呢，特别宠爱它，你说我要是有这么200万元的话，我会不会问问我们家猫，你说投资股市好呢，还是买房子好呢？还是干脆信任银行存着好呢？绝对没有这回事，所以无论这猫我多宠它，但它不是我们家的主人，是不是这样？隋朝就是这样的，官员有没有钱？有钱，有官做，有钱花，但就是不允许你说话。如果一个官员不被允许说话的话，他就永远没有主人翁责任感，会出现什么情况？一旦国家遇到事了，好一点的，跟我没关系，从来都是皇帝一个人决策，最后他一个人背着，这是好的。坏的是什么？你既然出事了，我何不趁机捞一把，这是谁？这就是后来的李渊。

我们看事实是不是这样？事实确实是这样，隋文帝、隋炀帝两位都不纳谏，隋文帝是不肯信任百官，每事皆自决断。所以隋文帝是古代最勤政的皇帝之一，勤政到什么程度？史书记载，他每天太阳一出来就上班，直到太阳落山才下班，那中午吃饭怎么办？卫士传餐而吃，传工作餐给他吃。中国古代非常勤政的皇帝都不是第一流的皇帝，想想是不是这样？秦始皇特勤政，隋文帝勤政，朱元璋勤政，清朝的几乎每个皇帝都很勤政，所有最勤政的皇帝都不是最好的皇帝，为什么？都是不肯信任百官。好皇帝应该怎么样？垂拱而治，垂衣、拱手，自己不做事，只要把大臣安排好了，大臣逐个运作就可以了。隋文帝他不这样干，天天开会。但是每次开会不管大臣说什么，他其实并不真的听，最后还是他一个人说了算。当然隋文帝这样有道理，他是权臣起家，他知道如果给大臣权力很麻烦，所以他不肯信任、不肯纳谏。

隋炀帝就是把隋文帝的一切都变本加厉化。隋文帝不纳谏还有他的理由，隋炀帝也不纳谏，而且他赤裸裸地不纳谏。他爸爸开会，但是不听，他是连会也不开，他自己直接这样表露："我性不喜人谏，若位望通显而谏以求名者，弥所不耐。至于卑贱之士，虽少宽假，然卒不置之地上。"什么意思？我平时最讨厌别人提意见，如果说你已经当大官了，在仕途上应该没有什么追求了，你居然还敢通过给我提意见的方式来求名声，那我尤其讨厌你，当即就要干掉。如果你是一个小官，你想通过给我提意见的方式让我注意你，以便升迁，我能稍稍理解一下你这个人性的弱点，我会稍稍宽容你几点，但最终我不会让你生存在地平面之上。什么概念？你当大官给我提意见，我当即就干掉你；你当小官给我提意见，我过三个月再干掉你，反正我总会干掉你。隋炀帝赤裸裸地拒谏，隋文帝是比较温和地拒谏，反正都不给官员任何说话的空间。最后官员不仅不能纠正他的错误，而且还会产生这个国家跟我没关系的感觉，到最后或者不管他的事，或者借机占他的便宜，这个在中国古代也有一个历史名词，就叫"瓦解"，官员像瓦片一样一个一个解体了，隋末农民战争不就是这样的吗？瓦岗寨起义属于土崩那时候，李渊起兵就是属于瓦解这部分了，土崩而瓦解，天下官也不行了，民也不行了。

　　还有一条也非常重要，皇帝自己也有很深的根源，让这些事情都往坏的方向发展了，皇帝自己什么事？我这里讲的是纵欲。皇帝纵欲，有人一听纵欲就想到了金钱美色，那是小贪小欲。其实，隋文帝、隋炀帝两代皇帝真的没纵这方面的欲，我可以负责任地讲，比如说隋文帝那是中国古代唯一自觉自愿地执行一夫一妻制的皇帝，五子同母，五个儿子都是同一个母亲生的，当然你也得承认独孤皇后很厉害，每天早上隋文帝上班的时候独孤皇后同辇而至，跟他坐着车一块来。隋文帝理政，独孤皇后在旁边一个小屋坐着听，听的时候还不停地递条子。你这个说得不对，我觉得应该怎么怎么样，你这个说得很棒，我点个赞。下班的时候同辇而归，给隋文帝管得没什么空间，一夫一妻里头是非常难做到的。有人说炀帝不是啊，炀帝到处看花姑娘。我也讲一个事情，纠正一下对隋炀帝的印象，隋炀帝喜欢不喜欢美色？喜欢，但是他经常工作忙得顾不上喜欢美色。举一个例子，隋炀帝的姐姐是公主，公主常常是要巴结皇帝的，这是毫无疑问的。这公主就给隋炀帝献了一个美色，姓柳，我们就叫她柳美女，公主想把这个美女献给隋炀帝，但是她觉得两个人审美眼光是不一样的，说我喜欢的你未必喜欢，我觉得她是为宫廷而生的，太漂亮了，但是你得看一眼，你要是喜欢咱让她进宫。隋炀帝说了，我真的很想看，但是我现在要出去，我要去巡漠北，没工夫，你让柳美女等上半年，等我回来再见一下。公主说你可快一点，姑娘的青春短哪。隋炀帝回来后，他姐姐赶紧说柳美女可在这儿等着呢，你这回要不要见一见？隋炀帝说我很想见，但是我还安排了一次下江南，我还得去扬州一趟，你让她再等半年，等我回来一定安排时间看一看，行的话让她进宫。好，又去了，半年没回来，一年回来了。回来了就问他姐姐，说这个美女呢？姐姐说不好意思，女孩子的青春短，人家等不及嫁人了，嫁谁呢？嫁的就是隋炀帝的儿子，所以隋炀帝后来跟他的儿子关系不好，这是原因之一。

我想说什么？我想说隋炀帝喜欢不喜欢美女？喜欢，他要不喜欢他就直接拒绝了，他真的喜欢，但是他常常忙得连美女都顾不上，事实上现在我们比较确切的发现是，隋炀帝一共有三个儿子、两个女儿，是一后、一妃生的，后就是萧皇后，妃是萧嫔。我们历史上知道的就是这两位。你反观唐玄宗，唐玄宗后宫佳丽四万人，光给他生儿育女的妃子就达到二十几个，他有30个儿子，29个女儿，所以你看看谁在这方面更放纵一些。所以我想说皇帝纵欲可以不表现在这个方面，但他仍然是纵欲的，怎么叫纵欲？隋文帝是盗一钱弃市，对偷东西有太严格的惩罚了，偷一文钱弃市，砍头，这叫什么？这叫任性，太任性了。隋炀帝比他爸爸还过分，"足以轥轹轩唐，奄吞周汉，子孙万代，人莫能窥"。这是炀帝的理想，意思是说周朝西周东周是中国古代最牛的时候，我看不上，汉朝号称盛世我还看不上，简单一句话前无古人，子孙万代人莫能窥，一句话后无来者。就是我要做前无古人后无来者的天字第一号皇帝，太厉害了，这个追求是他最大的欲望。为了实现这个最大的欲望他怎么办？拼命搞大工程、大建设、大战争，你想想看是不是这个样子？隋炀帝一共在位14年，后6年都是打仗了，所以前8年搞建设。大家如果看年表的话会发现隋炀帝主政前8年，是中国历史上皇帝建功立业最密集的8年。你讲工程，东都洛阳是那时候修的，南都也是那时候修的，修两个大都城，还有大运河，还修长城呢。如果讲大的巡游的话，是一次巡河西，两次巡漠北，三次巡江南。那时候认为巡游就是游山玩水，其实不是这样，我们现在可以坦然地讲青海是中国领土不可分割的一部分，青海什么时候打下来的？隋炀帝时候打下来的。另外还有大的战争，三征高句丽，建功立业最密集的时代就在那个时代，这意味着什么？还是那句话，全国总动员，皇帝全速奔跑，皇帝要实现前无古人后无来者的伟大的皇帝梦想，可是其他人既没有皇帝那样的智力，也没有皇帝那样的体力和精力，更重要的是也没有皇帝那样的欲望，也是被皇帝带着全速奔跑。如果你跑不动了拿鞭子赶着你跑，就是严刑峻法让你跑，如果你被严刑峻法逼死了怎么办？皇帝会说像你这种人根本没有资格生活在我这个时代，你死了白死，所以继续赶着人跑。最后出现大家实在跑不动了，要么就累死，要么就被人打死，要么就揭竿而起，跟他斗到死。所以皇帝纵欲出现的是这样的问题，太过于追求完美，太过于追求高大上，最后把全国给拖垮了。

隋朝败就败在这儿，唐朝成也成在这儿。唐朝为什么能成？就跟汉朝为什么能成一样，它前头有教训。唐朝贞观之治大家都知道这是奠定唐朝繁盛的基础。贞观之治其实有个很重要的事情是建设学习型社会，大家相信不相信？贞观之治就是建设学习型社会，学习真是有专题的学习，贞观之治，大家去看《贞观政要》就会发现，在贞观期间唐太宗天天跟大臣讨论问题，讨论什么问题？就一件事，隋朝那么强何以会灭亡？我们怎么做才能不灭亡？隋朝教训太深了，隋朝和唐朝的皇帝出自同一个母系，大家知道北周有一个号称全世界最牛的老丈人，因为他有七个女儿，有三个女儿做了三朝皇后，大女儿是北周的皇后，四女儿嫁的是唐朝李渊的父亲，也是唐朝的皇后，最小的七女儿嫁给了隋文帝，就是刚才我们说的那个强势的独孤皇后，所以这三朝母亲出自同一户人家，所以独孤信是史上最牛的老丈人，那意味着什么？李渊和隋炀帝是姨表兄弟，李世民管隋炀帝叫表叔，一样的背景、一样的家庭、一样的时代，所以隋朝给李渊和李世民的冲击太大了，唐朝一立国就研究这个问题，天天研讨，隋朝那么强何以会灭亡？结论其实就是我们这个结论。所以唐朝反着来，第一个是隋朝不仁，我们就仁。什么叫仁？李世民自己得出了结论，"为君之道，必须先存百姓，若损百姓以奉其身，犹割股以啖腹，腹饱而身毙"。如果从老百姓嘴里得粮食填国库，那就好比割大腿的肉给嘴吃一样，嘴好像是吃饱了，吃爽了，但是人会死掉，所以要爱百姓。

第二个是隋朝拒谏，唐朝就纳谏。贞观之治最著名的例子不就是唐太宗和魏徵之间的关系吗？魏徵是一个著名的谏臣，唐太宗整天听他提意见听得很高兴，有一次他问魏徵，何为明君暗君？魏徵回了一句："君之所以明者，兼听也；其所以暗者，偏信也。"现在我们知道"兼听则明，偏信则暗"，后来魏徵死，唐太宗还讲了一句话："夫以铜为镜，可以正衣冠；以史为镜，可以知兴替；以人为镜，可以明得失"，安抚官员。

第三个是隋朝纵欲，唐朝宽缓。怎么讲宽缓？大家看这个话说得非常漂亮，说"治国与养病无异也。病人觉愈，弥须将护，若有触犯，必至殒命。治国亦然，天下稍安，尤须兢慎，若便骄逸，必至丧败"。什么意思？病人刚刚好的时候特别需要注意，怎么注意呢？如果这个时候你让一个刚刚好的病人去干重体力劳动了，那他马上重新犯病了，这一次你救都救不过来了，这时候你让他慢慢来，一点一点往前走，他的身体就会逐步强健起来。绝对是这个道理，隋朝其实一下子把老百姓用劲用得太猛了，我们不讲老百姓，讲一个知识分子的例子，讲什么叫作急，什么叫作缓。

隋朝一开始也重视学校，隋文帝统一之后先建学校，各级都建立起来了，从中央到省一级，到州一级，到县一级，都建起学校了，结果学校建了十年，隋文帝一看生气了，官都不是学校培养出来的。什么概念？原来学校培养不出人才来，所以怎么办？停办，学校全部停办，全国只留一所最高等级的学校国子监，留了70个人。大家知道为什么是70个人吗？他说孔子才教出72个好学生来，我们不如孔子，所以70个人足够了，这是什么问题？十年树木百年树人，他等不及，一看现在没有什么重要人物从学校出来，马上把学校停办了，这就叫急。你再看唐朝什么叫缓？唐朝曾经有个宫殿在洛阳，叫集仙院，后来唐玄宗那个时候到那儿去视察，一看见集仙院就恼火，他说我不信神仙，哪有神仙能管国家好坏呀，我信贤人，国家只要有好人就能管好，所以集仙院改名叫集贤院。天下贤才都到这儿来，什么叫贤才？当时成立这么一个研究单位，一个研究机构，就叫集贤院。这些研究人员就叫集贤院的学士，相当于社科院，有这么多研究人员。谁来做学士的头呢？当时的宰相张说来做头，唐玄宗也说你既然做他们的领导，他们叫学士，你叫大学士，张说马上不干了，说既然都是研究人员咱们别讲官位，他们叫学士我也叫学士，在这里凡是学士就拿五品官的俸禄，相当于现在的市长，拿市长的待遇。集贤院也是运作了好几年，一个标志性成果也没出来，所以其他的宰相就不干了，就跟张说提意见，说咱们一块去跟皇帝说一说吧，咱们养了一群废物，好几年了，吃着市长的俸禄，结果一本书没写出来，张说说你提这意见干吗呀，皇帝现在有钱了，想要养这批闲人，你难道是想让皇帝去建楼堂馆所，养歌伎舞女吗？集贤院都运作下去了，有没有成果？最后绝对有成果，咱们现在讲唐诗、宋词、元曲，唐朝出现那么多重要的文学作品，其实是一代风气养成的结果。不在乎集贤院到底拿出了多少作品，它带动了社会风气都向这个文治方面转型，这不就是最重要的成果吗？这就叫宽缓。

再讲一个宽缓的例子，隋朝达到极盛用多少年，隋朝一共统治了30多年，咱就讲第三十年算它极盛，唐朝极盛用了100多年慢慢走到了顶峰，所以这个顶峰就是有高度。中国古代讲三大盛世，汉武盛世、开元盛世、康乾盛世，开元盛世准备的时间最长，因此开元盛世达到的高度也就最高，这就是宽缓执政的好处。

三、鉴往知来

最后我们讲一个小问题，鉴往知来。隋朝因为有这样一些问题所以灭亡了，唐朝因为吸取了这样一些教训所以成了，那么它的经验教训到底在哪儿？用比较短的时间讲四个经验教训。

第一个，居安宜思危。隋炀帝为什么败得那么快？因为隋文帝给他打下的底子太好了，隋文帝给他建了七大粮库，国家也统一了，看起来国家底子太好了，就是现在说的"崽卖爷田不心疼"，隋炀帝花钱的时候非常没有节制，他觉得国家太富裕了，所以我可以随便去做了，我可以支撑我那些大工程、大战争了。如果没有给他留下这么好的底子，他可能还不会这么任性。举个例子，我们知道汉朝经过了漫长的秦末农民战争和漫长的楚汉战争，国家残破不堪，残破到什么程度？皇帝想找四匹同样颜色的马来拉一辆车，愣是找不着，三匹白马就得配一匹黑马，三匹黑马就得配一匹白马，皇帝都穷到这个程度，所以你看汉朝接下来汉高祖之后，文帝、景帝都很谨慎。汉文帝长得特别胖，西北人有这个特点，中年容易发福，夏天很热，他想凉快凉快，怎么凉快呢？建一座高台，有风就凉快了，高处不胜寒嘛。最后一算建这座露台要耗费中等人家十家的产业，汉文帝一听说算了算了，我热就热一点吧，就别建了。所以你看连续几代人，因为底子薄所以都很慎重，所以才有文景之治，然后到汉武帝的时候冲顶。如果居危往往他容易小心，容易小心就安全，那反过来说开始底子太好了，往往就会不小心，不小心最后可能就会有危险。咱们现在说的"生于忧患死于安乐"就是这个意思。

第二个，恃才勿傲物。按理说，有才好还是没有才好？我们特指皇帝，皇帝当然是有才好，谁会觉得一个混账皇帝是好事啊？我们历史上为什么留下那么多白痴皇帝的传说啊，谁都觉得皇帝有才好，隋炀帝有没有才？隋炀帝特别有才华，音乐非常棒，其实隋文帝就是作曲家，隋炀帝也是写诗写得好。唐朝皇帝写诗绝对不如隋朝皇帝，唐朝最厉害的皇帝是唐玄宗，唐玄宗在唐朝来讲算二流诗人，在唐朝绝对排50名以后。隋炀帝写诗好，排在前五名，绝对的前五名。但是皇帝有才也有一个问题，就是有才千万别恃才，皇帝最怕恃才傲物，隋炀帝他没有隋文帝的忧患意识，对自己看得太高了，觉得天下人都不如自己，他就跟自己的侍从讲了，"天下皆谓朕承袭绪余，以有四海，设令与士大夫高选，亦当为天子矣"。什么意思？你们都说我是接班当的皇帝，其实不对，咱们一块考科举，我照样考第一，照样当皇帝。多么骄傲啊，非常非常骄傲。骄傲到什么程度？觉得自己比一切人强，也不允许别人在任何一方面比自己强。比方说大家都知道一个故事，隋朝有个大诗人叫薛道衡，这是一个与隋炀帝不相上下的诗人，写了一首诗，叫《昔昔盐》。里头有一句话："暗牖悬蛛网，空梁落燕泥。"这个妇女丈夫出远门了，在家很寂寞，寂寞到什么程度呢？窗户框上都悬着蜘蛛网，因为没有心情去打扫，燕子的粪便都掉到地上了也没有心情去收拾，讲这种寂寞的心情讲得很好。隋炀帝老想仿写，写也写不出来，最后怎么办？把薛道衡给杀了，杀之前问他一句话，尚能作"空梁落燕泥"否？我把你肉体杀了之后，你还能写出"空梁落燕泥"吗？恃才傲物，不允许任何人超过自己，这是坏皇帝。好皇帝应该怎么样？刘邦的"三不如"就是好皇帝的典范。大家都知道哪"三不如"。夫运筹帷幄之中，决胜千里之外，吾不如子房：若要讲战略、算计我可是不如张良啊。镇国家，抚百姓，给馈饷，不绝粮道，吾不如萧何：要讲治理国家我可是不如萧何呀。连百万之众，战必胜，攻必取，吾不如韩信：要讲打仗我可不如韩信。刘邦说三方面别人都比我强，我真正厉害的地方在哪儿？这三个人都能为我所用啊，所以他们有的是将，有的是相，但我是皇帝呀。好皇帝是什么样？自己未必有那么大的才华，但是要容得下别人的才华，能够发挥别人的长处，这才是真正的好皇帝。任何人都一样，恃才勿傲物，把别人团结在你周围，让别人发挥出最大的能量为你服务，这才是最大的长处。

第三个，功业不是一切。我经常讲中国古代将近500个皇帝怎么分类，我讲我的分类，可以不同意，因为分类方法太多了。我从基础上讲就分三类，明君、暴君、昏君。什么叫明君？有功有德叫明君。什么叫暴君？有功无德叫暴君，功劳很大，但是德行不好。

什么叫昏君？无功无德叫昏君。从等级上也是这样，明君是最高等，暴君是中间等，昏君是最末等。

现在我们讲好的统治应该是什么？功在当代，利在千秋。好的工程、好的制度就应该是这样。隋朝两代皇帝不是没有功业，他们最差的不是功业，而是德行。所谓的德行就是让当时的老百姓享受到好处的心愿和能力。他们有理想，有制度，有大量的工程基本建设，但是对大臣是苛刻多疑的，对老百姓是冷漠忽视的，对社会是急功近利的，所以这个社会缺乏基本的道德、基本的精神，缺乏这样一种涵容能力，最后就是土崩而瓦解了。

第四个，人民值得尊重。我们现在一般隋唐连称，隋唐时代，我们也讲了唐承隋治，唐朝为什么能够发展？唐朝继承了隋朝所有好的制度，隋朝的好东西都被唐朝捡着了，它追加了一条最基本的也是最重要的认识，什么认识？"君"，舟也，"民"，水也，"水能载舟，亦能覆舟"。大家说这是老生常谈，春秋战国时期孟子就提出来过，民为贵，社稷次之，君为轻，你怎么能说是唐朝发明的呢？知识分子的理想和施政者的理念绝不是出现在同一时刻的，大家相信不相信？孟子作为知识分子在战国时代就已经提出来了，民为贵，社稷次之，君为轻，但是这个真正转化为皇帝头脑中的认识，并且由皇帝自动自觉地清晰准确地表达出来就是在唐朝，确切地说就是唐太宗，"君"，舟也，"民"，水也，"水能载舟，亦能覆舟"，从此之后它才变成老生常谈。为什么能常谈下去？因为它正确呀。其实，唐朝没有加别的东西，在进入盛世之前，工程没有大的追加，加了这么一条认识，这个社会就柔软多了，就宽松多了，就可持续多了。所以现在老有这么一个认识，盛世就是阳刚之气，什么事情都很坚硬的样子，我觉得恰恰相反。我一直是这样说的，隋朝是刚，唐朝是柔，隋朝是骨，唐朝是肉，大家想想是不是这样？隋朝把骨架搭起来了，把硬的东西都给完成了，唐朝追加的就是血肉灵魂，所以到刚柔相济、骨肉相连的时候，中国历史上最强盛的时段大唐盛世才能诞生。

所以回到我们最初的主题去，大国梦与人文精神，我想说的是什么？得失不唯物质，成败端赖精神。

中华文化与民族凝聚力

李道湘

文化是一个国家、一个民族的灵魂，文化兴国运兴，文化强民族强。没有高度的文化自信，没有文化的繁荣兴盛，就没有中华民族伟大复兴。绵延5000年而命脉不绝的中华文化，始终是维护国家统一和促进民族融合的精神力量，在实现中华民族伟大复兴的今天，仍然能为凝聚海内外中华儿女的力量提供价值支撑。今天和大家讨论的就是中华文化在民族凝聚力形成中的作用。

一、中华文化是民族凝聚力形成的源泉

民族凝聚力是使民族及其成员保持在民族群体内的向心力，也称之为民族内聚力。中华民族的凝聚力之所以如此强大，就在于中华民族对自己民族的核心价值的强烈认同。所以，要想了解中华民族凝聚力就必须了解中华民族的核心价值，这个核心价值就是中华文化的基本精神。

中华文化基本精神是千百年来中华民族在生活和社会实践中，提炼升华起来的、一代一代地传承下来的一种精神力量。我们把它概括为：爱国主义、中华一统、忧患意识、自强不息、天人合一、

民惟邦本、重义轻利、贵和执中、舍生取义、崇礼重德等。

（一）爱国主义是中华民族凝聚力形成的核心精神

第一，爱国主义的内涵。

爱国主义就是对祖国的忠诚和热爱，核心是对民族和国家的生存发展、繁荣兴旺等根本利益的关心与维护。列宁曾说：爱国主义就是千百年巩固起来的对自己祖国的一种最深厚的感情。

中国人的爱国情，表现为对故乡、亲人的眷恋，对祖先的崇敬。

中国人的爱国情，表现为对祖国壮丽河山的依恋。

中国人的爱国情，表现为对祖国历史文化和人文精神的钟爱。

第二，爱国主义是一种家国认同的建构。

爱国主义是一种情感，一种情怀，这种情感和情怀经过长期的积淀并不断转化为民族的共识和认同，成为强大的民族凝聚力。那么，它们是如何转化的呢？

一是安土重迁的乡土情谊转化为爱家与爱乡的统一。

二是中华文化的伦理型特点转化为爱家爱国的道德要求。

三是家国同构的社会结构内化为个体的爱家与爱国的统一。

四是5000年绵延不断的历史文化的浸润和培养，构筑起牢固的历史文化记忆，建构起深厚的文化认同。

五是爱国主义传统已经转化为价值追求，形成了个人和社会群体的道德自律和行为准则。

六是近代以来西方列强的侵略促使了中华民族的觉醒和凝聚，爱国主义转化为救亡图存的行动和实践。

（二）中华一统意识是中华民族凝聚力的价值支撑

第一，中华一统的内容。

政治一统。

大一统观念萌芽很早，《诗经》谓："普天之下，莫非王土；率土之滨，莫非王臣。"①周天子作为君统和宗统的核心，成为天下一体的象征。

孔子也提出大一统思想，力图建立一个西周式的大一统国家，以结束战乱，统一国家。大一统的政治理想由秦始皇统一中国变成了现实。汉朝以后，历代封建王朝基本上是沿袭"秦汉之制"，无论是政权结构，还是组织结构都没有什么变化，形成长达数千年的集权大一统的封建政体，并进而影响了广大国民的价值取向，形成了维护统一、忠君顺上的价值观念。

思想文化统一。

实行思想文化统一是君主专制的必然要求，当汉朝取得了政治上的稳定和经济上的繁荣以后，思想的统一就提到议事日程。董仲舒向汉武帝建议说："今师异道，人异论，百家殊方，指意不同，是以上亡以持一统……臣愚以为诸不在六艺之科、孔子之术者，皆绝其道，勿使并进。邪僻之说灭息，然后统纪可一而法度可明，民知所从矣。"②在这里，董仲舒以"六经"为标准，提出了"罢黜百家，独尊儒术"的思想，他把意识形态定于一尊，使之更加适应封建专制君主政体的需要，其独尊儒术的主张不仅被汉武帝采纳，推行于当世，而且在汉代至清代的2000年间行之久远。经过长期教化以及历史的积淀，这种定意识形态为一尊的思想大一统逐步成为多数中国国民的共识，并进而转化为社会各阶层人的心理定式。

民族一统。

中国自古就是一个多民族的国家，要实现大一统，必须解决"夷夏之防"的矛盾。如何处理夷夏关系呢？"《春秋》内其国而外诸夏，内诸夏而外夷狄，王者欲一呼天下，曷为以内外之辞言之？言自近者始也。"③由此可见，大一统与"夷夏之防"并不矛盾，它不是

① 《诗经·小雅·北山》。
② 《汉书·董仲舒传》。
③ 《春秋公羊传·成公十五年》。

将夷狄摒弃于中华之外，大一统既指"诸夏"一统，也蕴含着夷夏一统。以"礼"教化内外，无所谓"夷夏"之别。这里包含着民族平等的意识。

第二，中华一统意识是一种价值认同的建构。

中华一统意识铸就了中华儿女维护国家统一、民族团结的价值取向。

中华一统意识转化为一种价值标准。在评价重要历史人物时，往往把是追求和顺应"统一"还是要求"分裂"当作一个重要的尺度。

"中华一统"意识已经根植于中华民族的内心深处，成为人们衡量政治有序、天下有道的主要标准。

"中华一统"理念强化了人们认同国家统一的自觉性，成为中华文化培育统一意识、指导统一实践、完善统一秩序的显著标志。

（三）忧患意识是中华民族凝聚力形成的持久稳固的心理情感基础

第一，忧患意识是中国传统文化的精髓。

何谓忧患意识？

所谓忧患意识，是指一个人超越自我利害、荣辱、成败，而将世界、社会、国家、人民的前途命运系于心中，对人类、社会、国家、人民可能遭遇的困境和危难抱有警惕并由此激发奋发图强的决心和勇气。简单地说，忧患意识就是人们面临自然、社会与人生所遭遇的患难而产生的忧虑和思索。因此，忧患意识包含着悲天悯人的同情心和强烈的责任意识。

忧患意识贯穿在整个中华文化发展中。台湾学者徐复观先生认为，忧患意识是中国文化的精髓。

第二，忧患意识是一种使命意识的建构。

忧患意识不是悲观主义和厌世主义，而是崇高的社会责任感、使命感，承载着深厚的民族精神。

忧患意识是中华民族生存智慧的体现。正因为有浓厚的忧患意识，才使中华民族虽屡经磨难，仍绵延数千年未曾中断，为人类文明的发展和进步做出了巨大贡献。

强化忧患意识有利于提高全民族的思想素质，强化忧患意识，有利于人们发现社会发展中的潜在矛盾、风险和困难，有利于人们在现代化建设的成就面前保持清醒的头脑，有利于人们正确对待自己的既得利益。

强化忧患意识有利于巩固党的执政地位。

强化忧患意识有利于凝聚全体中国人的意志，为实现中国梦而奋斗。

（四）自强不息是中华民族凝聚力形成的内在精神信念

中华 5000 年灿烂文化始终蕴含着一股奋发向上、开拓进取的精神力量，深刻地影响着中国人的心理和品格，是我们民族生存、繁衍、发展的生机与活力。

第一，自强不息精神的源泉。

《易传》说："天行健，君子以自强不息。"这相当于中华民族自立于民族之林的历史宣言。从汉代到清代，历时两千年，《易传》的思想深入人心，其刚健、自强不息的观点，为全社会所接受。不仅对于知识分子，而且对于一般民众也产生了强烈的激励作用。刚健有为、自强不息的精神，不仅在我们民族兴旺发达时期起过巨大积极作用，在我们民族危难之际，也总是成为激励人们起来进行斗争的强大精神力量。无数志士仁人，为了维护国家统一和民族团结，鞠躬尽瘁，不息奋争。正是这种自强不息的精神，凝聚了、增强了民族的向心力，哺育了中华民族的自立精神和反抗压迫精神。

第二，自强不息是一种信念的建构。

自强不息精神是一种内在的信念和力量，是中华民族的精神支柱。

自强不息是一种生活态度和生活方式。有的人失意时就怨天尤人、自暴自弃，有的人却能不失斗志、奋发有为。中华民族之所以能绵延 5000 年而不曾毁灭，就因为她把自强不息的精神融进血液中，化为一种生活态度和生活方式。

（五）"天人合一"理念是中华民族凝聚力形成的思维力量

"天人合一"是中华传统文化的基本精神之一，它是中华民族在长期的生活和社会实践中提炼出来的，凝聚了中华民族的智慧和创造成果。

第一，关于天人关系的不同理解。

尽管中国古代的思想家们对"天人合一"有不同的理解和阐释，但在最根本的意义上是一致的，即追求人与自然的和谐。

第二，"天人合一"整体观念的建构。

首先，"天人合一"是中华民族处理人与自然、人与人、人与自身关系的理念和准则。

其次，"天人合一"是维护中华文明五千年绵延不绝的精神力量。

再次，"天人合一"是今天生态文明建设必须坚持的理念。

又次，"天人合一"建构了中华民族凝聚力形成的认同基础。

最后，"天人合一"确立了天、地、人各自的地位和作用。

（六）"贵和执中"是中华民族凝聚力形成的同化力量

第一，"贵和"与"执中"。

"和"，指和谐、和平、祥和；"合"指结合、融合、合作。"和合"的宗旨在于承认"不同"事物之存在矛盾和差异，这些彼此不同的事物统一于一个相互依存的和合体中。

和合思想还包括"和而不同"的理念。"和而不同"的理念体现的是中华民族的宽容精神和爱好和平的价值追求。

"允执厥中"简称"执中"，即守性不移，守死善道，不偏不离。中国古代的"贵和"观念，往往是与"执中"观念联系在一起的。《论语·尧曰》开篇记载先圣尧传给舜最重要的一句话是"允执其中"，舜又将此言传给禹。孔子的孙子——子思在《中庸》篇首写道："中也者，天下之大本也；和也者，天下之达道也。致中和，天地位焉，万物育焉。"所谓"中"，是指为人处世要掌握好一个度，无过无不及，不偏不倚，恰到好处。这个"度"，就是事物的标准、中心、主体，说到底就是一个"德"字，凡事"执其两端，用其中于民"，不偏向任何极端，追求对立两端的统一与和合。

第二，"贵和执中"是一种民族品格的建构。

民族凝聚力从本质上说就是民族文化的凝聚力。中华文化之所以具有强大的包容性，就在于它所倡导的"和而不同"的理念，如同"厚德载物"大地的品格，不仅孕育了万物，而且涵养包容了万物。这种包容万物的品格促使了中国历史上的四次民族大融合，铸造了多元一体的中华民族格局。这种包容品格融汇了多元文化，形成了多元一体的中华文化格局。这种包容品格吸纳融合了各种不同的民族优秀文化，并不断创新发展使中华文化历经5000年而仍然保持着旺盛的生命力。这种包容品格影响着中华民族的每一个成员，深深积淀在每一个成员的意识中，并内化为价值理念，持久并深远地影响着民族成员的思维方式和行为方式。这种包容品格创造了人与自然、人与社会、人与人、人与自身的和谐关系，为中华民族成员的个体发展提供了和谐环境。

二、中华文化精神转化为民族凝聚力的内在机制和途径

与世界诸多古老的文明相比，中华文化表现出强大的生命力。中华文化的生命力表现为它所具有的融合力、绵延力和凝聚力。中

华文化融合力表现为对外来文化的同化力。各种域外文化进入中国后，大都被中国化，并融入中华文化之中，因为中华文化本身就是在汉民族文化的基础上有机地吸收中国境内各民族及不同地域的文化，形成具有丰富内涵的思想体系。绵延力是指中国文化具有完善的传承体系和自觉的文化传承使命，朝代的更替和战争灾难都没能中断文化的延续和毁灭文化的生命。凝聚力是指吸引力、向心力、亲和力、内聚力。民族凝聚力就是指促使民族成员个体之间凝聚在一起而始终保持完整统一的精神文化力量。

（一）从民族凝聚力形成的内在机制看，中华文化精神只有转化为民族成员的文化认同意识、民族认同意识、国家认同意识，才能形成一个民族的凝聚力

习近平总书记在中共中央政治局第十三次集体学习时发表讲话，他对如何传承中华优秀传统文化做出重要指示，他指出，要讲清楚中华优秀传统文化的历史渊源、发展脉络、基本走向，讲清楚中华文化的独特创造、价值理念、鲜明特色，增强文化自信和价值自信。要认真汲取中华优秀传统文化的思想精华和道德精髓，大力弘扬以爱国主义为核心的民族精神和以改革创新为核心的时代精神，深入挖掘和阐发中华优秀传统文化讲仁爱、重民本、守诚信、崇正义、尚和合、求大同的时代价值，使中华优秀传统文化成为涵养社会主义核心价值观的重要源泉。要处理好继承和创造性发展的关系，重点做好创造性转化和创新性发展。

习近平总书记对中华优秀传统文化进行了概括：讲仁爱、重民本、守诚信、崇正义、尚和合、求大同。这一概括言简意赅，意义重大，既为我们继承和发展中华优秀传统文化指明了方向，也为我们如何进行创造性转化和创新性发展提出了方法和途径。最为重要的是，中华优秀传统文化为中华民族的文化认同、民族认同、国家认同的建构提供了思想基础和方法途径。而在今天，对中国共产党执政的认同也是民族凝聚力的重要体现。

（二）从历史纬度看，中华文化精神转化为民族和国家兴盛的追求

中华文化精神的生命力表现为融合力、绵延力和凝聚力。这种融合力、绵延力和凝聚力又表现为地域的不断扩大、多元一体民族共同体和文化共同体的形成、中华文化的历史绵延性。

第一，中华文化与中华版图的不断扩大。

中华民族生活在北半球的东亚大陆，太平洋西岸。中国的领域广大，腹地纵深，是中华民族生息繁衍的地方。从夏朝开始至清朝的历史版图的演变见证了中国发展壮大的整个过程。复杂的地理环境造成了辽阔的中国地域中诸多国家的存在，但历史的演变中无数存在的国家没有最终分裂为一个个小国，而是最终形成一个统一的大国。其背后一定有一种力量在起作用。

第二，中华文化与多元一体的中华民族的形成。

中华民族的形成是一个漫长的历史过程。先秦时期是中华民族形成的雏形时期。秦汉时期是汉民族形成的标志性时期。明清时期是中华民族作为一个民族而立于世界民族之林的时期。中华民族的认同经历了一个从自在民族到自觉民族的过程。

中华民族的形成见证着多民族在长期的发展进程中从冲突走向融合的历史，那么，在背后一定有一种动力在推动着民族的融合。

第三，中华文化的历史绵延。

中华文化绵延 5000 多年而不曾中断，尽管也有天灾人祸，但却一代一代传承。朝代有更替，文化血脉不曾中绝，经过不断丰富，不断创新，不断发展，最终积淀为博大精深的中华文化思想体系。

在 5000 多年的历史发展中，中华民族创造了光辉灿烂的中华文化，而且未曾中断，这是世界文化史上的奇迹。整个中华文化的发展历程分为四个阶段：萌芽期、奠基期、成熟期、转型期。这一发

展链条连接起整个中华文化发展历程，保证这一连接不曾中断的是中华文化的价值和精神，是这种价值和精神将中华民族凝聚在一起。

（三）从人类文明发展的维度看，中华文化精神转化为文化自信

人类历史就是一部人类文明的兴衰史，许多古老的文明在历史长河中被淹没。中华文明是个奇迹，她是世界上唯一未中断过的古老文明。一个民族的文化是否具有凝聚力，首先应该表现在它自身是否具有强大的生命力以及这种生命力的延续。

文化学界有人将世界七大古文明称为人类原生形态的"母文化"，即古埃及文明、苏美尔文明、米诺斯文明、玛雅文明、安第斯文明、哈拉巴文明、中华文明。

古埃及文明是指在尼罗河第一瀑布至三角洲地区，时间断限为公元前5000年的塔萨文化到公元641年阿拉伯人征服埃及的历史。埃及文明延续达3000年左右，之后便衰落了。

苏美尔文明是存在于两河领域最早的文明。苏美尔文明是世界上最早发明文字、最早建立城市国家的、诞生于两大河流幼发拉底河和底格里斯河冲积而成的美索不达米亚平原上的伟大文明。如今苏美尔文明已被埋藏在沙漠下，变成了历史遗迹。

米诺斯文明是爱琴海地区的古文明，该文明主要集中在古希腊的克里特岛。当时这个岛上的克诺索斯是欧洲最大的城市，人口达10万之众。然而米诺斯文化突然在历史上销声匿迹了，至于原因，众说纷纭，但是它的存在以及毁灭都是历史事实。

玛雅文明孕育、兴起、发展于今墨西哥的尤卡坦半岛，恰帕斯和塔帕斯科两州和中美洲内的一些地方，它是美洲印第安人文化的摇篮。但玛雅文明突然衰亡的原因至今仍是千古难解之谜。

安第斯文明是南美洲古文明；哈拉巴文明是在印度河领域发展起来的文明，被印度学者称为印度文明的"第一道曙光"。但这些古

文明在历史的长河中相继衰退，或者湮灭，或者迁移，或者中断，既失去了凝聚力，也失去了生命力。唯有中华文明延续5000年而不曾中断，表现出强大的生命力和凝聚力，这是世界文明史上的奇迹。

（四）从现实的维度看，中华文化精神转化为对自我特色的认同

以习近平同志为核心的党中央充分认识到，中国的崛起需要价值支撑，国家治理现代化也需要价值支撑。因为今天的中国是历史的中国发展而来的，中华民族的精神基因是我们立足的根本。

第一，今日的中国是历史的中国发展而来。

习近平总书记在2013年8月19日全国宣传思想工作会议上指出："宣传阐释中国特色，要讲清楚每个国家和民族的历史传统、文化积淀、基本国情不同，其发展道路必然有着自己的特色；讲清楚中华文化积淀着中华民族最深沉的精神追求，是中华民族生生不息、发展壮大的丰厚滋养；讲清楚中华优秀传统文化是中华民族的突出优势，是我们最深厚的文化软实力；讲清楚中国特色社会主义植根于中华文化沃土、反映中国人民意愿、适应中国和时代发展进步要求，有着深厚历史渊源和广泛现实基础。"

第二，中华民族精神基因是我们立足的根本。

2014年10月13日，在中共中央政治局就我国历史上的国家治理进行第十八次集体学习时，习近平总书记强调，历史是人民创造的，文明也是人民创造的。对绵延5000多年的中华文明，我们应该多一份尊重，多一份思考。对古代的成功经验，我们要本着择其善者而从之、其不善者而去之的科学态度，牢记历史经验、牢记历史教训、牢记历史警示，为推进国家治理体系和治理能力现代化提供有益借鉴。

中华民族创造了源远流长的中华文化，中华民族也一定能够创造出中华文化新的辉煌。独特的文化传统，独特的历史命运，独特的基本国情，注定了我们必然要走适合自己特点的发展道路。

5000多年的历史文化绵延，不断建构着中华民族的文化认同、民族认同、国家认同，它是中华民族生命力和凝聚力强大的精神根基。

三、结　语

第一，多元一体的中华文化包容了多元一体的中华民族的共存和发展，涵养了民族和民族文化的多元和多样，促进了各个民族间的交流、交往、交融，汇聚了中华民族自身创造和创新发展的内在动力，历史地推动了中华民族共同体意识的形成和发展。

第二，中华文化基本精神是中华文化的核心和灵魂，是中华民族立足的根本和生存发展的根基，是民族性格特征的铸造者。

第三，中华民族凝聚力的形成源于民族成员对中华文化的历史认同，更源于对中华文化精神的价值认同。这两种认同不仅是民族凝聚力形成的基础，更是民族凝聚力形成的内在精神动力。

构建中华节日体系

李汉秋

一、有体系才有精神家园

人们常用"像过节一样"形容美好日子。谁心中没有儿时过节的愉快情景呢？成人乃至老人许多往事已经如烟，而过节的温馨仍珍藏心底，历久不磨。是的，节日是生活长链中闪闪发光的珠宝，是记忆长空中远远闪烁的星光，它未必给人强烈的震撼，却深深嵌入生活、浸入情感、沁入心田，对人的精神和心理产生是潜移默化却又是刻骨铭心、难以磨灭的影响。过节是人类社会的共同需要和普遍存在的现象，而各个民族的节日又都有自己的民族特色，以无比丰富的多样性，汇成万紫千红的世界节日文化百花园。

中华传统节日是传统文化的结晶和载体。中华民族在几千年的文明传承中形成的传统年节体系，凝结着中华民族的民族文化、民族精神、民族情感，已经成为民族生活、民族灵魂、民族根基的有机组成部分；积淀着中华文化的价值取向和理想追求；凝聚着中华文明的精华，是中国人的自然观、哲学观、伦理观、审美观、爱情观的体现。

现在已经到了我们该强调建设体系的时候了。精神是要有体系的，有个体系，精神才有归依，才有一个坐标，人才明白自己在这个坐标中间是处在什么位置，才能够找到自己的定位和归宿。党的十七大提出体系建设：一是建设社会主义核心价值体系，二是建设中国特色社会主义理论体系。当然体系建设不是一蹴而就的，但是千里之行始于足下，要着手做这项工作。我们要共建精神家园，就得要建设体系，有体系才有精神家园。在党的十七大精神鼓舞下我们也要建设好中华节日体系。节日体系是公民生活的时间表，让政府管理好时间，让公民安排好生活。中华节日体系成为中华民族共有精神家园的组成部分。

节日体系随时代发展而发展。我国传统社会有传统节日体系，中华人民共和国成立之初制定了年节纪念日放假办法，放假的传统节日只有春节一个，其他都是政治性节日，基本上属于现代政治性节日体系。从2003年起我一直在全国政协等处呼吁重视传统节日，2004年起以全国政协提案建议清明、端午、中秋、除夕要放假。2007年终于采纳了我的提案，节假日调整，国务院颁布了对《全国年节及纪念日放假办法》的修改。除了春节之外，加上四个传统节日都放假，看起来只改了几个假日，实际上体现一个体系。这就是节日体系在变化。这个变化是不是就已经定型了？我觉得不是，这是渐进过程中的一个环节。这个节日体系还在与时俱进，还要再发展。这两年我亲历了发展。现在放假的是原"四大传统节日"，即春节、清明、端午、中秋。2005年中宣部等五部委制定《关于运用传统节日弘扬民族文化的优秀传统的意见》时，重要传统节日在"四大传统节日"之外加上重阳节，成了"五大节"。当时央视拍《我们的节日》电视系列片，我就主讲重阳节。参与中央文明办编写《我们的节日》一书时，我坚持增加七夕节，被采纳了，2006年6月正式公布的《第一批国家级非物质文化遗产名录》已将七夕列入"六大传统节日"。我又建议元宵节应独立出来，也被采纳了。9月，

《国家"十一五"期间文化发展规划纲要》，已经列出"七大传统节日"：春节、元宵、清明、端午、七夕、中秋、重阳，而且说要充分发挥这七大传统节日的作用。《第二批国家级非物质文化遗产名录》也补上了元宵节。所以我写了一篇短文叫"4+1+1+1"，短短两年我们国家认定的重要传统节日，由原来的四个，2005 年加了一个重阳，变成五个，2006 年 6 月加一个七夕，变成六个，2006 年 9 月又加了一个元宵，变成七个。就这两年我们就由四变到七，说明传统节日越来越引起中央领导和全国各界人士的重视，中央文件认定的代表性的传统节日在增加，我们这个体系就在发展。是不是还要发展？肯定还要发展。

中华节日体系主体包括两大方面：一是按阳历计的现代节日（除元旦外基本上是政治性的）：元旦、三八国际劳动妇女节、五一国际劳动节、五四青年节、六一国际儿童节、七一中国共产党建党纪念日、八一建军节、十一国庆节等。二是按农历（阴历）计的传统节日和植根传统的人伦主题节日：中华年（春节）、元宵节、清明节、中华母亲节、端午节、七夕节（中华情侣节）、中秋节、中华教师节、重阳节（中华敬老节 / 中华父亲节）等。本文只分别论列传统节日和植根传统的人伦主题节日。

二、过好七大传统节日

中华传统节日顺天时而成俗，它成型于农业文明时期。农业是在自然条件下进行生产活动的，跟季节、物候、天文等自然现象和规律关系非常密切。传统年节体系兼顾太阳、月亮与地球、人类的关系，依照自然节奏，适应气候周期的规律，形成时间框架：中华年是自然时序更新的一个周期，隆冬休闲之后，一元复始万象更新，燃起新的希望。元宵节是过年的压轴大戏，狂欢热闹一番就投入新的劳作。清明时节春意盎然、生机勃发，在春播春种之时感谢先人和大自然赐给生命和生机。端午节天气渐热，百虫滋生，及时辟灾驱疫、健身保平安。七夕节银汉秋光，瓜果成熟在望，爱情也充满期望。中秋节秋收欢悦，祈愿人月两圆。九九重阳，惜秋敬老，万寿无疆。这个年节体系，以自然节气的规律性变化为依托，宛如一幅自然节候的流程图。这是在天人合一宇宙观下人与自然融为一体的、充溢天人和谐之情的民族生活时间表。

中华传统节日，感自然节律而成，孕人文精神而丰。它从历史长河中走来，不断融入人文内涵和富有人文精神的故事传说。清明前为什么"寒食"呢？传说中是为了纪念介子推。他功成不受赏，被烧死前还劝君主为政要清明，所以他被火烧的时日人们要禁火、冷食，以示纪念。端午节为什么赛龙舟、吃粽子呢？传说中这是为了纪念屈原。他人格高洁、不忍国家沦亡而赍志沉江，龙舟竞发和包粽子都是为了救屈原或祭屈原。七夕观银河两岸的牵牛、织女星宿，产生了牛郎织女忠贞不渝的爱情故事。中秋赏天上圆月，产生了嫦娥奔月、吴刚伐桂、玉兔捣药的美丽传说。可见传统节日本身就是随时代而发展的，今天我们有责任按时代的要求继续让它发展。

中华年（春节）

地球上时序更新的周期是360多天，这也就成为人类生活的自然周期"年"。中华民族早谙这个周期，在这"天增岁月人增寿"之时，回顾总结往年，规划祈愿来年，年复一年的"过年"积累成年俗文化，其核心是年终岁首辞旧迎新的"年"。阳历的元旦被规定为"新年"、农历年被改称"春节"已经这么久了，人们口里的"过年""拜年""年三十""大年初一"等指的仍然是农历年。农历伴随中华民族走过漫长的历史岁月，是废不了也不应该废的，农历年的"年"地位也不应该废，积累数千年的年俗文化离开这个"年"字，就失去了根源，失去了核心。"年"是统领"节"的，失去这个"年"，中华年节体系也就群龙无首了。每年外国元首大多数也是祝贺华人过年。鉴于上述种种，建议正名为"中华年"，是海内外中华儿女共同的年，共同的精神家园。作为过渡，"春节"暂且并用不悖。

中华年是民族文化的大荟萃，假日七天要办好丰富的年俗活动，以满足人民的精神文化需求。庙会要大力创新，精心设计。现行送压岁钱的做法，易导致只重钱数，不重情分，我们可以提倡改送"压岁礼"——送给孩子最需要、最希冀的礼品。这就要求大人须关心孩子的需要和希冀，礼轻爱心重，孩子可由此感受亲情爱心。

元宵节

元宵是过年和冬闲时群众性文艺活动的大检阅，人们以娱乐嬉闹的方式为年假做总结。如果说春节是家人团聚的节日，那么元宵就是城乡社会化的公共节日。元宵节俗活动通常在公共场所进行，如踏月走桥、看花灯、猜灯谜、耍龙灯、扭秧歌、台阁社戏及放焰火等，"闹元宵"成为元宵节俗的特征。元宵的喧闹以及元宵的美食，在传统社会均有着祈求丰年、期盼太平的动机与寓意。自汉文帝以来，"与民同乐"成为元宵节的传统，由于元宵夜突破日常的生活禁忌，"元宵闹夜"成为中国传统节日中难得的文化景观。

我们应发展元宵的这一文化特质，我们的各级领导可把此传统发展成为"亲民"的大联欢。有意识地为城乡居民展拓社交娱乐的空间，有组织地开展群众文艺大汇演、民俗活动大巡游（如社火）等，鼓励广大群众参与，让传统的"闹元宵"变成城乡的"狂欢节"，这有益于活跃民族精神、建设和谐社会。

清明节

古时寒食在清明前一两日，上巳是农历三月初三，也临近清明，唐以降都汇入清明节，正好形成清明三重奏。

人从哪里来又到哪里去？这是人类永恒的疑问，清明节就是试图处理生与死的联系、连接、沟通，接触到对人的终极关怀。物质生命有限而无法永存，精神生命却无限而可以永恒。生命之火如何延续？我们的祖先讲究雁过留声，人过留名。什么样的人生能够流芳千古？古人的回答是：立德、立功、立言。为此我们祖先创造了发达的史官文化系列，大的有正史断代史，中的有地方志书，小的有族谱、家谱、墓志铭、墓碑，都记录人的嘉言懿行，留名传后，发扬优秀精神传统。不忘往者，激励生者，培养来者。这些都成为清明节缅怀的工具载体。

纪念先人是希望后人也纪念自己，不忘自己；这种意念同时也就会激励自己，提升生命价值，延伸精神生命。有限的现实世界与虚拟的无限世界，二者之间需有中介载体，清明节的种种活动逐渐应需而出现。

清明节的核心内涵和情感本体是缅怀先人，价值取向是提升生命意义，文化功能是凝聚族群、和谐天人。

（1）纪念先人、先烈、先贤。祭奠亲人的扫墓活动、祭祀祖先和民族始祖的祭祖活动，现已发展到缅怀革命先烈，还可以再扩及先贤英杰，包括民族英雄、杰出历史人物。爱祖国从爱家乡开始，先贤是家乡的历史和山川风物的灵魂，祖国的大小城乡遍布英杰的足迹，清明节时组织青少年到英杰陵园或墓地扫墓，到英杰纪念碑、纪念馆、故居、遗迹瞻仰献花，举行入队、入团、成年礼等仪式。城乡各地都可以选择适当地址举行清明公祭，首都可在天安门广场的人民英雄纪念碑举行国祭。这些都是非常生动具体的爱国主义和民族精神教育，也是凝聚全世界中华儿女之心的文化举措。

（2）墓祭、网祭、文明祭。扫墓时大多数人已经不相信阴间之说，更不相信焚烧成灰的纸钱冥币可以为先人所用，因此多用鲜花代替纸钱和祭品，反映了现代人文明程度的提高。在城市，一般以火葬代替土葬，使死人不再与生人争地，也有利于生态环境的改善，清明时节人们到公墓探望，擦拭护理先人的骨灰盒，敬献鲜花，进行祭奠活动。随着科技的发展，近年出现了"网上墓园"，人们可以在这种虚拟的墓园里设置已逝亲人和祖先的一块墓地，清明时可以在这个网上专页中献花、留歌、点烛、留文，表达怀念和敬慕。祭奠死者，本来就是为了满足一种精神需要，是一种精神活动。网上纪念，可以跨越时空，让被纪念者的生命精神长远流传，让纪念者与被纪念者的精神交流和对话超越时空的限制而进行。这种祭奠方式方兴未艾，正在极大的想象空间中发展。近年，又出现骨灰室和公墓的人性化发展。据报载，广州殡葬管理部门正着力改造传统意义上的火葬场，新建公墓新创家居式骨灰寄存模式来方便市民在隔间单独祭拜先人。在墓地外也将兴建大型景观墓地，过去墓碑密布的坟场形象将被公园式墓地取代。此种尊重清明节的固有情感内涵，将私密性与环保性有机结合的公墓，有很大的可行性。

（3）植树、环保、春游。清明节的情感本体是纪念先人，文化功能是凝聚族群，价值取向是提升生命意义。清明郊外上坟后顺便踏青，这也是节哀自重转换心情的一种调节，趁势可大力发展郊区旅游业。为了顺应清明时节阳气上升、万物萌动之理，人们开展了多种多样的迎春健身活动，如荡秋千、放风筝、蹴鞠、拔河、斗鸡等。同时，清明插柳之风可发展为植树造林之举，民谚说："种树造林，莫过清明。"我国民主革命的先行者孙中山先生很重视植树造林，他的意愿是将植树节放在清明节。按他的倡议，1915年北洋政府就正式颁布以清明节为植树节。1984年北京市定的"全民义务植树日"即临近清明节。北方地区可以把清明节发展为植树节、环保节。当人们发现，在清明播下的希望种子，几度春秋后，郁郁葱葱的满目绿意弥漫过来时，会感到生命之树常青，那就是留住了春天，也留住了生命。当越来越多的人在清明时节参与植树、环保活动时，植树留春、环保护春的新节俗也就形成了。

端午节

端午节至少可以从卫生、体育、文艺三方面发展节俗：

（1）夏季将到，天气日益湿热，百虫和细菌繁殖快，疫病易生。所以人们需要一个全民的"卫生防疫节"——端午节。在古代，端午节人们洒扫庭院铲除虫菌滋生地，用雄黄水、雄黄酒消毒，佩带防疫健体的各种香囊荷包，采集各种药材备用，烧药草汤洗浴，富有民俗特征的还有悬插"艾虎"和"蒲剑"等。现在可以从原来的辟灾驱疫保平安的活动发展为全民的迎夏卫生活动，把爱国卫生日设在此日。

（2）以举办各种层次的龙舟比赛为核心，推动民间群众性的体育活动，激发节日热情，端午节可以成为龙舟节、群众体育节。

（3）屈原已成为中华诗魂、端午节魂，可以从吃粽子、纪念屈原发展为设立诗歌节，推动诗和歌的创作、唱诵。抗战时西南后方曾这样做，这两年中央和一些地方也联合这么做。

七夕节

七夕节的乞巧等节俗已难吸引现代青年，爱情主题日益突出。青年人很需要表达爱情的节日，于是被2月的西方情人节所吸引。其实，中华民族早有自己的情侣节。七夕节有2000多年的历史渊源，有遍及神州的民俗基础，有牛郎织女的忠贞形象和优美故事，有丰富多彩的文学艺术，积淀着深厚的民族文化、民族心理、民族精神，理应成为中华民族的情侣节。

中秋节

中秋节的主调是人月双圆、和谐圆满。

（1）月华桂影。"月到中秋分外明"，加上这时正是秋收季节，丹桂飘香，真是：中天一轮月，秋野万里香。人的心情好，中秋赏月成为全民族的习俗。登高人近月，水清月近人。登高和临水的赏月胜地最多。寄情山水，爱花赏月，是国人调整身心的一种好方式，也是热爱生活、热爱自然的表现。可以开展多姿多彩的赏月、赏桂活动，包括开辟中短途赏月、赏桂旅游线。

（2）团圆和谐。天上月圆，地上人圆，花好月圆人团圆。"圆"对中国人有特殊的含义，中国古代认为天是圆的，圆是完整的，没有偏缺，所以叫圆满。月亮圆满时也希望人间圆满，首先就是团圆。夫妻团圆，亲人团圆，骨肉情深，家庭和睦，温馨和谐，安享天伦之乐，这在国人的幸福指数中占有重要位置。团圆是一种群体意识（一个人不存在团圆不团圆），不是个人独好，而是周围的人都好，大家团聚和谐。团圆又不限于家庭，团圆是国人的生活愿景，是国人追求的生命情调。表现为对亲情、友情、和谐、美满的祈求。中国人讲"国家"，国是扩大了的家。团圆扩大到全民族的团圆，这是中华民族凝聚力的重要精神元素。国家的团圆就叫金瓯无缺，领土完整统一。所以不可轻看团圆意识，这是爱家爱国的深层心理元素，是建设和谐社会的精神资源。就这主题可开展家庭、社区、社团等各个层面，乃至海内外的节庆活动，增进团结，增进和谐。

重阳节

随着世界人口老龄化，倡导尊老敬老需要设立老人节，联合国的做法值得我们体味：它不是把某强势文化的老人节指定为"世界的"老人节要各国追随；1982年第36届联合国大会第20号决议提出，建议各成员国政府自己确定一个日子为自己国家的"老人节"。主题相同，具体日子不同，"和而不同"，尊重各国的不同文化的选择，从而各国有各国自己文化个性的老人节。美国是9月的第一个礼拜日，日本是9月15日，韩国是5月8日，智利是10月15日等。不强求"一体化"，这是成功的范例。1989年，我国政府决定以本来就蕴含着敬老内涵的重阳节定为中国敬老节（老人节），使这一传统佳节又增添了新的内涵,这是发展传统节日和保护非物质文化遗产的范例。重阳节既是中华敬老节,也是中华父亲节。

三、设立重要人伦节日

包括伦理道德规范在内的价值规范系统,是一切文化的核心,也是我们建设新文化的核心课题。

在一个多世纪的时间里,中华传统文化经历了三次浪潮的冲击。第一次是洋炮轰击下的自我否定。第二次是"革命"名义下的"彻底决裂"。以权力来推行,以"运动"来裹胁,全民都被卷入,杀伤力深入社会基层。第三次是洋风吹拂下的失忆冷漠。第二次浪潮刚刚结束,人们还来不及文化康复,西方强势文化就以时尚的装束乘着商业飓风席卷而来,许多人对传统文化的失忆状态还在继续,对生我育我的中华文化缺少温情和敬意,对振兴中华文化的呼声反应冷漠,不想进行文化反思以提高文化自觉,道德价值在经济理性冲击下复苏步履维艰。

2002年党的十六大报告明确写道:社会主义思想道德体系要与中华民族传统美德相"承接";2006年支持李汉秋在全国政协第十届第五次全体大会上建言《弘扬仁义礼智信》;2008年采纳李汉秋等的建议将传统节日清明、端午、中秋、除夕列入法定节假日;等等。

在以阶级斗争为纲的年代,政治是社会生活的主旋律,政治化的国家伦理规范独尊,百姓日用伦常不被关注,甚至被冲击。进入新时期后,1992年党的十四大提出要加强"社会公德"和"职业道德"两大领域建设,到党的十四届五中全会加上一个"家庭伦理道德"(后改为"家庭美德")建设,到2007年党的十七大又加上一个"个人品德"建设。至此已注意到道德的四大领域。与此相应,引导人们自觉履行的除"法定义务、社会责任"之外,还有"家庭责任",并说要"用正确方式处理人际关系"。至此可以说已注意到百姓日用伦常，而我们的传统美德本来就深深扎根于百姓日用伦常之中，我们的新道德建设应当继承传统美德的这一优良传统，弥补过去几十年的缺失，下大力气建设百姓日用伦常规范。

在中国伦理思想体系中，人伦关系占有重要位置。先秦原始儒家讲的"五伦"，有的（如君臣）已不适于今，现代最重要的三大人伦关系应是亲子关系、夫妻关系、师生关系。继承中国人伦关系的双向互动的优良传统，我们现代的三大人伦关系应当是在人格平等基础上的、互惠互动的、双向的人伦义务：亲慈子孝、夫妻情爱、师生恩义。这样的人伦关系充溢着浓厚的人情味。人们对人伦规范认同的过程在很大程度上是情感内化的过程，人们的伦理关系和道德行为具有情感化的倾向。

节日是人们祈愿的生活状态，具有丰富的理想因素和情感因素，具有提升精神的作用。节日是好载体，它有几大优势：首先是广泛性，群体性参与，覆盖面广；其次是周期性，每年周而复始，不断重复强调，入心至深；最后是欢娱性，寓理于乐，而且有丰富的感情色彩，以情动人。即使从文化普及和教育推广来说，节日也具有无可比拟的优越性。我们的人伦规范建设，怎么能不重视这么好的载体？怎么能不建立咱们自己的重要人伦节日？

我国的传统节日一般都是综合性的，缺少单项突出的人伦主题节日，如情侣节、母亲节、教师节等；而现代社会又很有表达这种人伦感情的需要，于是西方的此类节日就乘虚而入。但异质文化的人伦节日难以承担传承中华人伦传统之任。而且长此以往，势必影响中华文化的主体地位，不利于民族精神的弘扬和培育。建议主动设置植根中华文化土壤的以夫妻、母子、师生三大人伦关系为主题的情侣节、母亲节、教师节，以推进三大人伦规范的建设。

中华情侣节（七夕节）

如前所述，1989年我国政府决定以重阳节为中华敬老节是个成功的范例，现在可以照例以七夕节为中华情侣节。

爱情是永恒的题目，情侣夫妻是最基本、最重要的人伦关系之一。以牛郎织女为形象代表的七夕情侣节，不是单属未婚情侣，而且涵盖各个年龄段的夫妻情侣。七夕爱情观强调的是婚姻自主而非屈从外力，看重的是人格人品而非权势财富，赞扬的是忠诚坚贞而非轻薄浮浪，追求的是精神高尚而非一时情欲，赞赏的是勤劳持家而非好逸浮华。这是中华民族优良传统的一种表现，而且与时代精神相融通，是现代人应当继承发扬的，是有利于新时代精神文明建设、抵拒不良风气影响的。在建设和谐文化体系的今天，我们应当从传统七夕节所固有的文化蕴涵中，提升出积极健康的爱情观，作为中华情侣节的精神，并创造出适合今日人际交往和社会活动的节庆方式，把传统和时尚融通起来，年复一年地发展出为广大群众所喜欢的七夕中华情侣节。祈请各级党政职能部门，一方面积极支持、鼓励开展七夕中华情侣节的健康活动；另一方面在适当时机以适当方式宣布七夕节为中华情侣节。我们的美术家可以设计"鹊桥会"等工艺美术品，音乐家可以将秦观的《鹊桥仙》谱为情侣节歌，民俗学家可以将七夕乞巧的民俗介绍给大众，文学家可以介绍和创作赞颂七夕的佳作，商家照样可以推出适时令的花卉和应节礼品，等等。

中华母亲节（孟母生孟子 农历四月初二）

母爱、爱母，是天然形成的相辅相成的两个方面。爱子必然教子，母爱必然提升为母教，落实在母教上。母亲的素质决定着人类和民族的未来。母亲教育是民族素质建设和人才资源开发的原始性、长久性的基础。因此，有识之士不断呼吁要重建母亲意识，发扬母教传统，振兴母教文化。人们很自然地想起了"孟母教子"的中华传统。我国历史上有不少很伟大而且很有影响力的母亲，孟子的母亲仉（zhang）氏是最突出的一位。两千年前汉代韩婴的《韩诗外传》和刘向的《列女传》就有翔实记载。近 800 年以来中国最普及的儿童读物《三字经》中有："昔孟母，择邻处。子不学，断机杼。"中华儿女耳熟能详。中华母亲节应当发扬这种优良传统，这是中华母亲节不可或缺的一个方面。爱子和孝亲是双向互动的。父母给予子女生命，对子女有一种出于本能的无私的慈爱。子女在母体中孕育成长，本来就依恋父母，又不断感受到父母的教养之爱，很自然地滋长着亲情回报的爱心，这种知恩、感恩、报恩的情感、品性、行为就是孝。这是人性的自然感情。我们中华母亲节一面提倡母爱、母教，一面提倡爱母、孝亲。人类的美好感情，包括体验和感受感情的能力，需要精心保护、加意培养。如果家庭里的"小皇帝""小太阳"认为父母为他所做的一切都是应当的，对亲情已经麻木，不会感知爱，那就不懂亲情回报，不会报答爱。从小以个人为中心、不懂得孝亲，长大后就是自私的人，不懂得奉献。设立中华母亲节，就是为了让天下父母的爱心有一个得以彰显、让人认真体认的节日；让天下子女的孝心有一个受到唤醒，并精致表达的节日。异质文化的母亲节既难以传承中华的母教传统，更难以传承中华孝亲传统，而这两方面正是中华母亲节的内涵。我们要在经济全球化的挑战中，坚守住中华民族的精神家园；在捍卫世界文化多样性中，展现中华母亲节文化的光彩。

不同文化的母亲节形象代表都有不同的文化个性，流淌着自己民族文化的血液，承载着自己民族的民族精神。美国母亲节是美国文化的产物。最初提出此想法的贾维斯夫人，其是当时美国格拉夫顿城教会主日学校的总监，美国南北战争后她在学校里负责讲述美国国殇纪念日的课程，讲述美国南北战争中捐躯英雄的故事，她提出应当设立一个母亲节，以慰藉为国贡献出英勇战士的母亲们。她的愿望未实现便逝世了，她的女儿安娜·M. 贾维斯（1864—1948）终身未婚，一直陪伴在母亲身边，1905 年她母亲逝世，1907 年她开始为母亲遗愿正式发起创设美国母亲节，得到教会、教堂的支持，她纪念其母的活动与教会仪式相结合，于 5 月的第二个礼拜天在教堂举行。经过七年的努力，1914 年美国总统威尔逊宣布美国母亲节就定在 5 月的第二个基督教礼拜天。从上述可见，美国母亲节同美国历史、美国宗教有不解之缘，有鲜明的美国文化的印记。在世界多数国家未有自己母亲节的情况下，随着强势文化的推行，有些人跟着过美国的母亲节，但远非"世界的"。欧洲文化跟美国文化很密切，但许多欧洲国家仍有自己的母亲节，法国在美国的 14 年之后即 1928 年才设立母亲节，也没有跟着过已有的美国母亲节，而是定在 5 月的最后一个星期日；葡萄牙、西班牙、瑞典、匈牙利等也没有跟着过美国的母亲节。同处美洲，尼加拉瓜在 5 月 30 日，阿根廷在 10 月的第二个星期天。非洲的埃及、南非、中非共和国等都有自己的母亲节。亚洲国家印度尼西亚的母亲节是 11 月 22 日，泰国 1976 年宣布 8 月 12 日为自己国家的母亲节，韩国、印度、黎巴嫩等都没有趋同美国。阿拉伯国家大多数都以 3 月 21 日"春分"为母亲节，都根植于自己的文化。据不完全统计，世界上已有 40 多个国家设立了自己的母亲节。

中华父亲节

2010 年中宣部等中央七部委发布的《关于深化"我们的节日"主题活动的方案》说：重阳节应突出"敬老孝亲的主题"。增添了"孝亲"，九月初九重阳节是中华敬老节，可以同时作为中华父亲节。古人以奇数为阳数，偶数为阴数；天为阳，地为阴；男为阳，女为阴。九是最大的阳数，"重阳"适宜做父亲节。

黄帝是中华民族的人文始祖，是由母系氏族过渡到父系氏族的代表。中国古代就有黄帝于九月九日乘黄龙上天的传说，从汉代以来，人们便在这一天祭祀黄帝。把重阳祭黄帝的这一天作为中华父亲节，可以说是顺理成章。

经历了艳春和炎夏，到重阳，秋高气爽，天宇朗彻，犹如上了年纪之人，阅历了人生，神清气定。面临冉冉将至的肃冬，重阳珍惜生机，珍惜生命。暮秋再次呈现大自然的生机，犹如人的暮年再度释放生命的辉煌，暮色降临仍有光辉。"不似春光，胜似春光"，"莫道桑榆晚，为霞尚满天"，成为主旋律，在重阳诗词中不断奏出，表现出"烈士暮年，壮心不已"的心态。与此种心态相融通，登高赏红叶和赏菊成为重阳的重要活动。

秋高气爽，人们开展登高健身活动不亦乐乎！遥岑远目，层林好像喝了醇厚的美酒，在夕阳晚霞映照下，万紫千红，如火如荼。红叶虽不在春天与群芳争艳，却在重阳霜秋呈现劲姿神韵，依然流丹溢彩，芳菲凝定，旖旎壮观，正是"只言春色能娇物，不道秋霜更媚人"。霜叶胜火红，秋菊赛金黄，人们对不畏严霜的菊花有特殊的感通。人淡如菊，晚节自香。赏菊簪菊之俗逐渐盛过佩茱萸的古俗。许多城市的园林绿化部门在重阳节举办菊展、举办"赛菊会"。悠闲的老人或东篱采菊，或浅酌对菊，安享"黄菊清樽更晚晖"的乐趣。亲友互赠菊花，祝贺人如秋菊老当益壮。凡此种种都在尊老敬贤为仁者寿，祝愿老人颐养天年。

中华教师节（孔子诞辰日）

1.教师节的流变

孔子是中国的第一位教育家、中国教师的鼻祖，被后世公认为"万世师表"，以孔子为教师节的形象代表源远流长。据专家考察，我国尊祀孔子的制度化与公元同其始，即从公元1年开始。唐太宗贞观四年（公元630年）下诏州县皆立孔庙，标志着全国性的祭祀孔子。唐以后，从中央到地方各级官方学校旁均立孔庙逐渐成为定制。宋徽宗时，孔子已成为学校中"释奠"礼的中心。

到清雍正五年（1727年），据《清史稿》记载，"定八月二十七日先师诞辰，官民军士，致斋一日，以为常"。这表明，已定孔诞为全民性的节日。因其全民性，已经具备了作为节日的基本特征。清光绪二十九年（1903年）学校制度改革兴办学堂时，在学堂管理通则中就明确规定"至圣先师孔子诞日"为"庆祝日"。1939年民国政府相沿确定以农历八月二十七日孔子诞辰为教师节（后来换算为阳历是9月28日）。

中华人民共和国成立后，1951年决定以五一国际劳动节为教师节。1985年又决定以9月10日为教师节，但未考虑这日子本身有无特定的文化内涵，对于弘扬中华师道文化和培育民族精神有无特定的底蕴。这受当时条件的制约，我们无意苛责。只是由此说明：就在最近短短的几十年中，教师节也是在随着人们认识的变化而改变的。而这几十年，在漫长的历史传统中是很短暂的，不是不可变的。随着我们对传统认识的转变，我们的教师节也应当转变而继承优秀传统。

2.建议先以孔诞为中华教师节

节庆日有的是世代相传，我们已无权择日；有的新定节日是由我们自己择日的，就应当考虑这日子是否有历史文化内涵。例如，教师节，应当是很有文化内涵的节日，以孔诞作为中国教师节是非常合适的。经有关部门研究测算，孔子诞生于公元前551年9月28日，这日子也恰当其时，新学年开始时的繁忙已经过去，可以有时间筹办教师节和国庆节。

孔子是中国文化的象征，他在中国文化和教育传统的形成发展中发挥了广泛、持久而深远的影响。孔子思想是具有强大凝聚力的中华文化的重要组成部分。作为"万世师表"，孔子在2500多年前就提出了极其宝贵丰富的教育思想，至今还不失其积极意义。孔子的重要教育思想包括：有教无类、因材施教、启发诱导、举一反三、温故知新、学思并重、教学相长、循序渐进、言传身教；以及礼、乐、射、御、书、数"六艺"教育。而"学而不思则罔，思而不学则殆""学而不厌，诲人不倦""敏而好学，不耻下问""学而时习之""发愤忘食，乐以忘忧""后生可畏""当仁不让于师"等经典名句，为世人熟知，流传千年。孔子博大的教育思想和卓越的教育实践，是中华民族教育精神的集中体现，其精华具有长久的魅力。

现在的教师节，多是学生为老师庆祝节日，侧重于培养学生的尊师。这应该是教师节的一个方面，可教师节还应具有另一层也许更为重要的内涵。教师节首先是教师自己的节日，通过节日可以使教师进一步培养为人师表的职业意识，提高自身的职业素养，增强对所从事职业的敬意。以孔子为形象代表显然有利于丰富教师节的文化内涵。况且，在中国的台湾、香港等地，以孔诞为教师节已经多年了，从国家的统一与民族文化历史认同的角度考虑，以孔诞为教师节也是很有意义的。希望在不久的将来，孔诞成为全体中华儿女的教师节。

孔子已成为举世公认的人类文明史上最伟大的思想家和教育家之一，是人类文明史载以来的第一位教师。美国出版的《名人年鉴手册》列出世界十大思想家，依次排在前头的是：孔子、柏拉图、亚里士多德等。1988 年 1 月，世界各国的诺贝尔奖获得者在巴黎开会，会议传出声音说："如果人类要在 21 世纪生存下去，必须回望2500 年，去汲取孔子的智慧。"2005 年 9 月 28 日，全球首次联合祭孔活动在世界各地的 30 多家孔庙同时进行。令人高兴的是，联合国教科文组织已决定颁发"孔子教育奖"。对孔子的崇敬表现了对中华文明的尊重。

在孔子的祖国，我们更应当举起这面旗帜，这不仅有增强尊师重教的现实社会意义，而且能体现中国教师节丰富的文化历史内涵。2005 年我国决定把在国外建的汉语学院都称"孔子学院"，福建省人大常委会决定以 9 月 28 日孔诞为全省"终生教育日"，中国人民大学以 9 月为"孔子文化月"，这些都为以孔诞做教师节做了准备，可以说已经是万事俱备只欠东风了，我们期盼全国人大常委会和教育主管部门能够顺应民心，采取相应举措。

从 2004 年开始，我以政协提案的方式几次呼吁以孔诞为中华教师节。有关职能部门都肯定提案的理由，答应在修改教师法时负责转达我的建议。2012 年 9 月，教育部又答复同意我们的意见，修改教师法已列入立法规划，待全国人大常委会做决定。

四、几点建议

（一）加强领导

1. 设置职能机构

节日体系需要与时俱进不断发展，节日每月都有，而且年复一年不断往复，这就亟须加强领导和研究。当务之急是需要确定职能机构和专人，职司此项工作，不仅狭义地"管理"，而且要从事研究和设计创新、规划和领导。包括指导商家以弘扬中华优秀文化为重，优先设计和营销中华节日标志产品。

2. 颁行指导日历

日历，是国民生活的日程表。传统社会的"皇历"多由朝廷统一颁布。我们现在社会上出现的各种日历很不统一，建议责成一个职能部门，或委托人民团体（如中国民协的节庆委员会），制定每年的国家指导日历统一颁布。日历逐年改善的过程也是积累经验完善中华节日体系的过程。

3. 设置佳节示范点

上述九大佳节可分别挑选有基础办得好的城市和单位，作为示范点。如 2008 年中央文明办和全国文联在绵山办清明节，在汨罗（还可在秭归）办端午节等。还可设想在晋中办元宵节，在北京大学办中华母亲节、中华父亲节，在中国人民大学和北京师范大学办中华教师节等。如果同一佳节的示范点有多个，也可每年轮流。

（二）加强宣传引导

媒体在设置公众议题、引领公众声音方面的作用是无可替代的，特别是网络、手机报等新兴媒体的不断发达，这种引领舆论的作用越发显著。近十年来，传统文化和节日在人们心中的地位日渐提升，但近百年的轻贱所造成的认知断层和感情淡漠却依然不容忽视。面对此种现状，媒体有责任也有能力将重心向中华传统节日倾斜。可用专家访谈、博客、事件报道等各种方式，不断向公众传递一种信息：过好传统节日与我们每个人都息息相关。

（三）广泛吸引群众热爱中华节日

热爱中华节日是热爱中华文化的表现，是中华民族归属感和认同感的表现，我们应当怀有温情和敬恋之情。

过节要注入感情。我看很多回忆传统节日的文章，都充满了亲情、友情和爱情。回忆自己小时候怎么过节，不是讲怎么吃粽子、吃月饼，而是注重在包粽子、吃月饼过程中体验到的情感和人生感悟。过去人过传统节日很重视亲情的渗透、体悟和表达，很重视家庭和家族的情爱，这是真正沁人心脾，使人终生不忘的因素。这也是从幼年开始在发育成长中，心灵经过一次又一次的洗礼，是终生回味的东西。我们现代人继承这份遗产时，确实要好好考虑一下在过节时的亲情表达、亲情体悟。如果我们忽略了表达感情的方式，忽略了怎么营造表达情感的环境，只是买一个粽子，那就会像有些人讲的，光吃粽子有什么意思。所以，我们做父母的也好，做子女的也好，都要考虑在节日里怎么表达感情，怎么把感情表达得动人。

（四）开发节庆文化产业

节日一定要有乐趣、有魅力。过节时人们总是彼此祝福"节日快乐"，显然"快乐"就是节日的基本内容。大家平时工作紧张、压力很大，就是想在节日时放松一下心情，休养生息一番。

由此反省一下我们的传统节日，现在是不是过得有些太严肃了？当下很多年轻人喜欢过洋节，觉得洋节好玩。有的人羡慕狂欢节，"看人家多热火"。我觉得中国人是比较内敛的，不太喜欢张扬的个性，因而传统节日并非一味狂欢，也不是一味强调玩乐，但它除了有自己的文化内涵，有家族的典礼仪式以外，还一定要有好玩的内容，一定要有乐趣，唯其如此才能够吸引人，尤其是吸引年青一代。让年轻人爱上传统节日是十分重要的，因为他们是未来。传统的节日如何让大家愿意过，过得高兴，这是需要想办法的。在这方面文化产业可以做很多事情。

佳节需要商业推销，佳节为文化产业提供了巨大的商机。动员商家把炒作洋节的热情转移到中华佳节上来，为弘扬中华文化做贡献。

中秋节可以举办赏月、赏桂活动，重阳节兴办赏菊、赏红叶胜地游。久负盛名的杭白菊、滁菊，不仅可以做菊花茶，而且还能制作菊花酒、菊花宴，进而可以依托杭州西湖、滁州琅琊山发展重阳赏菊游。

（五）加强理论研究、设置研究项目和机构

把佳节研究和产品开发列为研究课题，进行招标，并鼓励设立研究机构。发动企业和社会各界为佳节设计节令标志物、纪念品、食品。如中华母亲节的节花是否沿用古代的萱草花？中华情侣节的节花除西方的玫瑰之外可用什么？等等。发动艺术家为佳节创作歌曲、曲艺、戏剧等文艺作品，争取每个佳节都有节歌和标志礼品。

附：中华节日体系基干表（按时序排列）

元旦	端午节
中华年（春节）	七一中国共产党建党纪念日
元宵节	八一建军节
三八国际劳动妇女节	七夕中华情侣节
清明节	中秋节
五一国际劳动节	中华教师节
五四青年节	十一国庆节
中华母亲节	重阳（中华敬老节、中华父亲节）
六一国际儿童节	

非物质文化遗产保护意义和现状

田青

我最近这几年在搞非物质文化遗产保护，所以，今天非常有幸和大家分享一下我们国家非物质文化遗产保护的情况。今天主要讲一讲我国非物质文化遗产保护的意义和现状。

一、什么是非物质文化遗产

"非物质文化遗产"这个词，是近几年才出现的，而且刚念起来的时候，非常拗口。这是一个很陌生的带着翻译味道的词，因为这个词最早是日本人首先使用，他们叫无形文化财，无形文化，后面有个财产的财，日本1952年就颁布了无形文化财的有关法律，后来这个概念由日本人带到了联合国的教科文组织，因为联合国教科文组织现在的总干事是日本人，叫松浦晃一郎（驻期1999—2009）。一个日语翻译成了法语，再翻译成英语，然后再由我们搞外语的这些专家根据英文翻译回来，就把"无形文化财"这五个汉字表达的概念，变成了"非物质文化遗产"。

那么，也很奇怪，也许正是因为这个词，这个概念带着翻译的痕迹，一个念起来不是很舒服的中国话，所以反而在一个特殊的环境下，很迅速地变成了一个热门词。"非物质文化遗产"这个词最近这几年，尤其从 2006 年开始，一下子变成了一个热门词，2007 年，中国十大主流媒体评选 2006 年的关键词，其中一个关键词，不叫关键词，叫热门词，就是非物质文化遗产。

我当时开玩笑，这个词很生僻，所以中国人感兴趣，就像 WTO，我们要是不用这样的一个英文的缩写，就说是国际贸易组织，恐怕中国人不会家喻户晓。咱们就是用这个 WTO，全中国各个阶层，现在一张口都是 WTO，你看大家都知道了。因为，我们整个民族现在正处在这么一个阶段，就是一个经济的高速发展，同时，就是对外来的文化，有一种天生接受的愿望，当然这个是表面现象。

二、非物质文化遗产保护成为热门

为什么非物质文化遗产保护，这么一个概念，短短几年的时间，成为一个全社会的共识？政府大力的投入，群众组织也做了大量的工作，各种媒体都把它作为一个重大的新闻或者一个热门的报道对象来报道。而广大老百姓也付出了高度的关注和热情，我想，其中最主要的原因，就是我们的社会，今天发展到了这么一个阶段，什么阶段呢？就是古人所说的，衣食足然后知礼仪。物质生活基本满足之后，人们才会有可能关注精神生活。

假如是 1961 年、1962 年，在那种情况下，我们提保护非物质文化遗产，那绝无可能，在"文化大革命"期间，也没有可能。因为我们现在的绝大部分非物质文化遗产在"文化大革命"期间都被扫荡。当时认为封建的东西，都是腐朽的、没落的东西。所以，今天我们的经济发展到了这样的一个程度，国力增强，老百姓的生活富裕了，很多地区已经进入小康，那么在这种情况下，我们才有可能回顾我们的历史，也才有可能对我们的来路重新产生浓厚的兴趣。

一句话，经济是基础。经济发展到今天，人们物质生活，得到很大的提高，在这种情况下，现代化在取得巨大成功的同时，人们开始反思现代化背后的一面。

这个东西在现代化之初，你不可能想到。比如说，我们现在的城市建设，现代化的一个重要内容就是农村的城市化，这是个大好事，而且是亿万人民尤其是农民梦寐以求的事情。但是随着城市化进程的加速，随着我们一个又一个大城市的现代化改造成为一个热潮，在这个时候，你才有一天忽然发现，你下了飞机到一个城市，你不知道这是哪里。因为你忽然发现中国的所有城市，都是一模一样了。你怎么能够有这样的一个发现呢？你可能就是忽然感觉到，怎么我到保定和石家庄一样呢？到石家庄跟杭州一样，到杭州和苏州一样呢？怎么都一样呢？

而我们过去，比如在20世纪六七十年代，中国的每一个地名，对于我们都是一个特殊的符号，都带着一个特殊的形象，都是一幅特殊的图画。毛主席当年讲哲学的时候，举过一个例子，他说没有抽象的人这个概念，只有男人、女人；没有抽象的房子这个概念，只有天津的小洋楼、北京的四合院。毛主席用的这个例子，其实就是说明，每个城市和人一样，你表面看，就像我们刚改革开放、开发过程都一样，分不清。很多外国人看我们中国人，他也看不清。但是，你仔细地深入，就发现，有区别的。那么，我们现在的这个城市的概念，就变成模糊的了。所有的城市都按照一个模式在建设，全是高楼大厦。比如说，香港维多利亚港中银大厦，是一幅情景；现在常常就是浦东的这个情景，然后，所有城市都按照这个做。结果，最后所有城市的特色没有了。不但这个建筑没有了，地方的文化也基本消失了。过去，我讲最简单的例子，我长期在京津两地生活，天津和北京，在我小的时候，就是天津、北京招牌上的书法风格，就离这么近，100多公里，招牌的字都不一样。后来，我发现，到西安，它的招牌的字也是一种风格。天津就是华士奎，就是劝业场那几个大字，是最典型的。然后其他所有的买卖家，都是照着华士奎，老颜体上来。所以，到了天津一看就是老颜体。到北京是另外一个风格了。到了洛阳，到了西安，招牌上的书法都有不同的风格。它有一个共同的风格存在，当然不是说都一样。但是，你总能找到它的不同来。再加上地方戏曲、地方曲艺、地方音乐，每个地方都有自己独特的文化。

现在这种文化的多样性，已经消失了很多。文化的趋同性，也就是文化的这种同一性和经济一体化，带来的这种文化的一体化，现在是触目惊心。

我们中国很多传统的艺术、传统的文化，现在就是"奄奄一息"了，就像老建筑被拆了一样，再也没有可能重现了。我们现在很多地方，就拿我们北京来说，北京的平安大道，那年改造还是北京市政府一个大举措，但是北京平安大道改造以后，它那里招商，起码有两三年，没有人去租它的房子，空了很长一段时间。为什么？就是那个改造的思路，是有缺陷的。第一，你改造它的过程，现在实际上看起来，就是把老的、旧的、明清的建筑拆掉，建立新的一模一样的仿清建筑，就是用仿清建筑代替了真的明清建筑。而同时，又没有考虑现代的需要。为什么它的门面租不出去？门口没法停车，没有预留停车位、停车场。像这样的城市改造，起码还尊重了一个审美上人们的需要，还是搞了一个仿清的建筑。但是，很多地方，就完全把旧的建筑毫无保留地推倒，每一个新官上任之后，放的"三把火"，都有修路、搞广场。结果，现在你看中国，每一个县城，恐怕这也是雷同的。每一个县城都一个草坪，或者一个广场，草坪上还都弄一个抽象的不锈钢建筑，三根棍举着一个大圆球，底下写着走向世界。或者，一个不锈钢拧成一个大麻花，不知道是什么东西，底下写着奋进等。拆掉的东西，恰恰是不可复制的东西。你为铺这个草坪，把一个可能是 500 年的大杨树、大柳树、大槐树给锯掉了，然后草坪的周围还插几棵塑料椰子树。地不分南北，人不分老幼。这样的城市建设，把历史拿巨大的现代化橡皮，毫不留情地抹掉。

当然，这里面有好多的无奈。每说到这里，我总想起我们小时候学过的一首歌，是一首内蒙古的歌曲，就是我骑着马儿过草原，牛羊肥壮驼铃响，远处的工厂冒青烟。那个时候唱远处的工厂冒青烟觉得真好。就把工业化的这个场景，当成我们的一个奋斗目标，我们的一个理想。但是现在，随着这个工业化、现代化的进程，我们才懂得了，也就是我刚才开始讲的，我们的经济发展到一定程度，才会想保护非物质文化遗产，我们只有工业化的时候才发现，远处的工厂冒青烟，是污染。那么，我们就是在这个工业化、现代化过程当中，首先是取得了巨大成就，这一点毫无疑问。而且这个成就的巨大，我们可以自豪地说，是人类历史上没有过的，是空前的。

年轻的时候读《资本论》，有一句话非常费解，就是共产主义的这个定义，思想的极大自由还有就是物质的极大丰富，当时不懂得什么叫物质的极大丰富。我们当时几个年轻人想到的是，粮食定量从 32 斤涨到 50 斤，随便吃，每顿饭能够三个大馒头，是不是就是物质极大丰富了？这个就是我们那个时候想到的一个理想。我们那个时候跟农民讲搞社会主义，很通俗的解释就是天天吃饺子，农民一听天天吃饺子，好啊！跟你干。那个时候，天天吃饺子，那不可能啊，一年只有春节才能吃一次饺子，天天吃饺子，那社会主义太好了。

我们今天物质极大丰富之后，才发现在这个过程当中，我们丢了很多的东西。像我曾经举例，我们在向现代化的目标迅跑的时候，（这个迅跑是鲁迅的一个词，只有他用过。我非常欣赏，我总用这个词，什么叫迅跑，就是迅速地跑，就是飞快地跑的时候）我们不可能瞻前顾后，我们使劲儿跑，玩命跑的时候，就只能往前看，无暇旁顾，更无暇回顾来时之路。跑到最后，我们也可能现代化了，跑到现代化的终点了，但是忽然发现我们竟然赤条条了。我们可能变成现代化的现代人，但是，不是现代化的中国人。

我们总说"80后""90后"，现在就拿"90后"来说，一个"90后"北京的年轻人，和"90后"纽约的孩子、巴黎的孩子、首尔的孩子、东京的孩子，有什么不同吗？除了他们的皮肤不一样，他们都讲英文，每天上的因特网，全世界同一个时间看同一场球赛，什么火箭队和湖人队，同一天看一个大片，然后下载同一首流行歌曲，他们做的梦也都是一样的，要一双最新的耐克球鞋，最新款的阿迪达斯的球衣、运动服，牌子全世界都是一样的。是吧？他们的追求、他们的梦境完全一样了。那么，我们过去总说世界大同，小的时候觉得世界大同也是梦想，忽然有一天，我们发现，不但物质极大丰富，而且世界大同就在眼前，这些孩子没有区别。那么这些是我们追求的吗？是我们要的吗？

所以在这种情况下，我们把保护非物质文化遗产这个概念一提出来，就得到从中央到普通老百姓高度重视，因为这个文化背景，就是现在我说的这个背景，使越来越多的人认识到，非物质文化遗产是什么？它是我们民族的 DNA，是我们民族的记忆，是我们民族的精神。

2007 年时任国务院总理温家宝在参观非物质文化遗产展览的时候，他说，我们这些物质的文明就是文象，而我们非物质文化遗产是文脉，他说"无文象不存，无文脉不传"，非常辩证地把物质文化和非物质文化这个关系讲出来了。我们现代化的未来绝不是抹杀我们的民族特性，绝不是中断我们的民族记忆，绝不是中断我们的历史。我们不会拿中断历史做代价来换取现代化，就是最终，我们是现代化的中国人，而不是没有民族记忆的一个现代化。这"记忆"两个字，我觉得大家应该认真想一想什么叫民族的记忆，就是我们民族共同的记忆。一个个体失去记忆是可怕的，个体失去记忆是什么人呢？就是那个日本电影《追捕》中的横路敬二要你吃药，要你失去记忆，最后不知道自己是谁，也不知道自己是干什么的，让你跳楼你就跳楼。一个民族失去记忆，同样可怕。不知道从何而来，也就不知道向哪里去。

所以，从进入 21 世纪开始，我们就逐渐认识到这个问题的重要性，并且在不断地加大保护的力度。我到韩国去，参加中韩文化界、艺术界高层论坛，我在讲演的过程中也回答一些韩国朋友的问题，我当时就讲了中国非物质文化遗产保护的现状。我说，我们在这个问题上起步较晚，但是我们的成就巨大。为什么说起步较晚呢？全世界最早提出非物质文化遗产保护，就是刚才我讲的无形文化财，是日本。日本是 1952 年，韩国是 1956 年，就是 20 世纪 50 年代初期和 50 年代中期，日本人和韩国人首先认识到这个问题。

那么，为什么这个问题是由日本人先提出来的？这个大家可能对日本的民族近代史都有所了解，就是它的明治维新，日本其实在这个问题上，和我们一样走了一个大大的弯路，它的路走得比我们的弯还大。它的明治维新就是全盘西化，他们提出的口号就是"脱亚入欧"，那么当时他们的那种思想，是要把所有日本的传统文化，都改造成西方的东西，你比如说他们现在的歌舞伎，你到东京去看看歌舞伎，人们都要穿着和服，穿着盛装去看，而且，那是他们的国宝。可是明治维新之后，他们和我们一样，要请作曲系毕业的人给配戏，设计唱腔，然后请话剧导演，声光电立体结合，地方戏都一个味道了。

可是，日本人怎么转过这个弯儿来，从"脱亚入欧"到保护"无形文化财"？日本人是付出了国破家亡的代价，"二战"战败之后，美国军事占领日本，日本整个国家亡了。在那种情况下，先是从日本的知识界开始，深刻反省明治维新以来日本走过的这个路。他们就有了这样的一个认识：就是一个国家，它可以没有军队，它叫自卫队，可以没有独立的政府，一切都听美国的，可以没有自己所有的这些现代的东西。但是，假如这个日本，没有了歌舞伎，没有了榻榻米，没有了寿司、生鱼片，没有了和服，没有了三味线，没有了大相扑，那么这个民族，就没有了。也就是这个民族的传统的文化和它的精神，是这个民族的一个 DNA，是改变不了的，必须保存。如果这个东西改变了，这个民族就不存在了。

像我刚才说的那样，一个年轻人从小看的是美国大片，说的是英文，上的是互联网，吃的是麦当劳，穿的是耐克，你说你是中国人，但你和美国人没有任何区别。那么，你和别人不同的是你的文化。所以，日本人就是一直到现在，传统的东西，一点都没变。

在一次座谈会上，我就说，第一，发展是第一位的，什么东西都要发展。变，追求的是要变。我们忘了这一点。什么都要发展，而发展的思路都是一样的。如将所有的地方戏先让它变成京剧那样的大戏，本来不是分行当的，生旦净末丑，然后就变成歌剧，加外国乐器，请所谓专业的人来编、来导，结果变成了一个味道。

现在请你们想一个问题，就是日本的这个大相扑，如果在中国会怎么样？90% 的现代中国人会提出来，太丑了，丢我们中国人的脸。我们现在是大国，我们为什么不设计一身新的体操服让大相扑穿？不怕拉扯的，我们现代的科技可不可以？日本的国粹大部分都起源于中国，我们魏晋的衣服变成了日本的和服。包括他们的跪坐，包括榻榻米，都是从中国传过去的，但是已经日本化了，就变成了日本的国伎。

三、非物质文化遗产保护现状及意义

文化传播学有一个词，叫文化涟漪，就是一个石头子扔到水里去，一圈一圈扩大。这个圈中间，是空心，但是圈越大，外圈也会越浅，这个传播是有个过程的。比如说"文化大革命"的时候，1966 年北京戴军帽，20 世纪 70 年代抢军帽，到 80 年代就戴蛤蟆镜了，到了 80 年代初就是喇叭裤了，不兴戴军帽了。可是，90 年代在云南，还兴这个军帽，它比北京晚 20 年。这就是文化涟漪现象。

我们就讲日本的这个大相扑，日本人对他们的这些东西，经过战后这些年的教育，认为这些国伎是神圣的DNA。当然我去看歌舞伎，我就问陪我的日本友人，你看得懂吗？他笑了："说真的，我不懂，但是我知道这是我们的宝贝。"

你想让我们的年轻人每个人都唱，都知道二黄、西皮，不可能。但是他知道京剧是我们的国伎，他在学习的阶段，给他打下这么一个基础。包括现在京剧进课堂，我有不同的意见，在政协上我也说。京剧进课堂，我说这个有问题。因为用国家力量做一件事情的时候，一定要三思，你京剧进课堂，你叫人家广东怎么唱京剧？他们没有人唱京戏，有自己的越剧嘛。越剧也是国伎，也是我们的非物质文化遗产，一定要京剧进课堂，这是不可能的一件事情，用法律的形式来规定，我觉得欠考虑，应该是地方文化、地方戏剧、地方艺术进课堂。安塞腰鼓，雅安的中学里体育课也学安塞腰鼓，美术课学剪纸，音乐课听一段秦腔，不能要求他都学会，这个东西很难。但是起码就像日本这样，每一个人在他的受教育阶段，起码要看一次歌舞伎，让他有一种神圣感，知道这些东西了不起。这是第一步的。然后才有一部分人对他产生浓厚兴趣，接着才深入培养他。第一，要让他知道。第二，让他尊敬。第三，再去学习。全国人民都学京戏，那不可能，样板戏的时代可以，现在绝对不可能。

所以，我讲这个例子，就是为什么日本人、韩国人这样。韩国人也是付出了国破家亡的代价，才让他们的民族自尊心起了一个发酵的作用。在这个时候，全民族认识到要保护自己民族的非物质文化遗产。

我们中国和日韩不一样，中国不是国破家亡的代价，我们中国的代价是什么？我们中国的代价就是在30年的迅速发展过程当中，很多没有来得及保护的东西，现在丢了。这就是我们付出的代价。这个代价也真是巨大的。我们自己丢了一个根文化、源文化。我们年青一代对自己的传统没有兴趣了。现在我们的传统节日，如春节、清明节、中秋节、端午节规定为法定节日。端午节为什么政府规定，就是因为这个传统节日，在我们现代的社会生活当中，越来越被漠视、被遗忘。

中央电视台做了一个节目，就是讲传统节日这个问题。我说这个问题不能怨现在的年轻人，我们年轻人就愿意过情人节，过洋节。从情人节到圣诞节，你又不是基督徒，你过什么圣诞节呢？甚至愚人节也去过，编个瞎话，发信息，这个西方的节，怎么过怎么有味道。中国的节他就没有印象，没有味道。因为我们在几十年的过程当中，不光是几十年，应该是从"五四"以来。就是把我们的传统文化，当成我们中国、我们民族落后的一个最重要的原因。把我们民族的落后归罪于我们的文化，所以砸烂孔家店，包括后来的"文化大革命"，都是对传统文化开刀。

我们过去的春节，有很多的内容，从进腊月就开始了。什么时候做什么事情，都有很丰富的内容。最后，我们所有的节日现在演变成什么？用我的话来讲，就是什么都没有了，就剩下一个吃了。元宵节吃元宵，端午节吃粽子，然后中秋节吃月饼，大年三十还吃。

端午节，也有很多的内容，比如文化人，那么就要强调他诗人节那个意思，屈原是诗人啊。这一天，我们能不能办一些活动，比如说诗歌的朗诵会。关于屈原的一些问题，都可以有很多文化的活动。你包括过去一些挂长符，点艾草，喝雄黄酒，这些都是驱邪神益，因为夏天就要到了，各种细菌滋生，有很多和这个卫生有关系的，包括洒扫庭除这些东西，它都和这个节日其实是有关联的，有很多东西可以在现代的语境下，重新认识它。

咱们说这个非物质文化遗产，这里面就有精神的东西。包括忠孝仁义这些东西，我们过去都当成封建的东西批判，像传统节日，刚才讲的清明节，你要祭祖。我想我们这些传统节日有很多关于怀念纪念祖先，包括人际关系这些浸透着我们中国传统道德的东西，我们现在应该恢复它。

那么，还有我们讲的非物质文化遗产方方面面的东西。比如我们非物质文化遗产有一个叫传统技艺，我们过去很多的手工技艺，在工业化、机械化之后，都消失了。这一部分手工技艺在农业展览馆搞了一个非物质文化遗产大展，就是中国传统技艺的一个专场，也是盛况空前。这些传统技艺，面对着现代化的冲击，很多已经消失了。我们恢复这些传统技艺，有很多的意义。

比如，传统技艺里面，拿大家最熟悉的工艺美术来讲，很多的是祖先留下来的了不起的东西，就是因为现代化的冲击和这种现代思潮的冲击，最后消亡。有的没有消亡，苟延残喘。我举一个例子，咱们北京有一个传统技艺，叫剔红，也叫雕漆。就是用一个金属的胎，铜胎或者银胎或者其他金属的胎，做一个瓶子是一个胎，然后刷大漆，红色的大漆，刷一层，自然干燥，在夏天，一天最多刷两层，冬天要是冷最多只能刷一层。刷一层，自然干燥再刷，再自然干燥，再刷，一般要100多层，好的200多层，最好的精品有300层，300层刷漆的过程要将近一年。曾侯乙墓出土的那些漆器，就是在南方最潮湿的地区出土的，春秋战国时的漆器都是保存好的。这是它的传统工艺，一层一层刷得厚厚的漆，最后木头都腐烂了，漆剩下一个壳，都是好的。用大漆一层一层刷好，然后手工雕刻。它这样的刷了200层，雕出来的亭台楼阁也是有层次的。但是一个艺人，做这一件东西，起码一年的时间，有的甚至时间更长。所以，他做出来的这个雕漆是宫廷的贡品。后来，漆器越做越小，70层就行了，80层也行了，当然这是好的。到最后，要现代化，要技术革新。就是用环氧树脂，甭刷了，做个模子，像压缩的鞋底一样，一个一个的。这个可怜的王谢堂前燕，飞入寻常百姓家，不是这么个飞法。就是这种现代化的批量生产，把我们的宝贝变成了垃圾。我写过一篇文章，叫作《现代化与手工技艺》，我就讲这个过程也是难免的，就是因为我们在农业文明徘徊的时间太长了，2000年。我们急于进入工业革命，我们把工业文明的一切都当成歌曲来唱，"远方的工厂冒青烟"，所以，在这种时候，我们要用工业化来代替我们的手工技艺，当成一种进步。

现在我们，进入后工业化时代了，而后工业化时代有一个特点，就是重新审视手工技艺的不可复制性和它独特的价值。就像你穿西装，买皮鞋，要的是名牌，很贵，但是还有比它贵的，就是手工为你专门缝制的那个。真正的手工的东西，普通的意大利的手工为你缝制的皮鞋，那个肯定比那些名牌要贵。

两年前，宁夏的宝安刀厂的厂长给我发了一封信，他说，田老师，你搞非物质文化遗产保护，你帮我们出出主意，现在我们宝安刀也是一个非物质文化遗产的项目，但发展有很多问题。比如说，因为是刀具，公安局有国家刀具的管理规定，我们出口，批量、大批生产都有问题，等等，请我帮助他们解决。我后来就给他详细地写了一封信，我说你的思路是错误的，你的宝安刀我不熟悉，在新疆我也喜欢这样的刀具，我在新疆买的英吉沙刀，和这个一样大，我记得我十几年前去，和我前两年去，它的价钱越卖越便宜，为什么呢？仔细一看，因为它大规模地批量生产，刀把上的红塑料、蓝塑料片就是代替宝石做的装饰，很便宜，卖不出价钱来了。原来是皮的刀鞘，手缝的，很粗，刀把上哪怕就是一块孔雀石，孔雀石也不值钱了，但是它是天然的。现在的都是塑料的刀鞘，塑料的装饰品，假宝石，你就是白送给我，我也不要了。所以，我就跟他讲去日本的见闻，那一年，我到日本去，正好路过东京专门卖日本的倭刀店，就是日本刀。那个日本刀，不像我们的小摊货，一摆几百把，买一送一，整个橱窗里面就挂着一把刀，进去柜台就两把，然后都是介绍的文字，告诉你整个刀是怎么制作的。从他爷爷的爷爷，从哪一年创办的，一直保存到今天。纯粹手工，我现在做的这把刀，跟几百年前做的是一模一样的。他卖的是这个店。那么，一把刀多少钱呢？日本的钱数也大，我的眼睛不好，我看后面的零，我数了半天也没有弄明白。我当时问了一下，折合3000美元左右。那么，我们做一把英吉沙的刀，20块钱，你拿走。就是我们走的是一条所谓的工业化的批量复制道路，我们用这样的办法对付我们的手工技艺。而实际上，在后工业化时代，这种不可复制的个性的东西，其实是卖得更贵的。

所以，我们保护非物质文化遗产，其实也不光是刚才我讲的延续我们的历史记忆，或者保持我们的民族精神，其实在现代化的社会里，这是一条新的路。我想，我们很多的非物质文化遗产，如果能够保护好，实际解决就业问题，解决西部的开发问题，应该是一个新的思路。

四、目前我国在非物质文化遗产保护方面做的工作

首先，非物质文化遗产的保护工作，应该和保护环境一样，也是由民间开始发起，然后由政府大力度地投入，形成了一个高潮。所以，前一阵子，在韩国访问的时候，我讲到中国为什么起步这么晚，却能够取得这么大的成就，我说其中有一个就是政府的高度重视和投入。

第一个，在社会上产生影响、让全社会关注这件事情的一个标志，就是联合国从 2001 年公布的第一批人类口头和非物质文化遗产代表作，有中国的昆曲。当时这个项目就是中国艺术研究院和我国政府来申报的，然后高票当选。2001 年第一批非物质文化遗产公布的时候，我还记得很清楚，当时整个社会对这件事情的认识和日本比还是有很大的差距的。我们的昆曲入选，日本的能入选，也是我们中国传过去的。我们的昆曲入选，我记得非常清楚，《光明日报》《人民日报》都在第一版的右下角登了豆腐块大小的一个文章，就是中国的昆曲入选了。不错，登在第一版，但是在右下角。同一天日本的所有大报，都是通栏大标题，日本的能成为人类口头和非物质文化遗产。从媒体报道的安排上，就可以看出两个国家对这件事情的重视程度不一样。那个时候，大家还都"睡"着呢，还

没有醒。那么，从 2003 年，古琴进入第二批非物质文化遗产，就在全国开始引起非常大的影响。先醒来的这些省，就开始积极申报。这个也毋庸讳言，很多地方现在重视"非遗"保护，也是想提高地方的知名度，包括跟旅游的关系，包括文化搭台、经济唱戏，这个是另一个方面，我们现在先不去说它。现在整个社会开始关注这件事情。那么，到了第三批，就是 2005 年，中国的新疆维吾尔木卡姆艺术、内蒙古的长调艺术，两个入选第三批。人类口头和非物质文化遗产，联合国是每两年评一次，每次一个成员国只能评一个项目，用我们的话来讲，就是在一个表面平等下掩盖着最大的不平等。我们是一个有着 56 个民族、5000 年文明史的国家，跟南太平洋上的一个小国都是每两年评一次，每次评一个，我说太不公平了。这个我们不去说它，但是一共评了三次，我们中国有四项入选。其中一个蒙古族的长调，这是我们和蒙古国共同申报的，占名额。所以，中国现在是人类口头和非物质文化遗产代表作持有最多的国家，我们是四项。那么，因为联合国的项目是两年才评一次，一个国家只能评一个，所以当时中国政府，就是文化部，包括我们的专家共同地努力，开始建立我们自己的保护制度，逐步建立了一个四级保护制度。我们在对各个县调查、普查的基础上，做了一个大规模的普查，一直到现在还在进行，基本上各个省都完成了。这个普查是由国家投入，每个省都要有非物质文化遗产的保护中心，办了各种培训班，训练怎么去普查，各个省由国家一次性拨款配置设备，从最高级的数码相机到摄像机再到采编机，包括建立网络，一切都为了这个。在普查的基础上建立自己的县级非物质文化遗产保护名单。那么，县一级的评定，怎么能够进入？先由县组织相关的专家学者，成立一个专家委员会来评定，然后在这个基础上再上报成市一级的，市一级再到省一级，省一级最后报国家级。2006年我们国家公布了第一批国家级非物质文化遗产名单，共 518 项。今年公布了第二批，也是 500 多项，加起来 1000 多项。同时去年公布了第一批国家级非物质文化遗产项目代表性传承人，就是非物质文化遗产和物质文化遗产最大的区别，非物质文化遗产是靠人来传承的，所以保护传承人本身，就是保护非物质文化遗产最关键的一个重要的东西，它不像一个物质文化遗产，比如说一个青瓷，一个青花瓷，你只要放在不磕不碰、恒温恒湿等这样一个好的物质条件就保护下来了，但是非物质文化遗产有时候是人死艺亡。

我们专门公布了每一年 6 月第二个星期的星期六，作为全国的文化遗产日。2008 年的遗产日我们公布了第二批国家级传承人，第一批已经公布了 777 个，第二批是 700 个左右，这两批就是我们国家现在的非物质文化遗产项目 1000 多项，加上两批非物质文化遗产的传承人，有 1000 多人。这些都是我们非物质文化遗产要保护的最基本的东西。2007 年国家拨专款，对 777 个第一批的国家级非物质文化遗产的传承人每个人给了 8000 块钱，这是一笔不少的钱。8000 块钱，对于沿海地区，对于城市里面的非物质文化遗产的传承人，不算事，但是在偏远地区，8000 块钱起码让他一年衣食无忧，起码要保证非物质文化遗产的传承人、国家级传承人（在日本就叫人间国宝）的一个社会地位。人间国宝就像大学教授一样，非常受重视。还有一个就是国家每年要给钱。首先让他能过一个体面的生活。所以，我们把 777 个传承人请到北京，在人民大会堂，时任国务院副总理刘延东等国家领导人出席，颁发给他们证书，还有特制的牌匾可以挂在传承人所在的地方。我们当初设计这一切的时候就想，假如我是一个农村的青年，我过去对邻居张大爷拿根草编个什么东西不屑一顾，假如我明天就打算到深圳投奔我表哥去刷盘子，或者去建筑工地打工的时候，我们当地的文化局局长就给他送一个牌匾，敲锣打鼓的，每年还给他钱，他是一个金牌子，那么我可能就不必外出打工了。我为什么不跟我这个张大爷学这个手艺呢？政府重视，社会重视尊重，然后国家给钱。我是支持保护的第一位，起码让他们衣食无忧。我们现在还要制定一系列的政策，包括甚至传承人将来的医保问题等，都要有特殊的待遇。这样才能够让一些已经要消亡了的东西，能够有人继承。

那几天，我看电视上采访我们北京的内联升，就是做布鞋的，他也是国家级的传承人，一个传承人就带了一个徒弟。这个年轻的徒弟就在电视上讲，他说跟我一般大的人都不理解我，找什么工作不好，你在那里做鞋，纳鞋底非常吃力，挣的钱又不多，又被人瞧不起。所以我觉得很多非物质文化遗产的传承人都面临这样的境况，都是这样的一种状态，所以通过国家的重视包括资助，改变这些东西、这些社会的认识，要尊重他们，我们的历史记忆是靠他们来承载的。就是我刚才讲的一切非物质文化遗产保护的重大意义，体现在他们身上。

第二个，在遗产日这天，在全国范围内，都要搞有关非物质文化遗产和文化遗产的保护、传承的一系列的活动。这些年我们做了很多次非物质文化遗产的展演，影响很大，包括在联合国，在巴黎的联合国教科文组织总部，我们都搞了非物质文化遗产展演。今年6月我们搞的是少数民族音乐舞蹈专场，同时要在成都举办第二届成都国际非物质文化遗产节。通过这样的活动让全民族都认识到非物质文化遗产的存在，认识到它的价值，也认识到保护它的意义。

第三个，国家建立了专门的机构，在中国艺术研究院加挂一个牌子——中国非物质文化遗产保护中心。时任文化部副部长王文章兼任保护中心的主任。这个中心自成立之后做了大量的工作。后来，又正式成立了非物质文化遗产司。国家对这件事情保护的力度非常大，措施也比较全，都在有条不紊地推进落实。另外就是立法工作，关于《非物质文化遗产法》草案，已经修改多次了，也制定完成了，现在全国人大及其常委会有望在今年能够审议通过。

此外，还有一个事情，就是经过联合国教科文组织批准，在我们国家，成立亚太地区非物质文化遗产保护中心。这个事情由韩国最先提出来，听说这个消息之后，我们也申请，日本也申请，最后联合国教科文组织采取一个办法，三个中心，各有偏重，日本的中心主要负责资料的收集，我们这个中心主要是培训。我们做了大量的工作，所以这个中心于 2008 年 10 月正式运作以后，中国也成为一个亚太地区非物质文化遗产的保护中心，相关的国际交流也开展得越来越多。那么，每年遗产日的时候，我们都做大量的这种宣传工作，包括在北京就进行过很多展览和展演，对普通民众都产生了巨大影响，包括中央领导人也都来看。很多老百姓也是通过这样的活动，才认识到我们中国原来有这么多的宝贝，这么多好东西，而且这些好东西我们一定要让它继承、一定要传承下去。

在 2006 年的元宵节，我们第一次在国家博物馆举办规模很大的非物质文化遗产展览。我们做了一个很大的留言板，看了展览的人要留言，这个留言板一天就写满了。然后，我们就想办法在上面蒙上一层布，写满了再往上换，最后是巨大的一卷布。各种各样的题词、签名，表达了普通民众的一份热情。我就看见一些老太太，让她 3 岁的小孙子踮起脚在上面签字，很多人在上面表达了自己保护非物质文化遗产的愿望。

我们还想在遗产日搞一个活动，就是在网上征集非物质文化遗产保护的志愿者，让全民族都认识到只有保护我们的非物质文化遗产，我们这个民族的 DNA 才不会丢失，我们民族的那些优秀的文化和民族精神，才能够代代相传。

所以，由于政府的努力和全社会的一个共识，我们的非物质文化遗产保护工作现在取得了一个巨大的成绩，但是下一步，我们要做得更踏实，尽量地通过全社会共同的努力，让我们，起码让祖先们天才的创造不在我们这一代中断，而且还要传续下去。

今天我主要围绕什么是世界遗产、什么是文化、世界文化遗产对中国的意义在哪里这三个问题展开，同时也请各位学员不吝赐教。

一、什么是世界遗产

首先跟大家说一下什么叫作世界遗产。

一般来说，我们讲到世界遗产的时候脑海里想到的是古迹，北京有六个古迹，故宫、天坛、长城、颐和园、十三陵、周口店遗址，是拥有全世界最多古迹的城市。这些古迹为什么能够成为世界遗产？原因很简单，就是因为它是人类文化历史上的一个很重要的足迹，而且就这一份。所以，世界遗产是什么东西？就是世界留给我们的一个遗产，特别是文化遗产。它代表的是什么？是人类文明历史上前进的每一个足迹。它是被联合国教科文组织和世界遗产委员会确认的人类罕见的目前无法替代的财富，是全人类公认的具有突出意义和普遍价值的文化古迹及自然景观。它包括世界文化遗产、世界自然遗产、世界文化与自然遗产、文化景观四类，我们中国都有。在这儿，我想说一下世界遗产的概念是怎么出现的？任何的概念都不是凭空出现的，它的概念都有它的由来。

"二战"时期，很多古迹遭到破坏，例如日本东京德川家的灵庙，它是一个很古典的建筑，雕龙画凤、金碧辉煌，它在"二战"之后就不存在了。它是在"二战"中被炸掉的，那个时候美军空袭东京大量使用燃烧弹，木结构的建筑大量被烧毁。"二战"实际上是促进世界文化遗产出现的很重要的契机，因为"二战"主要的参战国中国、日本、俄罗斯、德国、法国、英国都是文明古国，其他文明古国比如埃及和希腊，都参战了。破坏也是前所未有的，是人类历史上前所未有的大破坏。很多世界的文化名城包括柏林、汉堡、华沙、考文垂、广岛都没有了，都被炸成平地了。"二战"之后，战胜国和战败国开始后悔，因为世界各国都以文化古迹作为一个国家的象征，结果一炸炸得七零八落的，大家就开始后悔说，我们打仗能不能不打脸呢？于是在 1954 年的时候有了一个国际协议就是《海牙公约》，意思是交战的时候不得攻击对方的重要的文化财产。

《海牙公约》签署后不到五年就出现了另外一个事件。我们知道世界上最古老的国家是埃及，他们打算修建一个阿斯旺水坝。我们知道三峡水坝，它的特点是要淹原来底下的古迹，凡是低一点的都要被淹进去，重庆专门做了水下通道把以前的古迹保护起来。埃及也是，这是埃及最好的神庙，3000 多年了，相当于我们商朝中期的时候，非常早。这个神庙在沙子底下埋了 2000 多年，进到里面都是壁画、浮雕，精雕细刻。这个东西要被淹没掉，除了这个还有一批神庙都要被淹没掉。

埃及没有这个经济实力来保护自己的文化遗产，就向联合国求助，当时美国跟苏联是世界上两个最强的国家，就牵头出人、出钱、出技术，在一个高地上用钢筋水泥搭了一座山，然后把这个神庙一块一块地切割下来，切成十几万块运到山上拼接起来，这是人搬过去的而且这个山是人造的。这个东西造出来发现还是差一点意思，不是说跟原来不像了，还是一模一样的，但是差一点意思。为什么？因为位置变了，它的一些意义就变了。因为原来神庙小门每年的 10 月 21 日和 2 月 21 日早晨第一缕阳光会射进去，最后一个屋子里有一个太阳神、拉美西斯二世本人，还有一个是冥王排成一排，那一天的阳光会照到太阳神，但现在永远照不到冥王了，10 月 21 日和 2 月 21 日是拉美西斯的登基日，现在日子改成了 10 月 22 日和 2 月 22 日，可以看到古人有一些技术手段真的挺高明的，就那个地方跟其他的地方不一样。通过维修神庙的活动，大家开始意识到世界遗产只让有遗产的国家自己保护是不行的，没有钱和实力。于是，联合国在 1972 年通过了《巴黎公约》，意思是人类的文化遗产是属于全人类的，是我们共同的祖先留给我们的，既然它属于全人类就应该由全人类来一起保护。

所以，《巴黎公约》很重要的一个目的是帮助那些有很多遗产但没有能力保护它们的国家。一些比较著名的工程，比如柬埔寨的吴哥窟是亚洲的文化奇迹，全世界很多国家联合起来为一个国家修缮这样一个庙，就是让这个庙重新出现在世人面前。

二、什么是文化

第二个议题我要来讲一下什么叫作文化。

我们知道承载自然的东西是自然遗产，文化遗产承载的是人的文化，它一定是跟人相关的。只有记录了一个时代、一个地区的人类的文化，它才叫文化遗产。如法国的圣米歇尔山，本来是一个小岛，几百年间人类不断地在上面修修道院，结果这么一个岛修建了特别大的修道院，跟山一样，一下子把整个岛的形状都改变了。中国古人讲文化跟今天讲的不一样，在西汉的时候刘向写过《说苑》，"圣人之治天下也，先文德而后武力，凡武之兴，为不服也；文化不改，然后加诛"，文化就是以文化之。现代对文化的定义是，通过人类制度代代相传的语言、世界观、价值观、社会规范、行为模式甚至物质对象。大家仔细看这个定义会发现这真的是一个很大的定义，换言之，文化跟我们想的不一样，基本上就包括了能够包括的一切。因为我们对自己的语言、世界观，还有习俗都是习以为常的，我们总觉得它是正确的、自然的，不假思索地就遵循。我们总觉得自己是自然的，直到我们看到了其他的文化才能意识到自己的文化其实不那么自然。

举一个例子，我到阿拉伯的时候，大街上男人都穿着白长袍，女人都是一身黑，裹得严严实实的，脸和眼睛都蒙着，不让人看。他们觉得自己这个才是对的，自己这个才是自然的，我们这种人过去了就是异类。他们到什么程度呢？我举一个相机拍建筑，我听到了特别惨烈的女人的尖叫，我看到了一个建筑底下有一个胖胖的女人，我能说她是女人是因为她全身都是黑的，然后就指着我的相机在发抖，很多东西是他们觉得很自然的东西我们就觉得受不了。

再举一个印度例子，他们那儿没有细菌的概念，他们那儿对于干净的概念是根据圣洁和不圣洁来区分的。我在一个城市看到街边一个卖饼的，从人到饼都可以用一个"脏"字来形容，但那个饼其实挺好吃的，而且很多人在那儿买。小贩儿推着饼车看到旁边的二楼有一个大妈要来买饼，他把这个饼拿下来像扔飞镖一样把它扔上去，结果扔上去之后这个饼打在拉杆上，之后掉下来了，地上有牛粪，因为当地有很多的神牛的牛粪，饼拍在上面了，溅起一阵尘土。这个小贩拿起来再扔，大妈接到了特别高兴，撕下来就吃了。因为他们代代相传的这种东西，祖祖辈辈都这么过来的，觉得那个是很自然的，只有到了别人那儿，我们才能意识到其实自己习以为常的东西未必是那么自然的。像当年英国最早的使团马戛尔尼来到中国的时候看到中国人很奇怪，为什么到处都是磕头，中国人看到他也很奇怪，说你穿的西装这么紧你怎么磕头啊？中国的官员接见马戛尔尼的时候说我们天朝的衣服多好啊，松松垮垮的磕起头来非常灵活，人家觉得我们那儿一般不太磕头。他们就没有磕头，因为中国动不动是三跪九叩，英国最多的是向上帝下跪，女王授勋才是单腿下跪，因此是文化习俗不一样，每个人都觉得自己的习俗是自然和正确的，其实没有那么自然和正确。

我来大概地说一下文化有几个特点，文化有各种各样的解读，这是我根据自己的经验和理解总结出来的。

第一，文化是后天的而不是先天的。我们来到这个世界上的时候，是没有语言，没有世界观和价值观的，没有关于宗教、战争、金钱、爱情等一系列的概念，甚至连空间的概念都没有。

我们中国人刚生下来的时候讲究一个概念，是人之初性本善，还有当年荀子讲的是人之初性本恶，其实这个概念本身是错的，人之初是没有价值观的，没有价值观就没有善恶之分。现代科学认为，人之初其实有两种，不应该用善恶来分，应该用有无来分，人之初是有本能和本性的，小孩刚生下来会哭，告诉人家自己饿了想吃东西。小孩刚生下来的时候他吃甜的不吃苦的，因为甜的对身体有益，苦的对人体是有毒的。世界上苦的东西只有一个是好的，就是苦瓜。其他的东西凡是苦的东西进了嘴就不要吃，这是野外生存都知道的最基础的知识。如果到野外没有东西吃了去辨别什么东西可以吃，一个最基本的概念就是越甜越能吃，苦的东西都是有毒的。这是人进化出来的本能，凭什么人就爱吃甜的啊？甜和苦不都是味道吗？原因是这样的。爱吃甜的都活下来了，爱吃苦的都被毒死了。所以活下来的都是爱吃甜的。

文化的东西是后天灌输进来的并不是先天就有的，生在美国就有美国的思维习惯，生在中国就有中国的思维习惯。美国人做了一个实验，找几个国家的小孩，美国的小孩、日本的小孩，还有印度的小孩，问他们同样一个问题，就是摆一大堆东西在他们面前，牛、羊、马、向日葵、牡丹花、杯子、桌子、椅子等一大堆东西，问什么是生物。美国小孩一看什么是生物很简单，动物、植物是生物，牡丹花、牛、羊、马都是，我们的小孩恐怕也是这种选择。印度的不一样，印度就说牛、羊、马是生物，其他的不是。他不认为植物是生物，你们看佛家讲众生平等不说植物，说牛、羊、马跟我们一样都有佛性，没有说一朵花有佛性，印度传统的概念就是植物不算动物，不算生命。六道轮回里面有一个畜生界没有植物界，轮回永远轮不到植物那里去。日本小孩又不一样了。日本小孩一看这个说牛、羊、马是生物，牡丹花是一些植物，杯子、桌子、椅子是生命，他认为所有的都是生命，因为日本人信奉的神道教都是有生命的。所以，你们看三个国家的文化是完全不一样的。你问他们什么是生物？脑子里的世界观不一样，他们看待世界的方法就不一样。包括很多行为模式，上至世界观和价值观，下到很细微的东西都不一样。

再比如说吃饭，中国人讲究民以食为天，特别讲究吃。讲究的是色香味俱全，味为第一，香为第二，色是最后，总之首先是好吃才可以。但其他国家就不是这样子，不同国家的美食感觉是不一样的，日本觉得好看特别重要，西方国家包括日本在内，他们论吃跟中国有一个极大的差异，就是那个地方的美食最重要的不是厨子的技术，不是炒出来怎么样，而是食材如何，这个食物的质感如何，这个东西最重要。很多人说西方有一些东西不好吃，是因为没有吃过好吃的，因为真正的好吃的店不是去了就能吃到的，一是比较贵而且都是预订的，你直接过去没有位子。我想下个礼拜来吃行不行？人家说不好意思，三个月之内都没有位置了，你得提前半年甚至是一年预订才能订到位吃一顿饭。为什么要预订？有一次我到了一个苏格兰的餐馆，人家说您能在这儿吃，但是只能选两道菜，其他的我们做不了。为什么？因为所有的食材必须提前几天或一周甚至一个月准备，要不然做不好。结果做出来怎么样，那天正好是有多余的食材他才敢给我做这顿饭，结果味道好得一塌糊涂，一口吃下去香气入脑。像日本人也重视食材，大家都吃过日本料理，相信不管大家喜不喜欢日本都吃过日本料理，日本料理跟中国的渊源其实是极深的，中国古代最爱吃生鱼片的人知道是谁吗？是孔子。人家说食不厌精，脍不厌细。中国有很著名的旅行食物就是寿司，也传到日本去了。中国的饮食习惯在过去的几百年中特别是明朝以后发生了一个很大的改观，我们现在吃的东西跟古人是不一样的，好比说辣椒是清朝雍正年间中国人才开始有的，以前去四川是不吃辣椒的，现在到那儿去都是辣椒。中国的饮食习惯在过去的几百年中都得到了改变。日本人学唐宋，所以学的都是早期的饮食文化，包括生鱼片之类的。他们学过去之后特别讲究材质。材质好不好完全是两个概念，两种食物。一个章鱼寿司，章鱼首先要千挑万选，然后人工按摩章鱼，保证肉质松软，入口即化。米是用特殊的锅蒸出来的，好米是用柴火烧的，特制的锅，不能用一般的电饭锅，之后真正的好米饭直接就是一道菜，不用吃菜。上面有紫菜，紫菜是人手工一片一片在火上打，正打200下反打200下。切好了放上去必须保证这个寿司上菜的时候是38度，这样上菜送进嘴里的时候正好，略等于人体的温度37度。

现在西方国家对味觉的要求也越来越高了，中国一些餐馆对质感也开始有要求了，这是将来的趋势。不同国家吃饭的东西是不一样的，有的国家是为了好看，有的国家是为了理念而吃。不知道大家有没有看过一些英国的纪录片、电视剧之类的，英国人吃饭更多的不是吃的味道而是吃那个谱。现在全世界最火的电视剧是《唐顿庄园》，管家满脑子的事就是晚宴，他关心礼仪程序是不是正确，这比什么都重要，包括你穿的什么衬衫和衣服，餐具怎么摆放，什么人在什么时候送这个餐，他们吃的是贵族的谱。因为仆人都上去打仗了，管家特别难堪，说今天的晚餐上居然没有男仆人，这是很尴尬的。他不管菜好不好吃，他管的是仆人是否到位。不同的国家真的不一样，而且这种不一样有时候能够造成很深的一些文化误解。

第二，文化是普遍且被自动遵守的。一个人的行为模式叫作个性，一堆人的行为模式才叫作普遍。每年春运大家回家，中国一年春运是18亿人次，这叫作普遍了。有5%、10%这不叫普遍，大多数人叫作普遍。人人都认同，大家都觉得这个是对的，人人都觉得这个是对的，普遍认同而且自觉地遵循这个东西。

第三，文化是现在的，可变的。举一个简单的例子，中国古代说忠孝，到现在为止还是我们的价值观。古代有一个价值观到现在基本上没有了，就是义这个东西，义讲的是什么？是兄弟之间的感情。你看在《三国演义》里可以看到关羽说："这是哥哥送给我的袍子，我要跟哥哥一起睡"，美国人一看有一点不对，这种感情有一点太浓厚了。我们今天人也觉得这个感情有一点不对，但在古人看来很正常，古人觉得这样崇拜他哥哥是正确的。由于关羽的义，中国古人不断地提高他，所以关羽不断被封为关公、关帝。

现代人不了解古代的文化，我对古代文化还是略知一二的，所以也有一个问题，我看现在所有的古装剧都看不了，现在跟古代人的文化不一样，文化（世界观）、道德观到文物典章制度都不一样了，由于导演没有那么多的知识，所以能错的地方就一定会出错。有这么一番感觉，打开电视一看，只看到了穿着不知道什么时期服装的公主，走进了汉朝的宫殿见到了唐太宗，后面是宋徽宗画的画。转过镜头去，一个大屏风一排人物是清朝的雍正时期的画，真是没法儿看了。那会儿我看到了新拍《三国演义》典章考据。第一集看了 10 分钟崩溃了，我看到了董卓董太史在一群明朝锦衣卫的护送下高调亮相了，我接受不了。现在有一些剧比原来好很多了，也开始注重一些典章考据的东西了，但看起来还不是那么自然。前一段我看到了一个片子是《赤壁》，拍得挺好的，但一上来的情景让我感到诡异，建章的宫殿是摆了汉朝的东西，但摆的都是汉朝古墓里的东西，感觉这个人像被活埋了。

这个就是文化，我们会知道原来说这个人没有文化这句话本身就是错的，因为每个人都有文化和自己的行为模式。每个公司有自己的文化，每个组织和学校都有自己的文化。比如说有的学校很多人逃课这就是文化，这就是行为模式，文化不一定是知识，不一定是子曰，而是一种行为模式，你做事的方法。有的学校没有人逃课也是一种文化，有的时候讲课底下是安静的这也是一种文化，行为规范、世界观、价值观都是文化，文化是普遍的。所以说一个人没有文化，只要是大人有自己的行为模式，有看世界的方法，有判断世界是非对错的方法，它的行为模式就是有文化的。但是有的文化有不同的级别和特点。

由于世界观和价值观完全不同，我们觉得自然的，但是我们到别的地方去的话就会感觉不舒服，这就叫文化冲击。一个简单的例子是我在印度拍的一个圣城，满街都是光头，这辈子我没有见到过那么多的光头，全印度人都要到那个城市里朝圣，朝圣之后会把头发剃了献给神。所以印度是全世界假发生产第一大国，每天多少吨的头发都往那儿运，女孩子一头长发都剃了。这跟我们是很不一样的。但在那边他们在大街上走也不用戴帽子，因为大家都这么干。我们评判一个东西是非对错的最基本的概念是别人是不是这个样子。我在这个屋子里，就是我是光头我也戴假发，可是你到一个屋子里都是光头，就你一个有头发的，你是不是得剃了？这是人与生俱来的行为，我们为什么觉得人家的文化都对？是因为我们周围的人都是这么干的。其实发型有对错之分吗？现在女同志长发，男同志短发，在古代是没有的。中国古代男女都是长发，沐浴更衣，沐就是洗头发。以前剪头发叫整容。到清朝之后都剃掉，到清朝末年让大家剪辫子，大家又不干了，这都习惯了，其实是没有必然的什么是对的，什么是错的。但我们自己不知道，只有看到了人家才知道这个东西有一点奇怪。我们的文化到了人家那儿也有这个问题，美国人读我们中国的《红楼梦》就不懂了。看到林黛玉在床上听到贾宝玉跟薛宝钗结婚了，她说了一句宝玉你好……然后就死了，这在中国文化里是正常的伤心欲绝就死掉。在美国人看起来就很诡异了，她怎么就死了呢？就不懂了。美国人或者是西方国家处理这个事，就特别简单，找一个更好的。我们有一些东西觉得很好，跟人家就是不同的。

我在耶路撒冷办签证的时候有一项必填：宗教。然后我就填了NONE，没有。人家一看没有，就不认为你真的没有而是认为你在隐瞒，认为你是不是信什么邪教了不想说。在他们的眼里全世界都有宗教信仰，因为他们是有宗教信仰的，所以他们不相信有人没有宗教信仰。然后人家就说了你是什么宗教信仰，你必须得说，我就说我真的没有宗教信仰。他们就说你说吧，无论你是佛教徒，还是犹太人，还是信犹太教之类的我们不会歧视你的。我就说我真没有，他说没有不行，必须说，你必须说实话。最后他们长官过来了，看了一眼我的中国护照，看到我们伟大的中华人民共和国的国徽，说，我知道你是什么信仰，他给我填了共产主义者。这种事情在那个地方真的是挺多的。人类历史上文明发展到一定程度的时候，都会询问一个问题我们从哪里来，我们到哪里去，我们是谁。这是哲学上的三大终极问题。这个问题没有那么好解决。所以，当人类会思考之后就出现了宗教，宗教就是最早的试图回答这几个问题的一个解决方式。

我们为什么要不信宗教而要相信科学，大家想知道为什么吗？科学研究的是客观世界怎么样，而不是我们想象的世界怎么样。这是我们更相信科学而不是宗教的原因。当然，对于人类来说，这是无法避免的东西，因为它，符合一部分人心理的需求，谁也不知道人死后会去哪儿，人真的怕死，人需要安心的东西。所以，温和的宗教是不可能消除的，因为它是刚性需求，永远不可能消除。说到信仰，中国古代的信仰是我看到这么多国家的信仰里最好的一个。为什么？因为中国古代是三个信仰，是儒释道。年轻人退休前信儒学，讲究的是三十而立，让人放手干一番事业。等到退休了以后年纪大了就信道家，道家的信仰是崇尚自然，法天顺自然。有些东西该怎么样就是怎么样，时间到了自动化，该放下就放下。第一个是放手，第二个是放下。第三个是等到人真的老得不行了的时候是信佛教，讲究的是看破红尘，放弃就放弃了。那个时候自然该来的就来了，你留也留不住，你想世界本身就是这个规律。中国的信仰最符合人性。

三、世界文化遗产对中国的意义

世界文化遗产本身是一种文化，是一种什么文化？是一种保护古迹的文化，保护文化的文化是行为模式。古人眼中的世界跟我们是不一样的。我拿两幅古代的图举例，一幅是《千里江山图》，一幅是《万松金阙图》。这都是山水，古人眼中的世界很简单，就是山水，古人讲究玩儿是游山玩水，他不说游城玩市。他不讲究去城市玩儿，而是讲究去山里玩儿，可以看到古代写的《小石潭记》等，因为古人脑子里没有那个东西，《徐霞客游记》满满当当一大堆都是这儿的山怎么样，那儿的水怎么样。所以现在说徐霞客是地质学家，都是游山玩水的。在古人的眼里，我们会看到中国的文化遗产里边，看到好像时代都很全，从史前的周口店一直到商朝、战国、秦汉、魏晋南北朝、隋朝、唐宋元明清都齐了。但唐朝以前正儿八经的建筑都没有。为什么？都没有了，能拆的都拆了，中国最早的古建筑就是唐代的，而且是中唐晚唐的四个都在山西，是砖木结构的建筑。我们说砖木结构的古建筑是难以保存吗？是，但也没那么难保存。为什么？日本奈良一个县保存的唐代建筑 25 个。为什么？当年梁思成跟盟军说别炸日本的奈良，因为研究中国古建筑要去日本。一个问题在于我们的文化是不重视这个东西的，喜欢毁。中国有一个文化传统是自秦始皇开始的，第一是要毁灭前朝的古迹，第二是给自己修一个特别棒的东西。秦始皇当时是把大城都拆了自己修皇宫。到项羽的时候完全遵循秦始皇的行为模式，这是真正的文化行为模式，一把火烧了，之后又修未央宫。到东汉又修起来了，特别壮丽，东汉末年董卓一把火都烧了。每朝都是这样的，把前朝的东西烧了把自己的建起来。唐朝的长安城拆的木头往渭水里扔堵了三个月。北京能看到这个东西，这是我们的故宫。北京原来最早作为首都是什么时候？元朝元大都，明朝把元大都攻下来是和平演变，保存得很好之后，一看元朝王宫特别恢宏壮丽。怎么办？前朝的东西一个字拆，元朝皇宫后面的宫殿是延春阁，特别气派。怎么办？往上落土，把它镇地，把巨大的延春阁压在里面，形成了一座山就是故宫后面的景山，景山下面压的就是元代的皇宫延春阁。这就是古人的现代。我们现在的皇宫未必比元朝那个大。其实这个行为模式真的是代代相传。"文化大革命"时"破四旧"，很多现象并不是我们这个时代创造的，是一个古已有之的行为模式。清朝为什么不毁？原因很简单，清朝是其他文化，是满族。满族入关之后几百年才开始学明朝，入关了以后才开始汉化，刚入关的时候看这么好的东西赶紧住。几百年之后发现前朝的宫殿不太好，自己住的不能拆啊，于是怎么办呢？明朝的南京不是还留着一堆宫殿吗？把那个给拆了送到了普陀山，还是要毁其王气，这是一个很传统的行为。

可是不断地拆古建筑有时候这个行为也有一个例外，就是一切东西有很强的惯性，元大都给北京留下的是什么东西？最重要的一个东西是西四的白塔寺，这是中国人另外的一个行为模式，拆是行为模式，不拆也是行为模式。元大都的白塔寺，还在那儿供着。中国人说什么俗话都跟塔有关，塔不拆。中国历史上那些名城拆了之后都有一些特点，如开封的铁塔，当年宋朝的东京汴梁城已经没有了，留下了什么东西？就是一个开封铁塔。长安城当年也拆了，就剩下什么东西了？大雁塔、小雁塔、慈恩寺塔。为什么不拆塔？现在看中国的古迹里塔特别多，历朝历代都不拆，所以有南北朝留下来的塔，北魏留下来的塔。什么都是文化习惯，这是一种很强烈的文化习惯。

实际上世界遗产的概念给中国带来了很大的效益，是改变了中国的文化习惯。中国原来是没有这种文物的文化习惯的。这个是废墟，那个也是废墟，被英法联军火烧后的圆明园，留了很多的东西。其实当年英法联军烧圆明园烧了三分之二，三分之一没有烧。那三分之一没有烧，当时的人怎么看？在我们现在看来，中国跟西方的看法完全不一样，当时雨果给巴特上尉写了一封信，说中华文明创造的艺术成就人类的瑰宝为什么烧了？你们是野蛮人。完全是现代的观念，这个玩意儿是文化遗产、人类瑰宝。中国的士大夫怎么看？说英法联军进京了，烧了我们的宫殿叫作靖康耻，但他们不把圆明园当回事，因为还剩下三分之一。老百姓就开始拆，没有文化保护的概念。

中国最早的有文化保护观念的人是梁思成，梁思成生于日本，长于美国，接受的是西方教育，所以他回来研究我们的东西，文化底蕴是不一样的。那时候真的是毁灭了很多的东西，因为不拿这个东西当一个宝，不觉得这个东西有价值。那个时候还有一个东西，特别是"文化大革命"的时候有一个东西也没有被当作是有价值的，古董都不当作建筑，中国人重视古董，到"文化大革命"的时候连古董都不重视了，因为那时候人们信奉劳动价值论，从现代经济角度来说不是这样的，古典经济学家包括亚当·斯密一直到马克思再到马歇尔，以前都认为价值是劳动定义的。但是古董是不一样的，把这个物品分成两种，一种是古董，一种是非古董，元朝的一个罐子，当年的劳动值有多少？现在卖一亿多元，这个能用劳动来衡量吗？真正价值的衡量是劳动的需求和人的稀缺。那时候没有什么劳动凭什么有价值？古董也变成没价值的东西了。所以在"文化大革命"后期古董都砸了。古董这个玩意儿能别沾就别沾，因为水太深、水太黑。《鬼谷子下山图》现在有多少幅？元青花世界上只有300个，现在连3万元都不止了。全世界汝窑的有68个。个人收的基本都是假的，为什么是假的？这个世界级文物的存量是100的话，那么这个世界文物的需求可能是1万，中间的9900个文物从哪儿来？造假。专家说它是真的，因为有钱赚，所以这里面水深得要死。造假是宋朝开始的，故宫藏《三希堂法帖》里的宋四家米芾亲自造的假。宋朝的时候造的假是国宝，明朝时候造假是一塌糊涂的。一直到现在，造假说实话真的是水平太高了，高到什么程度？专业鉴定都鉴定不出来，一幅字画用的是宋朝的纸，你一鉴定真的是宋朝的东西。前一段时间网上有新闻说有一个博物馆里面都是黄帝时期造的青花，这不可能存在的，但很多人相信一点，没见过不等于存在，但是没见过的东西也不等于不存在。你没见过火星上有人跳舞吧？你就信一条，你买到真古董的概率从原理来说不超过千分之一。前一段时间我看有人卖金缕玉衣，各种官太太争相购买，其实成本很低的，铜丝变成金丝，哪儿那么多的汉墓可挖。

世界遗产的概念真的对我们帮助挺大的，因为我们是在改革开放以后才开始有了文物保护的概念。欧洲的世界文化遗产最多的是古城。中国古代的古城特别多，现在就剩两个了，平遥和丽江。但平遥以前是什么城？是县城。州道府县它是最后一个，其他的能拆的都拆了。平遥古城是因为没有钱拆，等到改革开放了以后有钱了赶紧拆，正好有一个文物学家说全国就剩这么一个了，跑到山西省委找到了书记说千万别拆，到现在是世界遗产养活了好几万人，所以古城能留下是很不容易的。世界遗产波兰华沙老城，看起来都是古迹。实际是 20 世纪 50 年代重建的。"二战"的时候希特勒下令把这个城市夷为平地。但波兰是特别爱国的一个民族，他们爱国怎么体现？"二战"之后波兰重新建国，从全世界收集资料了解原来老华沙是什么样的，用几十年的时间，用一砖一瓦把这个城市按原样建起来。真实还原了那个时代的样子，也真实体现了波兰人保护古迹的意识。现在虽然是复建的，但它是世界遗产，因为精神不一样。

世界遗产的概念对中国意义重大，帮助推动了中国人行为模式的改变，从原来不重视变成了重视。我们重视的很多东西都是老外传给我们的，包括建筑。这是好的文化，我们的传统文化不太重视保护世界遗产，直到其他的文化影响了我们，然后才去重视。现在很多明清家具卖得很贵，以前不贵。那时候人们结婚，宁可花几十块钱买德国的电镀椅子，当时几十块钱可以买一大堆的红木家具了。直到后来，美国人搞拍卖会，一个明清椅子卖出几百万元，人们才知道这个椅子是值钱的。文化推动了人们行为模式的改变，文化遗产本身就是一种文化。

曹雪芹笔下的中国商人

胡德平

　　若干年前，我曾看到一份材料，这份材料取自 18 世纪一个英国人写的一本书。18 世纪到现在 200 多年了，书中记录了英国一名做纺织贸易品的商人在江宁织造署（也就是曹家三代在这儿任职的江宁织造署）的见闻。这位商人经常在那里拜谒织造署的长官曹竹居。这个年代是相同的，官的衙门"织造署"是相同的，而且这个长官姓曹也是相同的，这会不会是曹家的祖父和他的两位父辈呢？当时红学家就对这个材料很重视。在闲谈中，英国商人时常介绍英国莎士比亚的文学作品，他还发现了一个 10 多岁的少年（这也和曹雪芹的年龄相仿，他被抄家的时候也就 13 岁左右），这个 10 多岁的少年经常在门后偷听故事。这个材料是由正规的出版物和资料披露的，以后我见到很多红学家也问这个是不是真的，大家也都说是真的，但是这个材料现在已不知下落了。如果还能找到原书，此事如实的话，无疑对研究曹雪芹少年和他的成长过程有极大的史料价值。这则材料也从一个方面反映了他的祖父和父亲所担任官职对他的影响。《红楼梦》书中写了很多商人，这些商人都是小人物，但是今天研究他们有一定的价值。

　　《红楼梦》中各种人物之间充满着复杂的人际关系和矛盾，书中的不少人物的思想、语言也代表了曹雪芹的思想和观点。曹雪芹对当时清代社会现象的描述，对于封建社会末期产生的矛盾和他最后的结局，通过一个人的口，很真实、很深刻地反映出来了。这个人是对清朝现实生活，对封建社会末期的矛盾和他的必然结局，替曹雪芹说了出来，这个人是谁？从爱情故事看《红楼梦》，当然是一个主题，但是这个题材的发掘也很有意义，而这个人就是一个商人叫冷子兴。大家再看看对他的介绍，就出现过一次。冷子兴是京都做文物贸易的古董商，在贾雨村眼中，他是一个有作为、有大本领的人，这是书中写的。但凡识货的古董商都有丰富的文化知识和社会阅历，举止进退有度，谈资话语非常灵活，北京流传着一句话说"包袱皮、大宅门"，这就是说古董商的。古董商经常带着细软包裹、打着小鼓，进出门宦大宅的家中，他们有一套独特的赚钱方法，谁家有人升官，谁家有人失势，他们的消息特别灵通。升官者必要给提拔自己的人送礼，这时候古董商就送去古董，高价卖给升官者，拿着这个去孝敬提拔他的人。失势者手中钱财吃紧的时候需要出卖家中的文物，这时古董商就借机贱价买进古董，照样赚钱。所以贾雨村一见冷子兴，开口就问"今日都中可有新闻没"？"新闻"这个词并不是很现代，当时《红楼梦》就有这个词，果不其然，冷子兴见闻丰富，就从都中的宁荣二府的大宅门谈起新闻。

红学家从艺术角度出发，认为冷子兴全篇讲话关乎全书的梗概和伏笔，无疑是很对的。但是对曹学来说，却要从另外一个角度考虑。曹雪芹如何从史学、现实社会出发，推出了冷子兴这个角色，这是文学创造的现实主义方法。冷子兴说宁荣二府是"百足之虫，死而不僵"。在曹雪芹眼中，大清王朝是否也会慢慢步入这一结局，冷子兴说荣宁二府"如今生齿日繁，事务日盛，主仆上下，安富尊荣者尽多，运筹谋划者无一……如今外面的架子虽未甚倒，内囊却也尽上来了"，在曹雪芹的眼中，大清王朝何尝不是这个样子呢？冷子兴说"谁知这样钟鸣鼎食之家，翰墨诗书之族，如今的儿孙，竟一代不如一代了"。在曹雪芹的眼中，入关时神勇英武的八旗将领早已一代不如一代了。冷子兴言小，曹雪芹言大；冷子兴谈家，曹雪芹谈国；冷子兴讲事，曹雪芹讲理。曹雪芹通过冷子兴之口，对当时封建社会晚清的中国做了多么准确的评价与批判！这是曹雪芹极其伟大的地方。这些话，"百足之虫"，"如今外面的架子虽未甚倒，内囊却也尽上来了"，"一代不如一代"，通过文学的笔法说历史的真实，相当精彩。

冷子兴是何许人也？他是周瑞的女婿，周瑞家的是王夫人的陪房，王夫人的兄长是王子腾。冷子兴不但是个商人，而且还是与当朝权贵多少有些主奴关系的商人，冷子兴这个人是荣府主子仆人的一个女婿。

除冷子兴这类商人外，《红楼梦》中对康熙、雍正、乾隆时期的经济状况和商业形态也多有反映，不同的商人的处境曹雪芹都进行了详细的描述。《曹雪芹研究》2012 年第四期刊载了一篇文章，该文根据《红楼梦》书中的描写，与清代广州十三行进行了对照研究。清代从康熙时候就有个广州十三行，这是个外贸公司，是中国清朝建立的最大的一个外贸公司。明末清初，两朝政府都实行海禁政策，中国的商船不能出海，外国的商船不能来华，这使沿海地区和朝廷遭受了巨大的经济损失。1685 年（康熙二十四年），松弛海禁，开放四座外贸港口和海关，就是在上海设的江海关，在宁波设的浙海关，厦门设的宁海关，广东设的粤海关，四处海关唯有广州的粤海关外贸进出口量最大，其专职官员是朝廷派来的，叫监督，直属朝廷的户部（相当于现在的财政部），粤海关又名"天子南库"，就是皇帝在南面的钱库。1686 年，粤海关颁发了《分别住行货税》文告，定稿者是三个人，其中一个人就是广东巡抚李士桢。李士桢是曹雪芹爷爷的远亲，一荣俱荣、一损俱损的关系是很大的。由此清政府建立了世界上最大的外贸商业公司广东十三行。其后，曹雪芹又一个姻亲担任了粤海关的监督，这都是史料。

谁在洋行中做外贸生意呢？第一是王商。王商就是清初由平南王尚可喜的亲信担任的，三藩平定以后，王商仍然存在。钱神通天，以后的老王商又和朝廷进行了权钱交易，仍然保持它的地位。第二是官商，是两广总督、广州巡抚和广州将军颁发许可证允许经营的。第三是皇商。1701年（康熙四十年），粤海关（皇家内务府）也忍不住寂寞染指海外贸易，内务府与粤海关上下其手，内务府也颁发许可证，直接委派几名通天的特殊商人从事外贸业，这种特殊商人就是皇商。内务府是皇帝在朝廷之外比朝廷更依赖、更信任的一个皇家班子，只是为皇室服务的。当时外贸利润十分丰厚，清代诗人屈大均曾目睹其"烈火烹油，花团锦簇"的盛况，他写过一首竹枝词《广州竹枝词·其四》，"洋船争得是官商，十字门开向二洋。五丝八丝广缎好，银钱堆满十三行"。洋货进来，中国货出去，这种时代经济的变化充分反映在曹雪芹所著的《红楼梦》中。现在有些例子：

其一，罗三阳是个很年轻的学者，他也没要教授的头衔，他在德国留学以后就对历史很有兴趣，专门埋头做这个研究。据罗三阳的统计，在《红楼梦》一书中有48个"洋"字，有33种与外贸商品有关的舶来品。比如说有一回王熙凤身上穿的是什么衣服呢？曹雪芹写她"身上穿着缕金百蝶穿花大红洋缎窄裉袄"，下身穿着"翡翠撒花洋绉裙"，浑身"洋"。王夫人在家里是怎么摆设呢？临窗大炕上猩红洋罽，就是现在在巴基斯坦和阿富汗一带织的羊毛织品。两边陈设是"一对梅花式洋漆小几"。王熙凤和王夫人是侄女和姑姑的关系，她们出自另外一个大家族，"东海缺少白玉床，龙王来请金陵王"就是指他们家。

其二，官商和皇商的财富，我们对其具体情况还不甚了解，但是《红楼梦》中有很丰富的文学描写。王熙凤讲"那时我爷爷单管各国进贡朝贺的事，凡有的外国人来，都是我们家养活。粤、闽、滇、浙所有的洋船货物都是我们家的"。刚才我们说了四个海关，她就说"闽、粤、江、浙所有的洋船货物都是我们家的"。聪明漂亮的王熙凤却又十分愚蠢，她把国家之间的贸易当作进贡朝贺，"养活外国人"是什么意思呢？就是指官商皇商手下的办事人员（最早的买办），外国商人的吃、住、翻译等生活均由买办打理。"洋船货物都是我们家的"这是什么意思呢，就是指外国人的洋货全都由十三行先买下，外商要的货也由十三行卖出，就是整个垄断专营。这种官商、皇商及其背后的主子就是内务府、两广总督、巡抚、将军和内务府派出来的监督，少有不成为封建社会腐败分子暴发户，这些人是很贪财的。王熙凤数落贾琏说"把我们王家的地缝子扫一扫，就够你们过一辈子呢"，可见口气之大。荣宁二府已经是不得了的大家族，但是在王熙凤眼中看我们王家比你们贾家阔得多了。这就是曹雪芹对典型人物、典型语言的描写，人物和语言的描写简直太贴切了。荣国府女眷中除贾母之外，地位最高的就是数王夫人和王熙凤姑侄了，她们的娘家权势显赫又最有钱，王熙凤虽不识字，说话办事却底气十足，认为权钱能够摆平一切，连阴曹地府、因果报应都不害怕，人们把她比作女曹操，"水晶心肝玻璃人"，还有人称她是"财神爷之女"，充分反映了这个问题。

其三，《红楼梦》中王子腾是王熙凤和王夫人最亲近的人，王子腾是王夫人的哥哥，王子腾实际就是皇商和官商的后台。其中皇商就是薛蟠，《红楼梦》书中说薛蟠是"自现紫微舍人薛公之后，薛家一直领内府帑银行商"，就是领着内务府的公家的钱来做买卖，紫微舍人是什么意思呢？紫微就是皇帝的代称，紫微宫、紫微皇等，紫微就是代表皇帝的意思，在《红楼梦》中"紫微"也是一个障眼法，实际这个紫微就印证着皇帝的紫微。舍人就是身边的亲信，"紫微舍人"就是皇帝身边的亲信。这种只要和皇帝家办事机构的内务府结成铁关系的就是皇帝的亲信，也不见得非要认识皇帝，但是和皇帝周围的内务府机关要成为很铁的关系，这就是舍人。书中还说薛蟠"虽是皇商，一应经济世事全然不知，不过赖祖父旧日之情分，户部挂虚名"，在财政部还挂了一个虚名，还领钱，"其余事情自由伙计、老家人筹办的甩手掌柜"。

两段介绍反映了皇商重大的经营模式，皇商就是用内府的帑钱（公款）做生意，也就是说皇商用公款做生意，内务府不要还本付息吗？肯定是要的，也就是说内务府充当了银行贷款人和高利贷人的角色。内务府尚且如此，王熙凤也是一个放贷获利的人，也就是上行下效。在这里，曹雪芹就说出了"窃钩者诛，窃国者侯"的吃人政治。皇商把西洋舶来品卖给内务府，内务府再买来献给皇帝，皇帝以为这是进贡的呢，其实都是《红楼梦》中说的"羊毛出在羊身上，只不过是拿皇帝的钱往皇帝身上使"，这么生动的讽刺反映了曹雪芹观察事物的艺术才华，也折射出真实的历史经济关系。

其四，皇商衰败的典型形象也是薛蟠。因为皇商首次开展垄断业务于康熙四十一年（1702 年），以后皇商又是如何失势呢？他们有皇帝内务府做后盾，但是做买卖却是外行，皇商被粤海关指定为唯一的经纪人，全靠内务府的金字招牌，用垄断手法做生意，而且资本不足，供货接货又慢，从而引起广东的官商和外商的不满，地方官员也不满，因为肥差事被别人给夺了。先是 1704 年，皇商被迫放弃了垄断外围，因为他们做不了生意，以后皇储和监督宁府于 1708 年垮台了，最后是曹雪芹祖辈的姻亲李波平被调离了粤海关，皇商算是完全退出了历史舞台。皇商是有特殊历史地位的，但是在那个时候，如果你实在不行了，政治上还有些讲效益的人，也会把皇商赶出历史舞台。

皇商存在的时间不长，但这一家天下的制度还是被曹雪芹写入了《红楼梦》中，他是怎样描写皇商薛蟠呢？薛蟠自被柳湘莲暴打之后扪心自问"我长了这么大，文又不文，武又不武，虽说做买卖，究竟戥子算盘还从没拿过，地土风俗远近道路又不知道，不如也打点几个本钱，和张德辉逛一年来。赚钱也罢，不赚钱也罢，且躲躲羞去。二则逛逛山水也是好的"。这样的人怎么来做生意呢？

张德辉是他家里的一个老家奴、一个老伙计，也是一个生意人，年过六十，自幼在薛家当铺内揽总，好像今天的"经理人"一样，家内也有两三千金的资金来过生活。随着老板生意的发展，总经理也积累了相当的财产，最后就是薛蟠公司破产了，张德辉自己的储蓄也只会多不会少。亏本的是老板亏本，公司亏本与高管、员工无关。假如张德辉商德不好，见财忘义，他还会发薛蟠一笔大财。我想那时的皇商就是在这种内外夹攻下失败了。对此，他的妹妹薛宝钗也说得好，她劝她妈妈说，你就答应他，就是"打谅着丢了八百一千银子，竟交与他试一试，横竖有伙计们帮助，也未必好意思哄骗他的"，其实皇商就是这么一种不成器、扶不起来的人，最后退出历史舞台。

其五，薛宝钗，最有商业头脑的人还是薛宝钗，但她又为什么热衷仕途呢？薛宝钗生在皇商家庭，小小年纪就知道自己夫家的重要，未来的丈夫一定要走封建官场的仕途，要靠读圣贤经典，科举成名，为什么呢？因为商人最需要官府的保护，生意做大最需要权钱交易。但薛宝钗又不像薛蟠那样没出息，她好学，待人接物恰到好处，正像林黛玉说薛宝钗"离了薛姨妈就是个最老道的姑娘"，人情世故非常懂，见到姨妈她就撒娇，这还是女孩子的天性。薛姨妈也承认宝钗是他们家的"王熙凤"，她虽然没有知心朋友，却赢得了荣国府上下一致好评，同时她也懂得一些经商的道理，其实经商真正是薛蟠比不上薛宝钗，哥哥倒为妹妹打工。

《红楼梦》第57回讲荣国府的侯门千金除薛宝钗一人之外竟没有一个人懂得当票，京城鼓楼西大街就有她家的当铺叫恒舒典。有人考证在北京鼓楼西大街，那儿还真有一个当铺叫恒舒典。曹雪芹很聪明，所谓"恒舒典"就是没有不输的，只要去当铺当东西，占便宜的永远是当铺，典当东西的人一定会输钱的，所以当铺才能发财。薛宝钗曾帮助邢岫烟从她家的当铺把邢岫烟的当票取走，但是史湘云、林黛玉不知道当铺是干吗的，薛宝钗给她们介绍之后，因为她们很天真，她们笑当铺说"人也太会想钱了"，还想以当铺这样的功能来赚钱呢？他们问薛姨妈的当铺也有这个不成？众人听后哈哈大笑说"天下老鸦一般黑，岂有两样"？曹雪芹这个语言非常生动，当铺作为有钱人生钱的衍生工具，现在在世界上也越来越多，从这点来说，《红楼梦》这本书对商业的分析今天也不过时，世界上受金融、银行欺骗的老百姓现在还是多数，如果你的银行不诚信，不是一个为实体经济、为全民服务的银行，还是"恒舒典"。

其六，在《红楼梦》中，真正的商业奇才，夭折的商业奇才又是谁呢？荣府的三小姐探春。虽是侯门闺秀，却也知道一个破荷叶、一根枯草根子都是值钱的。作为一个侯门小姐能有这种认识也是不错的，也知道很多资源都可以来生利益的，她叫利息之物，这种东西开发出来，把它掌握起来就会有利息，这个就是能够带来增值的价值。她也懂得承包管理可以带来经济效益，而且承包对于探春来说要直接承包，她在书里写，要避免承包的东西最后再让账房先生剥一层皮，再核兑一些钱，再扣她一些钱，避免层层盘剥，避免最后和王熙凤再对账去，探春对一个承包就能想得这么深刻。因此把探春作为一个女性的商业奇才我认为也并无不可。而且她还会挑人，选大观园承包园林、稻田、果树的时候，她选了祝妈、田妈、叶妈。当然，她在商业上不如薛宝钗那么老到，薛宝钗还不时提醒她"幸于始者怠于终，善其辞者嗜其利"，这句话是什么意思呢？我们在最开始来搞承包的时候，这样的话就很少有人说，这个话的意思就是一个盈利的事情，总是一开始大家都兴高采烈，到最后的时候大家反而懒惰了，我给你奖金，本来是好事，怎么给着给着，最后大家反而没有积极性了？"幸于始者怠于终，善其辞者嗜其利"，说你计划的时候说得很好，其实你是想得利益。这是薛宝钗的脾气，就是你不能只图你的贾府主人不赔钱，还要顾及下人的利益，要给下人来分钱，只可惜探春这样的女性，有商业奇才的人，在那个社会是不能成长起来的，最后她只能远嫁海外，做他人的王妃。探春最后嫁到哪儿去了，她的判词后面是一片大海，有只大船，两只风筝，风筝总是要断线的，"千里东风一梦遥"，这是判词语。

其七，最早的皇商还是由盐官跳槽转化来的。《红楼梦》写得越来越和曹家的基本生活素材联系起来了，但我也不是说是他的自传，但是确实和这个有关系。1702 年（康熙四十一年），广州一个官商即对英国商船船长抱怨道，"此皇商昔为盐商，以欺瞒朝廷，中饱盐税曾被逐出省外，然能贿通权要，以四万二千两银子之巨款给皇太子，从而取得了欧西贸易之包揽特权"。这些材料还是年轻的罗三阳考察的，这些话都是他从外国书籍中找来的证据。1702 年，当年正好是曹雪芹的祖父曹寅做江南织造同时又兼盐务察院。这些都是从国外的材料得到的曹家身世的资料，这是一个很大的收获。这个时候把持内务府的总管是皇太子的干爹，任职一直到 1708 年。曹寅和内务府总管，和皇商又是什么关系就很值得研究，曹寅在当时应该与内务府总管认识，而且曹寅也有值得被推荐的条件。

曹寅本身就是领取公帑做采购生意的在职皇商，江宁织造署就是给皇帝做服装的，一切生活用品他都可以管，他同时也是官商。1701 年（康熙四十年）的时候，内务府曾向康熙转报曹寅的请示件，就是他要从内务府借本银十万两。曹寅本身就是要从六府借钱，不做服装生意而是去买铜，买更紧俏的货物。当时康熙说借钱可以，原来借钱只借给曹寅一个人，康熙说过不要借给一个人，分三个人借出去，不要一个人赔了全赔，但是当时把这么好的生意就交给曹寅一个人来做，可见曹寅的地位、曹寅为皇家服务敛财也是很特殊的。

其八，堂堂的大清朝，内有正副内阁、军机处、翰林院，外有总督、巡抚、边疆的封疆大吏，内务府是什么机构呢？为何皇帝和它这么亲近呢？内务府制度很多王朝都有，唯有清朝它的势力最大，和皇家的关系也最密切。清朝的内务府是由上三旗、包衣家组成的机构，都是皇帝的家生子，这种人就是皇帝家里生的儿子，皇帝有话不便对群臣说，可以对包衣家奴说，皇帝有事不便办的，可以让他们办，内务府是皇帝最亲近的机构。

曹雪芹在《红楼梦》书中把家生子说得活灵活现，大家看书，我原来也不懂，明白了这个历史之后也开始明白了一些事。《红楼梦》中赖嬷嬷说自己孙子赖尚荣，都是家奴，但是赖嬷嬷说她孙子赖尚荣"你哪里知道'奴才'两个字是怎么写的，就是你一落娘胎，主子的恩典放你们出来，上托着主子的洪福，下托着你老子娘，也是公子哥儿似的读书认字，也是丫头老婆子奶子捧凤凰似的，侍奉长大，从小三灾八难，花的银子也照样打出你这么个银人儿"，就是说你花的钱就可以有你这么高。现在我们很难理解，一个家奴的孩子怎么会像贾宝玉这样来养呢？其实曹雪芹也是家奴的后代，也是做的公子哥儿，奶子婆子丫鬟这么养大的。用现在的观点看很简单，作为家奴，作为内务府，这也是很复杂的一个事情。赖嬷嬷也说，"你到了二十岁上，又蒙主子的恩典，许你捐个前程在身上。你看看那正根正苗的忍饥挨饿的要多少"。她的意思就是说不是家奴的八旗子弟也有挨饿的，人家是正根正苗，是正经出身的镶黄旗、正白旗、镶红旗的人还要挨饿呢，我们奴才家的孩子还这么风光，"你一个奴才秧子，仔细折了福"。也就是说，家生子也可以进入仕途的预备期了。赖嬷嬷说"如今你乐了十年，不知怎么弄神弄鬼的求了主子，又选出来了"，让他当县官了，"州县官儿虽小，事情却大，为那一州的州官，就是那一方的父母"，最后家生子成了朝廷的命官，赖尚荣当官也是弄神弄鬼弄出来的，这在曹雪芹的笔下写得也很生动。最后赖尚荣的主子贾政在最后向他借点钱他又不借。

曹雪芹把人和人的关系，封建社会里既是主子和奴仆，奴仆也能成主子，这种特殊的关系写到了头儿。而且曹雪芹也是这么一个人，他在得势的时候，虽然是个家奴，但是到了他的祖父、高祖已经得了皇帝的信任，在他们发达的时候也像赖尚荣一样过着很豪华的生活。当然，作为艺术是这么看，说曹雪芹家、曹寅家阔得，大观园就有那么多，这是绝不可能的，其实他的爷爷、父亲也就是司局级的官，真正他说的大观园，是写的皇家园林，也就是西三山五园：玉泉山、万寿山、香山和圆明园、畅春园、颐和园、静明园、静宜园这样的皇家园林，曹家真正住的房子顶多是二三十间，江宁织造署是衙门，是办公的地方，住的也和大观园差了很远。

其九，在乾隆时期，中外贸易是怎么样的？大家是否记得前几年瑞典国王携"哥德堡号"大型古代帆船访问过我们国家，此事的原委是什么呢？那时候欧洲许多国家都组成了东印度公司来华和广东十三行做买卖，广东十三行有个首领叫潘振承，只比曹雪芹大一岁，是福建人。瑞典东印度公司的商船最密切的商业伙伴就是他。潘总是买下了瑞典东印度公司的全部货物，并总是赊账给瑞典公司买中国的货，久而久之，瑞典公司欠下了潘振承大笔的借款。那以后怎么还呢？瑞典的董事长跑到中国来见潘振承，说我欠你这么多钱，我怎么还呢？潘振承说，你究竟欠多少钱？我还可以赊给你。他说你别赊了，我还不起。他说还不起就债转股。当时中国的商人已经这么聪明了，结果，潘振承还真成了瑞典东印度公司的股东，而且进入了董事会。第二年，瑞典开股东大会的时候，他还去参加了股东大会。这个材料我们也没留下，是瑞典人留下来的，这段历史我们年轻的学者发掘出来真是不简单。"哥德堡号"最后一次做中国买卖就是差一公里快到斯德哥尔摩港口了，结果触礁了，"哥德堡号"船沉没，但是沉没的时候抢救下来的茶叶、瓷器卖出去的利润都有14%。前几年瑞典这些北欧国家愿意和中国再发展贸易，再进行经济往来，所以他们把古"哥德堡号"又复制出来，而且瑞典国王也来了，中国人这种荣誉、这种商业上的信誉，至今瑞典还知道，我们自己对这个事情却不甚了解。

其十，《中国民商》在2013年第四期刊登了广州十三行定的一个章程。这个章程我就念若干条，这些章程也是中国没有留下文字记录，也是外国的文字留下来的，所以文字上说得也比较现代化，也是我们翻译过来的。"中国和外国商人都食毛践土，理应共同报答皇恩"，中国商人和外国商人都有祖国，我们应该报答皇恩。第三条说"中国和外国商人相互平等，如果外国商人贱买贵卖，中国商人势必吃亏，而且容易产生鱼目混珠的弊端，因此，各行商必须与来广州的外国商人在公堂聚首，公开议定买卖货物的价格，私自议价交易者应该受到处罚"。第五条是"货物价格谈妥之日后，本公行商人必须保证货物的质量优良，以次充好、欺瞒外国商人者应该受到处罚"。这个章程是中国古代经济的一大亮点，也是一大起点，如果在当时中国的政府是很明智的、真正有商业头脑的，我觉得中国的命运就是另外的一种情形了。但是当时中国商人创造了这么好的条件，已经和外国在某种方面建立了一个良好的交易秩序，但是被愚蠢、落后、封建的清王朝给耽搁了，而且也不按照商业思维搞经济往来，而是一味地骄傲自大，使这个关系没有得到很好的发展。

中国的商人除了皇商、官商、王商之外，十三行的人都是怎么来的呢？中国的商人是来自民间的，农村中有，城市平民中也有。曹雪芹笔下的蒋玉菡、柳湘莲、潘又安、冯紫英这种文学典型人物或许就是这样：当时中国封建社会末期出现的很多自由人，都可以经商做买卖，他们又都熟悉社会市井，都知道老百姓对柴米油盐的需求，都是对科举仕途无欲望和无兴趣的，但是还有一些冒险精神，正是这些人先后跑到广州地界，或者他们也进入了十三行，先做杂役，又学买办，又学外语，自己招揽生意，以后又做了股东，又办起了洋行，他们引导着皇商、官商，最后组织了十三行，制定了外贸章程。

曹雪芹能够如此敏锐地反映当时西风欧雨的情况，就是我们今天也真应该为他的眼光所倾倒。《红楼梦》的文艺典型如无现实素材是无法产生的。冷子兴和前面提到的这些人都在商人圈中，他们都在封建社会中逐渐成长起来。康乾虽称盛世，但也是封建社会的末世，他们在这一时期有了更大的成长机会。这又引起一个问题，也是史学家提的问题：中英鸦片战争之前中国到底有没有资本主义萌芽，如有萌芽，到底出现在什么地方？西方商人对中国商人究竟有什么影响，影响有多深？买办阶级是如何从中国商人中演化出来的？这些都是我们史学界应该研究的重大课题，也是我们曹雪芹学会应该研究的长期课题。

以上我只是从一个角度分析《红楼梦》，现在曹雪芹学会每年的9月下旬到10月都在香山曹雪芹纪念馆举办曹雪芹艺术节，搞得也不是很豪华，资源也不多，但还总是有些纪念活动，有些演出。我们还会把莎士比亚故居的专家、托尔斯泰研究单位也请来，大家一同研究中国的伟大作家，和世界有更大的交融，对曹雪芹做出更深刻的研究，我们觉得这也是中华文化复兴一个非常好的文化资源，希望得到社会的支持和关注。

深化软法研究，推进『四个全面』
罗豪才

我今天讲的题目就是《深化软法研究，推进"四个全面"》，主要讲这么几个问题："四个全面"与软法研究，软法与公共治理，什么是软法，软法与协商机制，软法的实践，软法研究的基本情况。大概讲这六个问题，更多的还是靠大家自己去理解、去讨论，有问题提出来，我们一起来商议。

一、"四个全面"与软法研究

"四个全面"是党的十八大以后，以习近平同志为核心的党中央制定的战略布局。这个布局非常重要，怎样理解，如何学习贯彻，是我们今后一段时期的任务。

"四个全面"与软法是什么关系呢？我理解为两句话。一句话就是"四个全面"的提出对软法研究的发展具有重要的指导意义。既然"四个全面"是战略布局，对我们的软法肯定是具有指导意义的。所以从研究软法来讲，应该首先要学好"四个全面"，这是一个方面。另一句话是软法研究有助于深入理解和落实"四个全面"布局。研究软法是为了更好、更深入地理解、贯彻落实"四个全面"。应该是这么两方面的关系。后面我会讲什么是软法。

二、软法与公共治理

在讲软法之前，我讲公共管理与公共治理的问题，以及与软法是什么关系。从世界范围来讲，当今世界的治理模式是不断发生变化的，有的时候变化还很快，计划经济年代强调国家管理，是国家中心主义，什么都是国家说了算的，后来向公共管理发展，现在讲得更多的是公共治理。后面我们还会来解释这当中的内容，总的意思就是这个变化是很大的，民主性也在变强，法的柔性治理也越来越突出。有以下几个特点：

1. 由一个中心到多个中心。国家管理意味着国家权威至上，一切都是国家主义，这就是一个中心。后来参与管理的主体多起来了，不同的主体的决策范围、决策活动形成了一些中心，中心就多起来了。这就从一个中心到了多个中心。当然，从政治意义上来讲也就一个中心，但是某些决策范围、某些领域可以分散。

2. 由单一到多样。过去国家管理的条件下，就是命令服从，"我命令、你服从"，是单向的。如果讲公共治理，它是双向的，要互动的，所以由单一到多样，要互动起来。决策者主体跟被管理的这些对象之间不是命令和服从的关系，而是协商、合作、研究、探讨的关系，不像过去就是简单的命令。

3. 从封闭到开放。过去国家管理在计划经济的年代很封闭，那个年代知道的信息很少，特别是把政治看得非常神秘，把人际关系也看得很神秘，社会是不开放的。后来邓小平同志明确提出改革开放，才逐步放开。我觉得经历过那段社会时期再来理解这个意思，确实可以感受到我们的国家在进步，我们的社会在进步。

4. 由控制到协商。既然是国家中心主义，权力是至上的，怎样用权力来控制，是当时统治者惯用的方法。所以那个年代控制、监控是比较厉害的。但是现在协商的层次多了，渠道多了，方面也多了，要征求意见，要协商、互动，不再是监控时期的方式，大家会明显感觉得到进步。

在计划经济年代，在国家集中管理的时代，在国家中心主义盛行的时代，治理模式是失衡的。这个失衡就是不相称，不协调，管理主体封闭、保守、失衡，治理手段就是强制性的方式。当时我讲一门课叫行政法，名称就叫管理法，管谁呢？管老百姓。这套东西是从苏联那里学来的，他们还有一条我们没有学，"同志审判会"。到哪里去，干什么事，必须在会上交代，有时候甚至可以审问你。这个"同志审判会"当时是国家的要求，这是很糟糕的。

这个转型逐步在转，跟过去相比变化很大，现在转型还没到位，还要继续转，我们过去那些失衡的地方要慢慢纠正，慢慢转过来，因此我们国家要经历相当长的一个转型时代。

软法是在公共治理的背景下慢慢生长起来的，软法有几个情况：

一是主体由一元到多元。原来是一元化领导，现在是多元治理。二是法的意志，由国家意志变成了公共意志。一般来讲法是体现了国家意志，现在是体现公共意志。三是形式在过去是很单一的，单向地命令服从，由上到下，现在的形式是多样的，可以协商、沟通、讨论。四是过去公共治理是强调国家强制力的，现在软法不借助国家强制力了。从约束力角度来讲由强到弱。

三、什么是软法

我是在北大学法律。当时给我们上课的时候老师强调一个概念，什么概念呢？法是体现国家意志的，由国家制定和认可，依靠国家强制力保证实施的规范体系。其实这个定义是从苏联来的，当时我们上学的时候还有苏联专家。苏联从哪儿来的呢？是从早期德国来的，所以这都是大陆法系国家的典型的法的概念和定义。这个法我们给它起了一个名字叫管理法，是专门管老百姓的。这个概念现在我们有些教材还用这个，我觉得这个恐怕得研究一下了，这个概念应该说毛病、缺点很多。现在国内国外一些法学家逐步有一点共识，法律有两个特点，一个是既有规则，另一个是强制力。这两个结合起来就是法。早期基本上就是这么认识的，现在多数人也这么认识的，但是这里有一个变化，那个"强制力"开始弱化了，过去讲法很重要的就是警察、法庭，现在都淡化了，但不是没有了。最近有同志说这个概念要修改。我们研究软法的几个同志凑在一起说要修订一下，怎么修订呢？我念一下给大家听，"法是体现公共意志的"，这个公共意志就不是国家意志，公共意志当然包括国家意志，但不单单是国家意志，"由国家制定和认可"，如果国家不制定、不认可，叫法是没有道理的，"依靠公共强制或自律机制保证实施的规范体系"，这个和前面不一样，前面就是依靠国家强制力保证实施，这里的提法是"依靠国家强制力"，另外也可以依靠自律机制和社会影响，这样的话，就把法分开了。刚才谈到的两个特点我相应地做了一点修订，一个是规则特点，另一个是强制力特点，这是传统法律的特点，后面的强制力的特点，刚才有一句话说它在弱化，而且不仅弱化，我觉得应该分类了，分两类：一类是强制力，任何一个社会如果没有这一定的强制力是不可行的；但是除了这个以外，另一类大量的都不是靠国家强制力，而是靠自律，靠互律、社会影响，靠理论，靠道德，靠规范。所以我觉得这里要纠正。我们研究软法的从这里就区分出来了，凡是国家制定或者国家认可的、体现公共意志、带有强制力的这部分叫硬法，由国家强制力保障的就叫硬法。虽然也是国家制定认可的，也体现公共意志的，但是不带有强制性，这类的规范现在越来越多，我们把它叫作软法。法律有促进法，里面没有一条是用强制力来做的，都是号召性、鼓励性的，所以这个叫软法。

软法、硬法的区别在哪里？就是我讲的强制力的强和弱，这是很重要的，前面的没区别，都是国家制定、认可的，这个没有什么区别，但是强制力有强有弱。比如中央社会主义学院里有很多规定，这些规定肯定不是硬规定，不是靠国家公权力来制定的，是靠学校的权力来制定的。国家公权力进不了学校的，包括民间团体、社会组织很重要，社会组织的影响、作用并不是靠国家强制力实现的，而是靠内部的激励、号召和影响力。作为社会组织，或者叫政治共同体，包括党派，包括民间组织、学校，也有规则，但是这些规则不能叫法律。北大现在制定了好几个章程和规则，这几个规则你不能说是北大的治理法律，但是它确实是规则，我在当副校长的时候，也参与制定了一些规则，比如偷一辆自行车警告你，偷两辆自行车勒令退学，偷三辆自行车开除，偷四辆自行车交公安局处理，为什么交公安局呢？因为我们没有公权力，我们有的权力是校内的。但是当时制定这个遇到了麻烦，有学生来找，因为北大的现状不好，弄个自行车就骑，骑到哪里，就放在哪里，别人又骑了，所以偷不偷很难界定。学生说我不是偷，只是代步。最后这个学生退学了，不然校内这股风刹不住。

国家制定的法律可以分为国家强制力保障或者非国家强制力保障，一部法律里可以有两部分，一部分是国家强制力保障的，另一部分是非国家强制力保障的。由政治组织形成的规则、社会共同体形成的规则，我们称为软法。这个范围国家公权力进不来，比如上课的课堂，警察不能随便进来，因为学校里也有一套规则。

这个规则的表现形态，就是软法的表现形态：

1. 国家法律、法规和规章当中那些具有宣示性、号召性、鼓励性、促进性、协商性、指导性的法律规范。

2. 国家机关依法制定的诸如纲要、指南、标准、规划、裁量基准、办法等大量的规范性文件。

3. 政治组织特别是执政党制定的章程和规范性文件。

4. 社会共同体制定的章程和规范性文件。政治基层组织、民间组织都属于制定这样一些软法的主体。

5. 国际共同体制定或签订的对参与方不具强制约束力的规范性文件。

其实软法到处都有，软法是汪洋大海，硬法是孤岛。

软法的特征。软法制定的主体更加多样，软法创制方式与制度安排更有弹性，软法不能运用国家强制力保证实施，软法效力的实现一般不依赖司法。这个我要解释一下，软法一般不是靠法院，你去法院上诉，一般不受理。这属于道德规范，一般法庭不介入。软法规范的位阶不甚明晰。位阶就是说，这是中央政府制定的规范，这是地方政府制定的规范，这个位阶很清楚，效力不一样。我们的硬法是法律、法规、地方性法规三级位阶，这是很清楚的，但是软法基本上没有这样的位阶。软法的创制和实施更具有协商性。

软法的功能。主要功能就是弥补硬法的不足，提高法的正当性和实效，降低法治与社会发展成本。制定软法，实施软法的成本是比较低的，制定一个硬法，需要配套、执行、管理，要抓人、坐牢、劳改等，这一系列配套起来成本很高。软法则不同，大家自我约束，互相约束，就节省了这套成本。

四、软法与协商机制

欧盟之所以叫欧盟，能够形成这么一个共同体，靠什么？因为欧盟成员都是主权国家，每个主体相互之间都是平等的，所以它们要形成一个共同体，要签订一个文件来做，虽然涉及关税、海关等，但是有一套利益调整的办法，所以协商机制是欧盟成功的一个关键。欧盟国家过去几年内耗严重，但是后来结盟，靠的是协商，所以协商机制也是一个非常有用的机制。我们国家的协商机制不断创新，现在我们的协商机制应用得非常广泛，所以我们国家的创新机制可以说是更好的。现在政协、党派都有协商，所以我总结我们自己的经验。

讲到政协，我有一个感触。我在政协当了一届常委、两届副主席，还当了两届致公党主席，遇到的很多问题都跟软法有关。我为什么研究软法？可能跟我政协的经历有关。因为我当常委、当致公党主席的时候，遇到过一场争论，就是要不要制定政协法，要不要制定政党法。当时有人问我，你是搞法律的，你怎么想？我说再考虑考虑。当初我没有马上回答，后来我查了一下，国际上确实也有政党法，当时还不多，现在有十几个国家有政党法，但是他们用政党法做什么呢？目的是防止共产党和法西斯上台。今天我们制定政党法和政协法，目的是什么？我们现在调整这些关系是否需要用这样一种硬法？后来我个人认为没有必要通过人大来制定政党法、政协法。我们通过现有的章程，通过现有的规范就可以处理这些问题，只不过是进一步完善而已。所以当时我这个主张后来还是得到多数人的赞同，当然也有人反对。后来讲这就是软法，我们要搞的就是软法，这个软法就是从这场争论当中来的，所以我到现在为止还觉得我们国家不需要搞什么政协法、政党法，因为现在有宪法，有共产党领导的各个民主党派参与协商的规范来调整这些行为，党派的党章、致公党的党章修订的时候我参与过两次，这是大家共同商量的，我们按照这个党章办法就可以了。党章当然也有硬的，但是你不能说它是硬法，政协也有劝退、开除的，也有除名的，致公党也有除名的，但是这个除名也不是法。应该说这套办法是行得通的，我们应该进一步总结、进一步发展这套办法。

我想起当年北大软法中心成立的时候，开了一个会议，第二天记者报道，他说北大以罗豪才为首成立软法中心，要研究潜规则。后来我想坏了，我们不是研究乱七八糟的潜规则，我们研究的是明的、公开的规则。我打电话告诉这个记者以后想办法纠正过来。他搞不清楚什么叫软法，以为就是潜规则，软规则可不是潜规则。

五、软法的实践

现在软法很多都有实例，时政的也有很多。我到贵州去考察，他们的基层治理做得很不错，实际上这就是政府放权，由各种社会组织来管理自己。当时他邀请十位法学专家去考察研究他们的经验到底怎样，大家考察的结论认为这个确实是一种软治理的方式，村里各种事情都通过协商民主的办法来解决，而且群众组织做得很好，所以这个经验还是很不错的。厦门的经验也不错，我到那里考察过两次，他们也是用软法治理。今后有机会你们可以到基层去看看，现在基层普遍都用软法的办法，而不是用派出所、监狱，更多的还是靠老百姓自觉自律。

六、软法研究的基本情况

北京大学是最早成立软法研究中心的，到现在大概有十年了。十年来，全国已经大概有 488 篇关于软法的论文，有的还被国外转载。2005 年只有 6 篇关于软法的论文，主要集中在国际法领域，还有译作。北大有一本著作《软法亦法》，获得了第二届法学优秀成果一等奖，现在已经翻译成英文在美国出版，俄文的即将出版。这本书是我们集体研究的成果，类似的大概还有五六本。除北大之外，南京有一本，福建有一本，辽宁也有一本，所以书现在还是不少。现在软法的研究涉及的领域已经很多了，除公法、私法、国际法等，还进一步扩展到管理学、政治学、社会学等多个学科。北京大学、湖南大学、北京外国语大学、山东大学等几个单位也成立了软法研究中心。北京大学有三个基地，在南京有两个，分别在南京建邺区、玄武区，还有一个在北京西城区，如今已经开了很多研讨会，促进同行交流。我们国家的传统文化里，礼是很重要的组成部分。软法跟礼制有什么关系，需要我们进一步研究。山东齐鲁研究院对传统文化的研究成果颇丰，可以研究的领域还有很多。我们政府管理学院、社会主义学院都应该研究软法。中央社会主义学院研究软法的条件更多，统战的关系、党派的关系，调整这些关系的法律就是软法。当年我在政协党派的时候有很多事情没有做好，今天看来你们还有机会进一步发展。

跋

屈原《离骚》写道："路漫漫其修远兮，吾将上下而求索。"我相信在人生的路途中，每个人努力寻求理想中真善美。面对着复杂多变的社会环境，更需要一个清醒的头脑，一个看透世事本质的能力。5000年的中华文明，承载着先辈们的思考经验与处世法则，勾勒了历史文明的发展规律，有助于我们"以古为鉴、以人为鉴"，请益人生各种问题，增长处世智慧。

新鸿基地产郭氏基金自2004年开始，有幸资助中华文化学院举办一系列顶级的中华文化讲座。此次出版的中华文化系列讲座合集《中华文化与当代中国》，是继4辑"新鸿基地产郭氏基金中华文化系列讲座文集"后，于2008年至2016年会同中华文化学院再次精心遴选并汇集的13篇各大名家学者的演讲稿，内容涉及了文化、经济、宗教、文字等范畴，让读者一睹波澜壮阔的中华文化，学习讲座的吉光片羽，思考体会构建人类命运共同体的方向，并作珍藏。

中华人民共和国七十华诞庆典，盛大的阅兵仪式和群众游行更提振了中华民族的精神志气，激起了中国人的自豪感，使根植于深厚文化自信基础之上的爱国主义情怀迸发出来。2020年是值得记住的一年，中国人在抗疫斗争中彰显了中华文化的自信、团结、担当、法治、民本等价值观念影响了每个人的现实选择，成为取得抗疫斗争胜利的精神力量。今天，我们比历史上任何时期都更接近中华民族伟大复兴的目标。新鸿基地产郭氏基金略尽绵力，与中华文化学院汇编此书，为国家全面实现小康社会献上一份文化贺礼。

新鸿基地产主席

郭炳联

辛丑年

后 记

　　新鸿基地产郭氏基金与中华文化学院（中央社会主义学院）结缘于英语培训项目和中华文化系列讲座项目。自 2003 年始，新鸿基地产郭氏基金捐款资助中西部公务员英语培训，惠及 23 个省（区、市）等单位，为中西部培训了 800 多名外语人才。除此之外，自 2004 年起，开始资助中华文化学院中华文化系列讲座，邀请了大批著名专家学者来院演讲。为了让更多人分享文化盛宴，我们先后编辑出版了《甲申年说》《乙酉年说》《丙戌年说》《丁亥年说》四本文集。随着英语培训项目协约期的结束，之后的专家学者演讲稿未再编辑出版。但新鸿基地产郭氏基金对中华文化学院的发展始终关心，也十分关注中华文化系列讲座项目。在项目总结回顾之际，为了让双方的合作画上圆满的句号，一致认为，可以将专家学者的演讲稿汇集起来，以《中华文化与当代中国》命名作为最后一个合作的硕果，见证双方的友谊。

　　新鸿基地产郭氏基金长期以来致力于中华优秀传统文化的弘扬和传承，由其提议并倾力支持的中华文化系列讲座，不仅院内学员聆听，也逐步扩大到统战系统和社会上，影响不断扩大，为中华传统文化的创造性转化和创新性发展做出了努力，也体现了新鸿基地产郭氏基金的家国情怀。

　　中华文化学院对合作项目非常重视。时任中央统战部副部长、中华文化学院党组书记刘延东始终关心合作项目的进展和实施情况，专门挂牌成立了中华文化学院、新鸿基地产郭氏基金外语培训中心，具体承担外语培训工作，中华文化系列讲座是在此基础上的进一步拓展和深化。随着合作项目的协约期满，双方进行了全面的总结，对取得的成果感到满意，并希望进一步深化合作。时任中华文化学院（中央社会主义学院）党组书记、第一副院长，现任中央统战部副部长潘岳要求做好与新鸿基地产郭氏基金合作项目的总结工作。受潘岳同志委托，时任党组副书记、副院长郑钢淼（现任上海市委常委、统战部部长）亲切接见了香港新鸿基地产郭氏基金总监李家华先生，希望合作的友谊长存。

这本《中华文化与当代中国》的编辑出版，汇集了诸多人的努力。新鸿基地产郭氏基金总监李家华先生一直是中华文化学院项目的负责人，为项目的顺利实施以及所取得的丰硕成果付出了心血和努力。由于本文集汇聚了诸多专家学者的演讲，时间跨度较大，汇集整理工作极其繁重，中华文化学院李盈、曲胜良从诸多文稿中整理汇集起来，教务部孙照海负责联系出版社及相关工作，院办汪洋负责后期出版的联系协调工作，在学院学习的博士生丁凌、华方正、王天海、杨帆、周鹏、成琳利用在校学习的时间，对全部文稿进行整理编辑，中华文化学院原教务长李道湘、李盈副教授负责全书的统稿工作，最后由李家华先生定稿。

本文集来得有点晚，但各位专家学者的精彩演讲和精辟的观点不会因时间而失去光彩。我们希望让更多的人能够阅读分享，感受博大精深、丰富多彩的中华文化，领略其强大的生命力和感染力，从内心真正建立起文化自信。借此机会也感谢长期以来对中华文化学院系列讲座给予支持的各位专家学者。

最后要感谢潘岳副部长同意将《古老文明对话与人类命运共同体》作为本书的序言，充分体现对文集出版的重视，感谢中华文化学院秘书长徐永全、教务长徐绍刚对文集出版工作的大力支持。同时还要感谢研究出版社赵卜慧社长对文集编辑工作的重视，编辑张立明在前期的关系协调和审稿工作中做了大量的工作，责任编辑寇颖丹非常用心，工作非常细致，严把关口，希望呈现给大家的是一本高质量、高水平的文集。

李道湘

中华文化学院原教务长、教授

2022 年 1 月